Machine
Learning
at Work

머신러닝 실무 프로젝트 2판

| 표지 설명 |

표지 동물은 왕아르마딜로(giant armadillo)다. 피갑목, 아르마딜로과, 세띠아르마딜로아과, 왕아르마딜로속의 포유류로, 왕아르마딜로속을 구성하는 유일한 종이다.

남미 사바나에서 열대우림에 이르는 넓은 범위에 서식하나, 야행성이고 위험을 느끼면 굴속에 숨어버리기 때문에 목격하기 어렵다. 큰 성체는 꼬리를 포함해 길이 150cm, 무게 50kg까지 자란다. 등이 딱딱한 비늘로 덮여 있는데, 이는 체모가 비늘 모양으로 변화한 것이다. 흔히들 아르마딜로는 몸을 공처럼 말아 자신을 지킨다고 알고 있지만 왕아르마딜로는 이런 습성이 없다.

숲과 그 주변 초원 등에 서식하며 물가를 좋아한다. 주로 흰개미를 먹는데, 그 밖에도 개미와 다른 곤충, 애벌레, 거미, 지렁이, 뱀, 동물의 사체, 식물 등도 먹는다. 앞발로 개미집과 땅을 파헤쳐 안에 있는 먹이를 먹는다. 일부 지역에서는 식용 등으로 남획되면서 개체 수가 급감, 멸종 가능성이 큰 동물로 알려져 있다. 국제자연보전연맹(IUCN)의 적색 목록에는 절멸 위급(야생에서 절멸할 가능성이 대단히 높음) 분류에 올라 있다.

머신러닝 실무 프로젝트(2판)

실전에 필요한 MLOps, 머신러닝 모델 검증, 슬롯머신 알고리즘, 온라인 광고에서의 머신러닝

초판 1쇄 발행 2022년 3월 10일

지은이 아리가 미치아키, 나카야마 신타, 니시바야시 다카시 / **옮긴이** 김모세 / **펴낸이** 김태헌
펴낸곳 한빛미디어(주) / **주소** 서울시 서대문구 연희로2길 62 한빛미디어(주) IT출판부
전화 02-325-5544 / **팩스** 02-336-7124
등록 1999년 6월 24일 제25100-2017-000058호 / **ISBN** 979-11-6224-532-3 93000

총괄 전정아 / **책임편집** 홍성신 / **기획** 이윤지 / **교정** 김은미
디자인 표지 이이란 내지 박정화 / **전산편집** 다인
영업 김형진, 김진불, 조유미 / **마케팅** 박상용, 송경석, 한종진, 이행은, 고광일, 성화정 / **제작** 박성우, 김정우

이 책에 대한 의견이나 오탈자 및 잘못된 내용에 대한 수정 정보는 한빛미디어(주)의 홈페이지나 아래 이메일로 알려주십시오. 잘못된 책은 구입하신 서점에서 교환해드립니다. 책값은 뒤표지에 표시되어 있습니다.

한빛미디어 홈페이지 www.hanbit.co.kr / **이메일** ask@hanbit.co.kr

지금 하지 않으면 할 수 없는 일이 있습니다.
책으로 펴내고 싶은 아이디어나 원고를 메일(writer@hanbit.co.kr)로 보내주세요.
한빛미디어(주)는 여러분의 소중한 경험과 지식을 기다리고 있습니다.

Machine
Learning
at Work

머신러닝 실무 프로젝트 2판

O'REILLY® 한빛미디어
Hanbit Media, Inc.

지은이 소개

지은이 **아리가 미치아키** 有賀康顕

전자 회사의 연구소와 레시피 서비스 회사를 거쳐, 지금은 Cloudera 소속의 필드 데이터 과학자다. 데이터 활용과 머신러닝 지원 업무를 담당한다. 소프트웨어 개발자로 머신러닝을 이용하기 위한 플랫폼과 Customer Data Platform을 개발하고 있다.

- https://twitter.com/chezou
- https://www.slideshare.net/chezou
- https://chezo.uno/

지은이 **나카야마 신타** 中山心太

일본 최대 이동통신사의 연구소, 소셜 게임 개발사, 머신러닝을 활용한 웹 마케팅 프리랜서를 거쳐, 지금은 (주)Next Int를 창업했다. 자사 서비스 개발 외에도 게임 기획과 머신러닝 기획을 수행한다. 머신러닝 게임 디자인, 사업 설계, 신규 사업 기획 등을 두루 진행한다.

- https://twitter.com/tokoroten
- https://www.slideshare.net/TokorotenNakayama
- https://medium.com/@tokoroten/

지은이 **니시바야시 다카시** 西林孝

독립 SIer 소프트웨어 벤더를 거쳐, 지금은 (주)VOYAGE GROUP 소속 소프트웨어 엔지니어다. 인터넷 광고 서비스의 광고 전달 논리를 개발한다.

- https://hagino3000.blogspot.jp/
- https://speakerdeck.com/hagino3000
- https://twitter.com/hagino3000

옮긴이 소개

옮긴이 김모세 creatinov.kim@gmail.com

대학 졸업 후 소프트웨어 엔지니어, 소프트웨어 품질 엔지니어, 애자일 코치 등 다양한 부문에서 소프트웨어 개발에 참여했다. 재미있는 일, 나와 조직이 성장하고 성과를 내도록 돕는 일에 보람을 느끼며 나 자신에게 도전하고 더 나은 사람이 되기 위해 항상 노력하고 있다. 지은 책으로『코드 품질 시각화의 정석』(지앤선, 2015)이 있고, 옮긴 책으로는『제대로 배우는 수학적 최적화』(한빛미디어, 2021),『그림으로 공부하는 TCP/IP 구조』(제이펍, 2021),『애자일 컨버세이션』(에이콘, 2021) 등이 있다.

지은이의 말

2판을 쓰는 지금 이 순간에도 머신러닝을 둘러싸고 있는 환경은 정신을 못 차릴 정도로 빠르게 변하고 있다. 필자 중 한 명인 아리가가 책을 처음 쓰기 시작한 2016년부터 6년, 1판이 출간된 이후 4년, 1판 출간 이후로도 머신러닝은 많은 변화를 겪고 있다. 딥러닝은 일반 대중에게도 익숙한 용어가 되었으며 영상을 합성하는 딥페이크deepfake 기술은 추리 드라마의 단골 소재가 됐다. 텐서플로와 케라스가 높은 인기를 자랑하고 실행을 통한 정의define-by-run라는 개념을 확립한 체이너Chainer는 개발이 중단되고 파이토치로 통합되었다. 아이폰이나 픽셀 같은 스마트폰 카메라로 촬영한 이미지에는 딥러닝을 이용한 보케bokeh가 적용되는 등 머신러닝은 우리 생활을 더욱 풍성하게 만들어주고 있다. 유튜브 같은 대기업뿐만 아니라 트위치Twitch 같은 신생 라이브 동영상 송출 서비스에서도 대량의 동영상에서 불법 이용된 음원을 레코드 회사에서 삭제를 요청한 사건도 있었다. 이제 머신러닝은 디지털 콘텐츠나 디지털 장비에는 필수가 되었다.

1판을 포함해 이 책을 집필하면서 늘 머릿속에 다음의 질문을 곱씹었다. "이미 출간된 이론서나 실습서에서는 다루지 못했지만 실무를 할 때 모두가 반드시 알고 있어야 할 머신러닝 지식은 무엇일까?" 감사하게도 1판을 읽은 많은 독자에게 '상사에게 머신러닝으로 멋진 걸 만들어달라는 이야기를 들었을 때 정말 많이 도움을 받았습니다'라는 이야기를 들었다. 머신러닝이 보급되면서 인과 효과 추론, 지속적인 학습, 머신러닝 기반 운영 등 새로운 문제에 직면하는 경우도 늘어났다. 머신러닝 시스템은 다양한 역할이나 조직 체제 속 데이터라는 불확실한 대상이 만들어낸 결과를 통계와 운영을 포함해 다루어야만 한다. 가설 수립, 탐색적인 분석 수행 방법, 일반 소프트웨어 개발과는 다른 난관 등 필자들이 경험하며 학습했던 것이 아직 많이 알려지지 않았다고 생각했다. 2판을 통해 필자들이 경험하면서 익혀온 것을 전달하고 싶었다. 머신러닝을 독학으로 익히느라 이런 주제를 접할 기회가 없던 독자들에게 이 책이 머신러닝을 활용하는 데 미력하나마 도움이 된다면 더할 나위 없이 기쁠 것이다.

감사의 말

이 책을 쓰면서 많은 분의 도움을 받았다.

고미야 아쓰시 님은 인터넷 광고 실무 경험을 바탕으로 이 책을 검토해주었다. 신고 님은 A/B 테스트와 효과 검증에 대한 가르침을 주었다. 우에다 슌야 님, 도바시 마사루 님은 6장을 중심으로 MLOps를 검토해주었다. 우에다 님은 책의 전반부도 살펴봐주었다. 이쓰카 슈헤이 님은 슬롯머신 알고리즘을 다룬 11장을 검토해주었다.

파이썬 관련 회사의 워크숍으로 인연을 맺은 PySpa 커뮤니티의 니시오 히로카즈 님, 우에니시 고타 님, 오쿠다 준이치 님, 시부카와 요시키 님, 와카야마 시로 님, 야마모토 하야토 님, 다카보우 님, d1ce_ 님이 검토해주었다. 특히 니시오 님은 이론과 역사적인 면을, 오쿠다 님은 수학적인 면을, 우에니시 님은 대상 독자인 소프트웨어 개발자의 관점을 이해하는 데 큰 도움을 주었다. 이분들과의 논의를 통해 이 책이 한층 더 좋아질 수 있었다.

이 책은 2017년 4월에 개최된 '기술서전 2'라는 동인지 전시 판매회에서 배포된 「BIG MOUSE DATA 2017 SPRING」을 바탕으로 했다. 당시 아리가 집필했던 원고를 출간이 성사되지 않고 있었기 때문에 '이왕이면 우리 모두가 가진 분석 결과를 모아 동인지로 내보자'는 가벼운 마음으로 시작한 프로젝트였다. 이 동인지는 꽤 높은 평가를 받아 오라일리재팬에서 출판 제의를 받아 출간이 성사되었다. '기술서전'을 주최한 TechBookser, 다쓰진출판회 여러분, 운영 스태프들, 동인지판 출판에 도움을 준 쓰보이 소고 님, 히레코케 님에게도 감사의 말을 전한다.

기획부터 편집, 도표는 물론 저자 관리까지 많은 부분에서 도움을 준 오라일리재팬의 다키자와 님 덕분에 무사히 책을 출판될 수 있었다. 처음부터 끝까지 우리를 지지해주어 감사드린다. 또한 이 책을 쓸 수 있는 계기를 만들어준 SB 크리에이티브의 스기야마 님에게도 감사드린다.

기나긴 집필 기간 동안 밝은 모습으로 응원해준 아내 에리코와 유이카, 가오리에게도 감사를 전한다.

옮긴이의 말

머신러닝, 인공지능은 어느덧 우리에게 친숙한 용어가 되었습니다. 머신러닝 개발자가 아니어도 '지금 무언가 해야 하는 것은 아닐까?'라고 생각하거나 더 나아가서는 '이런 상황이 계속되면 영화처럼 사람이 설 자리 자체가 없어지는 것은 아닐까?' 하는 걱정까지도 하는 것 같습니다.

다급한 마음에 이런저런 머신러닝 이론을 학습해보지만 실생활이나 실무에 적용하기에는 간극이 크게 느껴지는 것 또한 사실입니다. 이 책은 『머신러닝 실무 프로젝트』(한빛미디어, 2018)의 2판입니다. 1판 출간 이후 변화된 상황을 반영해 새로운 지식을 추가했고, 1판의 내용 또한 더 예리하게 정리해 설명합니다. 머신러닝 입문서를 끝낸 후 실무에 활용할 개발자를 대상으로 쓰였지만 기본적인 이론 또한 자세히 다룹니다. 이제 막 머신러닝에 관심을 갖고 첫발을 내딛고자 하는 분, 머신러닝에 익숙하지 않지만 머신러닝과 관련된 업무를 당장 해야 하는 개발자에게 딱 맞는 책이라고 생각합니다.

이 책은 크게 두 부분으로 구성됩니다. 1부에서는 머신러닝 프로젝트를 수행하기 위해 알아야 할 기본 지식을 소개합니다. 전체적인 머신러닝 수행 과정과 다양한 알고리즘을 설명합니다. 알고리즘을 활용한 예시와 함께 데이터를 수집 및 분석, 통합하는 방법도 살펴봅니다. 2부에서는 실무와 그 사례를 통해 1부에서 학습한 내용을 심화 학습합니다. 탐색적 분석, 업리프트 모델링, 온라인 광고 시스템에서의 머신러닝 활용 및 최적화 활용 방안을 경험할 수 있습니다.

물론 머신러닝은 은탄환이 아닙니다. 이 책을 통해 머신러닝의 기본 개념과 머신러닝 활용 방안을 익히고 시행착오를 경험하면서, 해결해야 하는 문제의 성격에 따라 때로는 과감하게 머신러닝을 선택하지 않기도 하는 통찰력을 얻는 데 도움이 되었으면 좋겠습니다.

끝으로 좋은 책을 번역할 수 있는 기회를 주신 한빛미디어 김태헌 대표님, 편집 과정에 많은 도움을 주신 이윤지 편집자에게 감사합니다. 또한 바쁜 번역 일정 가운데서도 끊임없는 지지와 사랑으로 함께한 아내와 세 아이에게도 감사의 말을 전합니다.

2022년 1월

김모세 드림

들어가며

머신러닝은 소프트웨어 개발자 사이에서 많이 회자되고 있다. 일반인 사이에서도 '인공지능이 사람의 직업을 빼앗을 것'이나 '나도 딥러닝을 공부해야 하나' 같은 말도 심상치 않게 들려온다. 이러한 상황은 알파고가 한몫했을 것이다. 대량의 데이터를 쉽게 수집할 수 있게 되었고 수집한 데이터를 처리하는 하드웨어의 성능이 좋아졌으며 최신 알고리즘이 구현된 오픈소스 프레임워크를 손쉽게 사용할 수 있게 된 영향도 크다.

머신러닝에 대한 기대가 높아지면서 머신러닝을 가르쳐달라는 요청을 많이 받았다. 다행히 여러 연구자가 알고리즘과 이론에 대한 좋은 책을 많이 집필했고 머신러닝 프레임워크 사용법과 구현 방법을 설명하는 책과 인터넷 자료도 많아졌다. 덕분에 머신러닝을 도입하기 위한 장벽은 한층 낮아졌다.

최근에는 정보과학 계통 학생이 대학에서 머신러닝 이론을 배우고 연구해 졸업한 뒤 소프트웨어 개발자로 일하는 경우가 많다. 이론과 배경지식을 활용해 머신러닝 개발자로서 연구 개발에 큰 힘을 보태고 있다. 하지만 코세라^{Coursera}와 같은 온라인 강의, 책, 대학에서의 연구만으로는 실제 비즈니스에 어떻게 적용할 것인지, 어떤 경우에 머신러닝 기법과 데이터 분석 방법을 적용하는지 배우는 것은 어렵다. 해결해야 하는 문제를 정의하고 시스템을 설계하는 방법 역시 배우기 쉽지 않다.

누구를 위한 책인가

이 책은 다음과 같은 독자를 대상으로 머신러닝과 데이터 분석 도구를 어떻게 비즈니스에 활용하는지, 불확실성이 높은 머신러닝 프로젝트는 어떻게 진행하는지 다룬다.

- 머신러닝 입문서를 떼고 실무에 활용하려는 개발자
- 대학에서 배운 머신러닝을 제품에 적용하려는 주니어 개발자
- 소프트웨어 개발자는 아니지만 머신러닝 시스템 및 기술적인 내용에 흥미가 있는 비즈니스 담당자

조금 더 구체적으로 살펴보면 다음과 같다.

- 머신러닝 프로젝트를 시작하는 방법
- 기존 시스템에 머신러닝을 통합하는 방법
- 머신러닝에 사용할 데이터를 수집하는 방법
- 가설을 수립하고 분석하는 방법

이 책은 머신러닝 입문서로 쓰기 시작했지만 결국 어느 정도는 이론을 익힌 소프트웨어 개발자에게 적합한 실무서가 되었다.

머신러닝 알고리즘에 관해서는 이미 다른 책에서 많이 다루고 있으니 이 책에서는 머신러닝 프로젝트를 처음 시작하는 방법, 시스템 구성 방법, 학습 데이터를 수집하는 방법과 같이 실무에 유용한 내용을 중점적으로 다룬다.

책을 읽기 위해 필요한 사전 지식

일부 장을 제외하고는 수식을 가능한 사용하지 않았다. 하지만 어느 정도의 수학 지식과 머신러닝 기초는 있어야 쉽게 이해할 수 있다. 코세라의 머신러닝 강의(https://www.coursera.org/learn/machine-learning)를 듣거나 『밑바닥부터 시작하는 딥러닝』(한빛미디어, 2017)[1]과 같은 책을 참고하면 도움이 될 것이다.

이 책에서는 파이썬과 사이킷런을 사용한 코드 위주로 설명하지만 파이썬, 사이킷런, 주피터 노트북의 사용법 자체를 다루지는 않는다. 이에 관한 내용은 다음 자료를 참고하기 바란다.

- 사이킷런의 참조 문서: http://bit.ly/2JKBD4G
- 『파이썬 라이브러리를 활용한 머신러닝』(한빛미디어, 2019)[2]
- 『파이썬 머신러닝』(지앤선, 2017)[3]
- (일서) 『Pythonユーザのための Jupyter[実践]入門(파이썬 사용자를 위한 주피터 실천 입문)』(기술평론사, 2017)[4]

일러두기 _ 본문에서 [1]과 같은 위첨자는 참고문헌 번호를 뜻한다.

이 책의 구성

이 책은 머신러닝 프로젝트를 수행하기 위해 알아야 할 지식을 정리한 1부와 실제 사례 연구를 정리한 2부로 구성했다.

1부에서는 실무에서 머신러닝을 사용하기 위해 필요한 기본 지식을 다룬다.

- 1장은 머신러닝 프로젝트가 어떤 과정을 거쳐 수행되는지 정리한다. 머신러닝 기초를 복습한 다음 머신러닝이 적용된 시스템에서만 맞닥뜨릴 수 있는 어려움에 관해 설명한다.

- 2장은 머신러닝으로 할 수 있는 일과 다양한 머신러닝 알고리즘을 소개한다. 각 알고리즘의 특성은 카탈로그 형태로 정리했다. 다양한 알고리즘에 익숙하지 않다면 2장에서 알고리즘 선택 요령 및 알고리즘의 결정 경계 형태를 쉽게 확인할 수 있다.

- 3장은 스팸 메일 분류를 예로 들며 오프라인에서 예측 모델을 평가하는 방법을 알아본다.

- 4장은 컴퓨터 시스템에 머신러닝 구조를 통합하는 주요 패턴을 정리한다. 이와 함께 학습에 사용할 로그를 설계하는 방법을 다룬다.

- 5장은 머신러닝 분류 태스크에서의 정답 데이터를 수집하는 방법에 관해 설명한다.

- 6장은 장기적으로 운용/학습을 계속하는 지속적 학습을 위한 머신러닝 기반과 MLOps에 관해 설명한다.

- 7장은 도입한 정책이 실제로 효과가 있는지 검증하는 통계 검정, 인과 효과 추론, A/B 테스트를 소개한다. 3장에서는 예측 모델을 오프라인에서 검증했지만 7장에서는 실제로 도입된 상황에서 평가하는 방법을 다룬다. 매우 중요한 내용이지만 1부의 다른 장보다 수학과 통계 사전 지식이 더 많이 필요하다. 내용이 어렵다고 느껴진다면 건너뛰어도 무방하다.

- 8장은 머신러닝을 통해 얻은 예측 결과를 설명하는 방법에 관해 학습한다.

2부에서는 실무와 더욱 가까운 주제를 다룬다.

- 9장은 탐색적 분석 과정과 이를 기반으로 한 보고서를 발행한다. 1장 머신러닝 흐름에서 설명한 '머신러닝을 하지 않는 예'의 하나로 실제 분석 결과를 종합하는 방법에 관한 지식을 얻을 수 있다.

- 10장은 업리프트 모델링을 사용해 더욱 효과적인 마케팅을 수행하는 방법을 알아본다.

- 11장은 온라인 광고 콘텍스트에서 자주 사용되는 슬롯머신 알고리즘을 이용한 강화 학습을 다룬다.

- 12장은 온라인 광고를 소재로 실제 시스템에 어떤 머신러닝이 최적화되어 적용되었는지 설명한다.

예제 소스 다운로드

이 책에서 사용한 코드가 실린 주피터 노트북은 다음 저장소에서 다운로드할 수 있다.

- https://github.com/moseskim/ml-at-work

CONTENTS

PART 1 머신러닝 실무 노하우

CHAPTER 1 머신러닝 프로젝트 처음 시작하기

CONTENTS

CHAPTER **2 머신러닝으로 할 수 있는 일**

CONTENTS

CHAPTER 7 효과 검증: 머신러닝 기반 정책 성과 판단하기

CONTENTS

CHAPTER 8 머신러닝 모델 해석하기

PART 2 머신러닝 실무 프로젝트

CHAPTER 9 킥스타터 분석하기: 머신러닝을 사용하지 않는 선택지

CONTENTS

CHAPTER 10 업리프트 모델링을 이용한 마케팅 리소스 효율화

CHAPTER 11 슬롯머신 알고리즘을 활용한 강화 학습 입문

CHAPTER 12 온라인 광고에서의 머신러닝

CONTENTS

Part I

머신러닝 실무 노하우

1부에서는 머신러닝 초심자를 위한 내용을 다룬다. 머신러닝 입문서를 쓰고자 했지만 결국 어느 정도 이론을 익힌 소프트웨어 개발자를 위한 실무서가 되었다.

이 책은 다른 책에서 주로 다루는 머신러닝 알고리즘 대신 머신러닝 프로젝트를 처음 시작하는 방법과 시스템 구성 방법, 학습 리소스를 수집하는 방법처럼 실무에 유용한 내용을 중점적으로 다룬다.

수식은 최소화했지만 머신러닝 핵심 개념인 분류, 신경망, SVM, K–최근접 이웃 알고리즘을 다루는 2장은 머신러닝 초심자에게 다소 어려울 수 있다. 내용이 잘 이해되지 않을 때는 각 장 앞부분에 나오는 흐름도를 보면 도움이 될 것이다. 코세라에서 제공하는 머신러닝 강의[1]를 수강하거나 『밑바닥부터 시작하는 딥러닝』(한빛미디어, 2017)[1]과 같은 책을 참고하면 더욱 쉽게 이해할 수 있을 것이다.

이 책에서는 파이썬 머신러닝 라이브러리인 사이킷런scikit-learn[2]을 사용한다.

---

1 https://www.coursera.org/learn/machine-learning
2 https://scikit-learn.org/stable/

Part I

머신러닝 실무 노하우

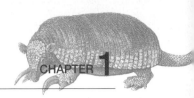

머신러닝 프로젝트 처음 시작하기

이번 장에서는 머신러닝 프로젝트를 처음 시작하는 방법을 살펴본다.

머신러닝 프로젝트는 일반적인 컴퓨터 시스템 개발과 달리 예측 성능을 측정하는 등의 시행착오를 거치며 다시 작업하는 비율이 높다. 그래서 중요한 부분을 확실히 짚어가며 진행해야 한다. 먼저 머신러닝 개요, 프로젝트 수행 과정, 머신러닝 특유의 문제, 성공적인 프로젝트를 진행하기 위한 팀 꾸리기 등을 소개한다.

1.1 머신러닝은 어떻게 사용되는가

먼저 머신러닝이 사용되는 방법을 간단히 살펴보자.

머신러닝은 주로 과거의 경험(데이터)을 기반으로 기계에 미지의 데이터를 예측하는 데 사용된다. 예를 들어 지메일gmail의 스팸 메일 판정, 아마존amazon의 '이 상품을 구입한 사람들은 이러한 상품도 구입했습니다'와 같은 추천 등 대규모 과거 데이터에서 미지의 데이터를 예측한다.

미지의 데이터를 예측할 때는 비즈니스에서 **지도 학습**supervised learning을 자주 사용한다. [그림 1-1]에 지도 학습의 처리 과정을 대략적으로 나타냈다. 지도 학습은 이미 알고 있는 데이터에 알고리즘을 적용해서 입력 데이터와 출력 데이터 사이의 관계를 찾아내고 그 결과(모델)를 활용해 새로운 데이터의 예측을 수행하는 프로그램을 구현한다. 입력 데이터는 이미지의 RGB

값이나 날짜, 기온과 같이 수치를 벡터화한 것이며, 출력 데이터는 개, 고양이와 같은 범주(유형)나 강수량과 같은 수치다.

> **NOTE_** 모델이란 입력 데이터와 출력 데이터의 드러나지 않은 관계를 수식과 규칙을 이용해 유사하게 만든 것이다. 학습된 모델은 학습에 사용된 '알고리즘'과 데이터에서 얻은 '파라미터'로 구성된다.

그림 1-1 머신러닝(지도 학습) 개요

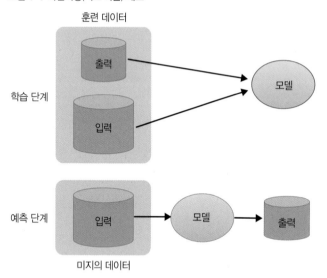

지도 학습은 기존 데이터의 입력과 출력의 관계를 찾아내는 **학습 단계**, 미지의 입력 데이터에서 모델을 사용해 예측한 출력을 얻는 **예측 단계**로 나뉜다. 모델, 다시 말해 입력과 출력의 관계를 표현하는 파라미터를 얻어 일정한 기준으로 예측을 수행할 수 있다. 이를테면 사람은 단순한 작업이라도 철야를 계속하면 판단 기준이 흔들릴 수 있지만 학습을 완료한 머신러닝은 전혀 흔들리지 않는다. 많은 양의 데이터를 사람보다 안정적으로 처리할 수 있다.

이외에도 입력 데이터에서 데이터 구조를 얻는 **비지도 학습**unsupervised learning, 바둑이나 장기와 같은 게임에서 어떤 전략을 취할 것인지 전략을 얻는 **강화 학습**reinforcement learning 등이 있다(자세한 내용은 2장에서 소개한다).

1.2 머신러닝 프로젝트 과정

머신러닝 프로젝트의 진행 과정은 다음과 같다.

1. 비즈니스 문제를 머신러닝 문제로 정의한다.
2. 논문을 중심으로 유사한 문제들을 조사한다.
3. 머신러닝을 사용하지 않는 방법은 없는지 검토한다.
4. 시스템 설계를 고려한다.
5. 특징량, 훈련 데이터와 로그를 설계한다.
6. 실제 데이터를 수집하고 전처리한다.
7. 탐색적 데이터 분석과 알고리즘을 선정한다.
8. 실제 데이터를 수집하고 전처리한다.
9. 시스템에 통합한다.
10. 예측 정확도, 비즈니스 지표를 모니터링한다.

이 흐름을 크게 묶으면 ①해결하고자 하는 문제를 머신러닝으로 해결할 수 있는 문제로 바꾸기 (과정 1~3), ②해결하기 위한 도구를 선택하고 전처리하기(과정 4~6), ③모델 구현하기(과정 7~8), ④기존 서비스와 통합하기(과정 9~10)라는 4단계로 볼 수 있다. 특히 ①, ②단계 (문제 설정 및 전처리)가 중요하다. 아무리 데이터가 많아도 적절한 전처리를 하지 않으면 충분한 성능이 나오지 않는다. 해결하려는 문제 자체가 사람도 해결할 수 없는 문제라면 머신러 닝으로 해결하는 것 역시 어렵다. 머신러닝, 특히 지도 학습에서는 사람이 기계에 정답이 무엇 인지 알려줘야만 한다. 다시 말해 사람이 정답을 결정할 수 없는 문제는 기계도 풀 수 없다.

머신러닝으로 해결한 문제 사례를 찾으려면 다음 세 가지 사항을 중점적으로 살펴보는 것이 좋다.

1. 어떤 알고리즘을 사용했는가?
2. 어떤 데이터를 특징량으로 사용했는가?
3. 머신러닝 부분을 어떻게 통합했는가?

이렇게 통찰을 쌓아가다 보면 머신러닝으로 가능한 것이 무엇인지 판단할 수 있게 된다. 이러 한 통찰이 없으면 '머신러닝으로 뭔가 대단한 일을 하고 싶어 하는' 상사가 나타났을 때 무엇을 해야 할지 머리를 쥐어짜야 한다. 무엇보다 중요한 것은 머신러닝으로 해결할 수 있는 범위와 그렇지 않은 범위를 구분하는 것, 그리고 그것을 실제로 구현하는 일(매우 귀찮은 일을 포함해)이다. 데이터 분석 업무의 80%는 전처리라고 할 정도로 다양한 형식의 CSV를 파싱하거나 웹 로그에서 필요한 정보를 추출하는 작업처럼 데이터를 분석할 수 있는 형태로 만드는 데 많은 시간이 소요된다.

머신러닝을 포함한 시스템 개발은 실제로 수많은 시행착오를 반복한다. 특히 앞서 언급한 4~7번 과정을 수없이 반복하게 된다. 머신러닝 이론 연구에서는 7~8번 과정을 중점적으로 다루며 비즈니스에서는 1~10번의 모든 과정을 다룬다. 그렇기 때문에 시행착오를 효율적으로 활용하는 것이 중요하다.

각 과정을 순서대로 알아보자.

1.2.1 비즈니스 문제를 머신러닝 문제로 정의하기

일반적인 비즈니스 문제를 해결할 때와 마찬가지로 문제를 어떻게 해결할 것인지 정의한다. 이때 목적을 명확히 정의해야 한다. 해결하고자 하는 문제의 가설 수립과 무엇을 해야 할지 명확하게 하는 것도 중요하다. 시스템을 만들 때는 매출 개선, 유료 회원 증가, 제품 생산 비용 절감과 같이 비즈니스 목적이 있다. 제품 생산 비용 절감이 목적이라면 수율을 개선해야만 한다. 수율을 개선하려면 '머신러닝을 사용해 불량이 발생하는 원인(지점)을 찾는다'처럼 구체적이고 실천할 수 있는 수준까지 목표를 세분화해야 한다.

이 과정에서 매출 목표나 일별 유료 회원 증가와 같은 비즈니스 지표인 KPI[key performance indicator](핵심성과지표)가 결정된다. KPI는 예측 모델의 성능과는 다른 관점에서 중요하다. KPI 자체는 비즈니스 단계에 따라 달라질 수 있지만 처음 구체화해나갈 때 임시로라도 한 가지를 정해놓는 것이 좋다. KPI를 정하는 방법이나 목적과 문제를 설명하는 방법은 『린 스타트업』(한빛미디어, 2012)[5]이나 『린 분석』(한빛미디어, 2014)[6] 같은 책을 참조하는 것이 좋다.

머신러닝 문제 설정을 예로 들면 '온라인 쇼핑 사이트의 매출 향상을 위해서 사용자별로 추천 상품을 제시한다' 또는 '공장 전력 소비량을 최적화하기 위해 소비 전력을 예측한다'처럼 프로젝트의 목적과 해결 방법을 함께 고려한다. '유료 회원을 늘리고 싶다'처럼 결과를 바로 확인할 수 없는 것이나 '딥러닝으로 대단한 일을 하자'처럼 목적을 알 수 없는 것은 좋지 않은 문제 설정의 예다. 설사 경영진이 이러한 요구를 해도 현장에서는 더 구체화해야 한다.

가설을 세우는 방법과 검증 방법은 쿡패드Cookpad 개발자 블로그의 글 중 '仮説検証とサンプルサイズの基礎(가설 검증과 샘플 크기의 기초)'[1]를 참고하길 바란다.

1.2.2 논문을 중심으로 유사한 문제 조사하기

머신러닝을 응용한 사례를 찾아볼 때 논문을 찾아보는 것은 매우 좋은 접근 방식이다. 기존 논문을 찾아보면 어떤 문제를 어떻게 정식화하는지, 많이 사용하는 알고리즘은 무엇인지, 어떤 영역의 문제들이 해결되지 않았는지 알 수 있다. KDD[2]의 「Applied Data Science Track」, ACM의 'RecSys'[3] 같은 응용 계열 학회의 발표 등 업계에서의 발표도 많은 도움이 된다. 구현 방법 측면에서도 많이 참고할 수 있다. 논문 이외에도 『業界別!AI活用地図(산업별 AI 활용 지도)』[7]와 같이 전문가가 정리한 도서도 추천한다.

1.2.3 머신러닝을 사용하지 않는 방법 검토하기

다음으로 머신러닝을 반드시 사용해야 하는지 검토한다. 머신러닝 프로젝트를 시작하는 방법을 설명하는데 머신러닝을 사용하지 않는 방법을 검토해야 한다니 모순처럼 들릴 수 있다. 하지만 "머신러닝은 기술 부채 중 이자율이 높은 신용카드다"라고 주장한 논문[8]이 있을 정도로 머신러닝 시스템은 다른 시스템보다 기술 부채[4]가 쉽게 누적된다.

머신러닝을 사용하는 시스템을 구축할 때는 다음과 같은 어려움을 겪을 수 있다.

- 확률적인 처리를 해 자동 테스트가 어렵다.
- 오래 운용하면 사용자 경향의 변화에 따라 입력 경향도 달라진다.
- 처리 파이프라인이 복잡해진다.
- 데이터 의존관계가 복잡해진다.
- 실험 코드 또는 파라미터가 포함되기 쉽다.
- 개발 시스템과 운영 시스템의 언어/프레임워크가 제각각으로 나뉘기 쉽다.

----

1 https://techlife.cookpad.com/entry/2016/09/26/111601
2 https://www.kdd.org/
3 https://recsys.acm.org/
4 기술 부채란 출시를 우선해 문서나 테스트 코드가 존재하지 않는 어설픈 설계나 컴파일러 경고가 남아 있는 등 문제를 임시로 덮어둔 것을 말한다. 자세한 내용은 다음을 참조하기 바란다. https://en.wikipedia.org/wiki/Technical_debt

이러한 어려움을 해결하는 방법은 1.3절에서 설명한다. 특히 '입력 데이터의 경향이 달라'지면 심각한 문제가 된다. 예를 들어 텍스트를 읽어 문장의 긍정/부정을 판정하는 감정 분석^{sentiment} analysis을 한다고 가정해보자. '미쳤다'라는 단어는 과거 부정적으로 쓰였지만 최근에는 비교적 긍정적인 의미를 갖기도 한다. 이외에도 '스이카(suika)'라는 말이 과일뿐만 아니라 교통 카드[5]도 가리키는 등 사용 트렌드가 달라지거나 새로운 용어가 나타나기도 한다. 또한 COVID-19 전후로 사람들의 행동 양식이 바뀌어 예측 시스템이 의미를 잃어버리기도 했다.[6]

동일한 예측 모델을 계속해서 오래 사용하면 입력 데이터 경향이 변화해 정확도가 낮아져 의도하지 않는 동작을 할 수 있다. 이를 방지하려면 정기적으로 새로운 데이터를 사용해 예측 모델을 업데이트하거나 필요에 따라 특징량을 다시 검토해야 한다. 즉 예측 모델을 계속해서 유지보수해야 한다.

또한 머신러닝 알고리즘 안에는 난수를 이용해 확률적 처리를 하는 경우가 많아 규칙을 기반으로 처리할 때처럼 그 움직임이 결정론적으로 정해지지 않는다. 더욱이 다양한 데이터에 대한 동작을 미리 확인할 수도 없다. 애초에 머신러닝은 사람이 모두 확인할 수 없는 대량의 데이터를 처리하는 데 사용돼 생각하지 못한 예측 결과가 출력될 리스크가 항상 존재한다. 이전에 구글 포토google photos가 사진에 찍힌 흑인을 고릴라로 인식해 인종차별 문제가 된 적이 있다.[7] 당시 '고릴라'라는 태그를 제거해 문제를 해결했지만 이처럼 생각치 못한 결과가 출력될 수 있다. 의도하지 않은 예측 결과가 나왔을 때 사후에 개입할 수 있는 구조(특정 레이블은 블랙리스트에 등록하는 등)를 준비해야 한다.

어떤 비즈니스 문제에 머신러닝을 적용하면 좋을까? 필자는 다음 조건을 만족해야 한다고 생각한다.

- 대량의 데이터에 대해 빠르게 안정된 판단을 내려야 한다.
- 예측 결과에는 일정 수준의 오류를 용인한다.

사람은 피로가 쌓이면 판단이 흐려질 수 있지만 머신러닝으로 예측할 때는 대량의 데이터를 항상 같은 기준으로 판단할 수 있다. 하지만 예측 정확도가 100%일 수는 없어 운용 측면에서 오차에 대응할 수 있는 구조를 갖춰야 한다.

----

5 옮긴이_ 수박(スイカ)의 일본어 발음과 일본 교통 카드 가운데 하나인 스이카(suica)는 발음이 같다.

6 https://techcrunch.com/2020/08/18/how-to-diagnose-and-treat-machine-learning-models-afflicted-by-covid-19/

7 https://www.theguardian.com/technology/2015/jul/01/google-sorry-racist-auto-tag-photo-app

조건들을 갖췄다면 먼저 MVP^{minimum viable product}(최소 기능 제품)를 만든다. MVP는 『린 스타트업』(인사이트, 2012)[9]에서 자주 다루는 주제로 최소한의 고객 가치를 창출하는 최소한의 제품을 의미한다. 그렇다면 머신러닝에서 MVP는 무엇일까? 성별이나 나이와 같은 사용자 속성 등을 교차 집계해서 세그먼트를 나누고 세그먼트별로 규칙에 기반해 추천할 수 있을까? 아파치 솔라^{apache solr} 또는 일래스틱서치^{elasticsearch}처럼 기존 모듈에 있는 More Like This 같은 기능은 통합할 수 없을까? 이처럼 집계 처리나 기존 모듈의 기능을 활용해 간단히 구현할 수 있는 것이 MVP다. 물론 MVP 원칙에 따라 사람 손으로 정해진 콘텐츠를 준비해 간단한 규칙으로 나누는 것으로도 충분하다. 필자 역시 MVP만으로도 충분히 처리 가능한 상황을 종종 경험했다.

MVP를 검증해 처음 수립한 가설이 옳은지 아닌지 판단할 수 있다. 머신러닝 문제 설정에서 가설 검증에 이르는 사이클은 대부분 일반적인 컴퓨터 시스템 제품의 개발 주기보다 길어진다. 처음부터 목표 자체가 잘못되면 시스템 구현에서 실험까지 끝내도 다시 처음 문제 설정 단계로 돌아가기도 한다. 고객이 정말로 필요한 것인지, 콘셉트가 올바른지 미리 검증하는 것이 일반적인 프로젝트보다 더욱 중요하다.

머신러닝을 하고자 시작한 프로젝트라도 필요하지 않다면 머신러닝을 사용하지 않는 결정을 내리는 것을 두려워하지 말자. 머신러닝에 적합한 문제인지 확인한 후 MVP를 만들어 최소한의 콘셉트를 검증해 시스템 설계를 진행하자.

1.2.4 시스템 설계하기

문제를 정식화하고 MVP에 대한 검증을 마쳤다면 머신러닝을 포함한 시스템을 설계한다. 설계에서는 다음 두 가지가 중요하다.

1 예측 결과를 어떻게 이용할 것인가?
2 예측 오류의 영향을 어떻게 흡수할 것인가?

첫째, 예측 결과를 어디에 이용할 것인지 살펴보자. 예측 처리를 배치^{batch}로 수행한 다음 그 결과를 RDB^{relational database}(관계형 데이터베이스)에 배포하는 방법, 웹 서비스나 애플리케이션을 이용해 사용자 액션마다 비동기로 예측하는 방법 등 차이를 둘 수 있다. 예측 결과를 전달하는 방법에 관한 자세한 내용은 4장을 참조하기 바란다.

머신러닝에서 100% 정확한 알고리즘은 없다. 시스템이 전체적으로 어떻게 오류에 대처하는지, 사람이 직접 확인하거나 수정해야 하는지, 필요하다면 대처해야 할 지점이 어디인지 고려하는 것도 머신러닝 시스템 설계에 포함해야 한다. 이를 이해하고 시스템 전체에서 리스크를 통제할 방법을 결정한다. 예를 들어 예측 결과를 사람이 직접 확인하는 단계를 마련하거나 예측 결과가 큰 악영향을 받지 않았다는 것을 전제로 애플리케이션에 이용하는 방법 등을 채택할 수 있다.

이 단계를 지나면 데이터 수집이나 예측 모델 구현, 시스템 구현 진행 단계가 되므로 이 시점에 목표 성능과 포기 지점을 설정한다. 머신러닝 예측 모델을 개발할 때는 조금만 더 성능이 좋아지면 좋겠다는 생각으로 예측 모델 자체를 끊임없이 개선하는 늪에 빠진다. 학습 데이터를 수집하고 정답 데이터를 작성하는 과정에서 도메인 지식을 얻게 되어 근거 없는 자신감으로 개선이 가능할 수 있다고 생각하게 된다. 현실에서는 문제 설정 단계까지 되돌아가 반복하며 개선해야 하는 경우도 있다. 매몰 비용의 편견에 사로잡히기 전에 '2개월 안에 90%의 예측 성능을 달성한다'와 같이 구체적인 목표 성능과 포기 지점을 정해둬야 한다. 예측 성능을 결정하는 방법은 3장에서 설명한다.

1.2.5 특징량, 훈련 데이터 및 로그 설계하기

머신러닝에서 어떤 정보를 사용할 수 있는지 설계하자.

특징량feature[8]은 머신러닝 예측 모델에 입력하는 정보다. 머신러닝에서는 입력 정보를 수치 벡터로 만든다. 예를 들어 내일 눈이 올지 예측하기 위해 오늘의 기온(1.0도), 강수량(0.8mm), 풍속(0m/s), 적설량(2cm), 날씨(흐림)를 활용한다고 할 때 이 값들을 수치화한 리스트인 [1.0, 0.8, 0.0, 2.0, 1]가 특징량 벡터가 된다.

'흐림'처럼 특징량을 범주형 변수categorical variable (카테고리컬 변수라 부르기도 한다)라 하며 맑음 0, 흐림 1 등의 수치 데이터로 변환해서 처리한다. 수치 데이터를 더미 변수dummy variable라 부른다. 사이킷런에서는 LabelEncoder 클래스나 OneHotEncoder 클래스를 사용해 범주형 변수를 더미 변수로 변환할 수 있다.

---

8 자연어 처리 분야에서는 'feature'라는 단어를 '특성'이라 부르기도 하지만 이 책에서는 특징량으로 부르기로 한다.

전통적인 머신러닝의 핵심은 특징량이다.[9] 이번 절에서는 비즈니스 도메인 지식을 가진 사람과 사용자의 행동 로그나 구입 이력, 공장 센서 데이터 등 머신러닝 입력으로 사용할 특징량이 예측에 필요한 정보를 포함하고 있는지 미리 확인한다. 예를 들어 과거 경험을 기반으로 망치로 두드렸을 때 나는 소리 정보를 수집하여 터빈의 불량을 검출한 사례도 있다. 비즈니스 도메인 지식을 가진 사람과 협력해서 무엇이 그 현상에 영향을 줄만한 것인지 확인한다. 나중에 불필요한 데이터를 제거할 수는 있지만 필요한 데이터만 미리 추출해 얻을 수는 없다.

특징량을 결정했다면 입력 데이터로 사용할 정답 데이터를 준비한다. **훈련 데이터**란 **지도 학습**이라 불리는 여러 범주를 예측하는 문제를 해결하기 위해 필요한 정답 분류 레이블(정답 레이블)의 기반이 되는 데이터셋data set을 말한다. 예를 들어 이미지를 사용한 물체 인식object detection에서는 사진에 찍힌 '자동차'나 '개'와 같은 분류의 정답을 미리 사람이 직접 붙여둬야 한다. 이러한 분류 대상 범주를 머신러닝에서는 **클래스**class라고 하며 프로그램에서의 클래스와는 다르니 주의하자. 비즈니스에서는 지도 학습을 사용해 무엇인지 분류하는 경우가 많다.

지도 학습에서는 높은 품질의 정답 레이블을 확보하는 것이 중요하다. 정답 레이블의 품질에 따라 문제 해결 성능이 좌우된다. 훈련 데이터 레이블 수집은 5장을 참고하기 바란다.

웹 애플리케이션의 로그 등에서 훈련 데이터의 기반이 되는 데이터를 얻는 경우도 많다. 특징량을 추출하기 위한 로그 설계는 4.3절에서 자세히 설명한다. 로그를 설계할 때 결정한 특징량도 나열하면 좋다. 일단 로그 집계가 시작되면 형식을 변경하는 비용이 많이 들며 변경했어도 사용할 수 없는 데이터가 늘어난다.

1.2.6 운영 데이터 수집과 전처리하기

데이터 전처리는 문제에 따라 달라 여기서는 자세히 설명하지 않지만 불필요한 정보를 제거하는 등 머신러닝을 데이터에 사용할 수 있는 형태로 만드는 중요한 과정이다. 머신러닝에 입력하는 데이터는 특징량에서도 설명했지만 RDB로 표현할 수 있는 테이블 형식의 데이터 테이블

---

9 딥러닝에서는 이미지 내의 물체를 인식할 때 RGB 값을 사용하는 등 특징량 설계보다 네트워크 구조가 더 중요하다. 최근 몇 년 동안에는 딥러닝에서의 Embedding을 이용해 복잡한 특징량을 만들고 이를 전통적인 머신러닝 알고리즘에 입력하는 일도 많다.

이다. 하지만 실제 웹 로그 등 정제되지 않은 데이터는 텍스트 형식 등이기 때문에 그대로 사용할 수 없다. 수치 데이터 또한 센서 데이터가 일부 존재하지 않는 결손값$^{missing\ value}$이라 불리는 데이터 처리나 이상값을 제외하거나 값을 가질 수 있는 범위의 영향을 받지 않도록 정규화 작업 등을 해야 한다. 텍스트 데이터는 단어별로 나눠 빈도를 세거나 빈도가 낮은 단어를 제거한다. 앞서 소개한 범주형 변수를 더미 변수로 만드는 작업도 여기에 포함된다. 이러한 데이터 변환이 전처리 시작 단계에서 매우 중요하다.

아무리 뛰어난 알고리즘이라 해도 데이터가 적절히 정제 혹은 가공되어 있지 않다면 효과가 없다. 실제로 전처리에 가장 많은 시간이 소요된다.

간단히 전처리라고 말해도 대상이 되는 주제가 많아 최근에는 전처리만 다루는 서적도 늘어났다. 자세한 기술은 『데이터 전처리 대전』(한빛미디어, 2019),[10] 『데이터가 뛰어노는 AI 놀이터, 캐글』(한빛미디어, 2021),[11] 『데이터 분석을 위한 SQL 레시피』(한빛미디어, 2018)[12]를 참조하기 바란다.

1.2.7 탐색적 데이터 분석과 알고리즘 선정하기

머신러닝를 사용할 때 선정할 알고리즘를 반드시 고려해야 한다(알고리즘 선정 기준은 2장에서 설명한다). 앞서 기존 논문 등을 통해 과거에는 유사한 문제를 어떻게 해결했는지 조사했으니 어떤 알고리즘을 사용해야 할지 어느 정도 예상될 것이다.

데이터 특성을 알아보기 위해 클러스터링 등의 비지도 학습(2장 참고)이나 산포도 행렬(그림 1-2) 등으로 사전에 시각화하거나 상관관계가 있는 변수를 발견하면서 어떤 방법을 사용하면 해결할 수 있을지 생각한다. 샘플링한 소량의 데이터로 실제 간단한 모델을 학습하고 특징량의 중요도를 확인하는 것도 좋다. 그리고 계획한 데이터양을 고려해 온라인 학습이 좋을지 배치 학습(4.2.1절 참고)으로도 충분한지 감을 잡아보자.

그림 1-2 산포도 행렬의 예

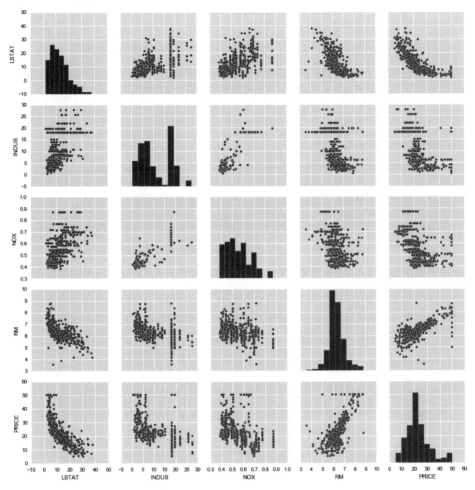

1.2.8 학습 및 파라미터 튜닝하기

이제 실제로 학습을 수행하는 단계다. 학습 알고리즘은 앞 단계에서 결정했으니 머신러닝 알고리즘의 파라미터를 조정하면서 더 나은 결과를 낼 수 있도록 탐색한다. 우선 사람이 입력한 정답이나 규칙 기반으로 베이스라인 예측 성능을 정한 뒤 이를 뛰어넘는 것을 목표로 한다.

먼저 로지스틱 회귀 등 비교적 간단한 알고리즘과 기존 라이브러리 및 프레임워크를 사용해 간단한 예측 모델을 만든다. 대부분 일부 데이터가 누락되는 등 데이터 자체에 버그가 포함되어 있을 수 있다. 문제를 해결하기 위해 우선 간단한 방법으로 예측 모델을 만들어보자.

첫 번째 예측 모델로 곧바로 높은 성능(예: 예측 성능 99.9%)이 나온다면 실수가 없었는지 의심해야 한다(처음 작성한 코드의 테스트가 모두 성공했을 때 비슷한 느낌일 것이다). 이때 대부분은 학습 데이터에서만 성능이 좋고 미지의 데이터는 적절하게 예측하지 못하는 **과적합** overfitting 또는 원래는 알 수 없는 정답 데이터가 훈련 데이터(예시(문제)와 해답(정답)이 짝을 이루고 있는 데이터)에 포함되어 있어 모델 예측 성능이 예외적으로 높아지는 **데이터 유출** data leakage 현상이 발생한 경우가 많다.

과적합과 데이터 유출

과적합된 모델이란 '학습 데이터에는 확실한 정답을 내지만 미지의 데이터에는 전혀 정답을 내지 못하는 모델'을 뜻한다. 즉 이미 알고 있는 데이터에 과도하게 최적화되어 처음 보는 데이터에는 대응하지 못하는 상태이다. 이전에 필자가 대학 입학 시험을 보던 해에 갑자기 영어 시험 출제 경향이 바뀌었다. 입시 학원에서 족집게 수업을 들었던 친구가 '이런, 올해는 출제 경향이 바뀌어서 시험을 망쳤어. 다른 사람도 어려웠겠지?'라고 말했다. 지금 생각해보면 이것 역시 일종의 과적합이었던 것 같다. 반대로 처음 보는 데이터도 처리할 수 있는 모델을 **일반화** generalization 성능이 높다고 한다.

데이터 유출의 예를 보자. 캐글 kaggle에서 진행한 암 예측 경진대회에서 데이터에 전립샘 수술 여부를 의미하는 플래그가 포함된 적이 있다. 이 정보를 사용한 예측 모델의 예측 성능은 매우 높았다. 하지만 그저 전립샘암 환자가 자신이 암이라는 사실을 안 뒤 수술을 받았는가를 의미하는 정보였기에 암 진단을 예측하는 데는 의미 없는 예측 모델이 되었다. 이외에도 시계열 데이터의 예측을 수행할 때 학습에 사용한 데이터와 검증에 사용하는 데이터를 무작위로 분할하는 바람에 미래 데이터를 예측하는 모델에 미래 데이터 자체를 포함시켜 학습한 사례도 있다.[12]

이러한 점에 주의하며 학습과 파라미터 튜닝을 진행한다. 성능을 개선할 때는 오답을 낸 예측 결과를 실제로 살펴보면서 오류 원인은 무엇이며 공통점은 없는지 오류 원인을 분석하는 것도 잊어서는 안 된다. 이 단계에서 원하는 결과를 얻지 못한다면 과정 4(27쪽)로 돌아가 알고리즘 검토부터 다시 진행해야 한다.[10]

---

10 https://en.wikipedia.org/wiki/Leakage_(machine_learning)

과적합 방지하기

다음과 같은 과적합 방지 방법은 어떤 알고리즘에든 적용할 수 있다.

- **교차 검증**cross validation으로 파라미터 튜닝하기
- **정규화**regularization하기
- **학습 곡선**learning curve 살피기

교차 검증이란 학습용 **훈련 데이터**training data와 모델 평가용 **검증 데이터**validation data를 분할해 성능을 측정하는 것으로, 특정 데이터에 의존하지 않는 일반화 성능을 가진 모델을 읽는 방법이나. 예를 들어 데이터를 10개 그룹으로 나눠 그중 9개를 훈련 데이터, 남은 하나를 검증 데이터로 사용하며 평가 수행 절차를 10회 반복해 평균적인 성능을 높이는 **하이퍼파라미터**hyper-parameter[11]를 선택한다(사이킷런을 이용하면 cross_val_score( ) 함수 또는 GridSearchCV 클래스 등을 이용해 교차 검증을 편리하게 수행할 수 있다).

실제로는 먼저 한 그룹 (10%) 정도의 데이터를 남겨두었다가 마지막 성능 평가에서만 사용함으로써 하이퍼파라미터의 튜닝과 독립된 성능을 평가한다. 이때 남겨둔 데이터를 **테스트 데이터**test data라 부른다. 이 책에서는 훈련 데이터와 검증 데이터를 합친 데이터를 **개발 데이터**development data라 부른다.

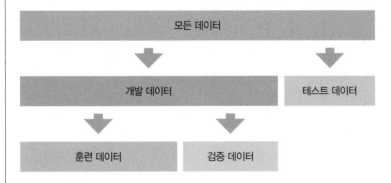

과적합을 방지하고 일반화 성능을 높이기 위해 정규화regularization 기법을 이용한다. 간단히 말하면 두 개의 클래스를 분리하는 설정을 할 때 모든 데이터를 정확히 나누는 것이 아니라 다른 클래스의 데이터가 다소 섞여도 새로운 데이터에 대응하는 능력을 부여하는 방법이다. 자세한 내용은

---

11 신경망의 히든 레이어 수나 로지스틱 회귀의 임곗값 등 모델 성능을 좌우하는 파라미터를 뜻한다.

2.2.2절에서 설명한다.

학습 곡선이란 데이터 크기나 학습 반복 횟수에 대해 훈련 데이터와 검증 데이터의 손실(혹은 정확도) 추이를 그래프로 그린 것이다. 손실에 관한 자세한 내용은 2장, 학습 곡선에 관한 자세한 내용은 필자가 쓴「이 모델은 과적합일까 아니면 미학습일까?」**[12]**를 참조하기 바란다.

1.2.9 시스템에 통합하기

축하한다. 지금까지 잘 진행했다면 좋은 성능의 예측 모델을 얻었을 것이다. 이제 머신러닝 로직을 시스템에 통합해보자.

이때 주의할 점은 예측 성능과 그에 따른 비즈니스 성과(예: 제품 구입으로 이어지는 전환율 등)를 모니터링하는 것이다. 시스템 통합은 비즈니스 관점에서 보면 가설을 검증하기 위한 단계에 지나지 않는다. 예측 성능 모니터링에는 미리 사람이 작성한 데이터와 정답 레이블셋label set을 이용해 예측 성능을 측정한다.

> **NOTE_** 이러한 데이터셋을 **황금 기준**gold standard이라 부른다.

예측 모델 개발에 몰두하면 원래 목표를 잊기 쉽다. 예측 모델을 만드는 본래 이유는 매출 목표나 일간 유료 회원 증가 수와 같이 비즈니스 상의 지표, 다시 말해 KPI를 개선하고자 하는 요구가 있었기 때문이다. 이 지표들의 추이를 보면서 필요에 따라 성능을 개선해야 한다.

1.2.2절에서 설명했듯이 오랜 시간 운용하다 보면 입력의 경향이 바뀐다. 그에 따라 예측 성능이 서서히 또는 급격하게 저하된다. KPI가 악화됐을 때는 과정 5~7로 돌아가 개선한다. 잘 대처하려면 '시스템에 통합하면 완료'가 아니라 지속적으로 비즈니스에 기여할 수 있는지 확인하고 개선해야 한다.

개선을 지속할 수 있는 지속적인 조직을 만드는 것도 중요하다. KPI를 확실하게 추적할 수 있도록 대시보드를 만들고 이상이 발생했을 때 알림을 보내는 등 언제라도 대응할 수 있는 체계를 갖추는 것이 중요하다.

---

12 https://chezo.uno/post/2016-05-29-sonomoderu-guo-xue-xi-siteruno-wei-xue-xi-nano-tokun-tutara/ (일본어)

1.3 운용 시스템에서의 머신러닝 문제점 대처 방법

1.2.3절에서도 설명했지만 운용 시스템에서는 머신러닝과 관련해 다음과 같은 문제점이 발생한다.

1. 확률적인 처리 때문에 자동 테스트하기 어렵다.
2. 오래 운용하면 사용자 경향 변화 때문에 입력 경향도 달라진다.
3. 처리 파이프라인이 복잡해진다.
4. 데이터 의존관계가 복잡해진다.
5. 실험 코드 또는 파라미터가 포함되기 쉽다.
6. 개발 및 운영 시스템 간의 언어/프레임워크가 제각각이기 쉽다.

다시 말해 예측 성능만을 추구해 모델 업데이트가 어려워지고 시스템이 계속 복잡해져 유지보수나 변화에 대응하기 어려워진다. 잘 대처하려면 변화를 전제로 다음에 초점을 맞춰 머신러닝을 설계해야 한다(괄호 안의 숫자는 대응하는 문제를 의미한다).

- 황금 기준을 이용해 직접 예측 성능을 모니터링한다(1, 2, 4).
- 예측 모델을 모듈화해서 알고리즘에 대해 A/B 테스트를 수행한다(2).
- 모델 버전 관리를 통해 언제든 원하는 시점으로 돌아갈 수 있도록 한다(4, 5).
- 데이터 처리 파이프라인을 저장한다(3, 5).
- 개발 및 운영 시스템의 언어/프레임워크를 통일한다(6).

다섯 가지 포인트를 순서대로 설명하겠다.

1.3.1 황금 기준을 이용해 직접 예측 성능을 모니터링

황금 기준을 준비하는 방법은 '1.2.9 시스템에 통합하기'를 참고한다. 머신러닝 예측 과정에는 확률적인 처리가 포함되어 있어 그 결과를 결정론적인 자동 테스트로 검증하기 어렵다. 그러므로 미리 준비한 데이터와 정답을 이용해 예측 성능을 측정하고 그 추이를 모니터링한다. 자동 테스트가 어렵다는 문제(1)를 예측 성능 모니터링으로 보완할 수 있다. 입력 경향의 변화(2)는 예측 성능을 대시 보드로 모니터링하고 임곗값을 설정해 알람을 보내 오랜 기간 운용할 때 입력 경향 변화를 쉽게 알아챌 수 있다. 그리고 예측 모델 업데이트와 단어 분할용 사전을 동시에 업데이트했지만 한 쪽만 변경하고 다른 쪽에서는 업데이트를 하지 않을 수도 있다(4). 이러한 문제 또한 예측 성능 모니터링으로 보완할 수 있다.

모니터링은 '6.4.1 감시 및 모니터링'에서 자세하게 설명한다.

1.3.2 예측 모델을 모듈화해서 알고리즘에 대해 A/B 테스트 수행

예측 모델 모듈화 방법은 다음과 같다. 지속적으로 성능을 향상시키다 보면 하나의 알고리즘 만으로는 이내 한계에 다다른다. 이럴 때를 위해 다양한 예측 모델을 준비해 A/B 테스트를 할 수 있도록 모듈화하고 손쉽게 교체할 수 있게 설계해야 한다. 모델을 쉽게 비교할 수 있는 시스템을 구축하면 특징량 또는 알고리즘을 변경한 모델을 동시에 운영하면서 성능을 검증할 수 있다. 이를 통해 '오래 운용하면서 변화하는 트렌드 등으로 입력 경향이 달라져도(2)' 현재 운용 중인 예측 모델을 사용해 새로운 대책을 쉽게 마련할 수 있다.

부분적으로 출시하는 카나리 출시^{canary release} 방식을 채택해 온라인 평가 시 모델의 의도치 않은 오류를 조기에 검지할 수도 있다.

이러한 모델의 A/B 테스트 또는 카나리 출시는 프레임워크 측에서 예측 결과를 제공^{serving}하는 경우도 증가하고 있다.

1.3.3 모델 버전 관리를 통한 자유로운 롤백

운영 환경의 예측 모델은 언제 어떤 이유로 성능이 저하될지 모른다. 입력 데이터의 형식이 달라지거나 중간 단계의 처리가 바뀔 수도 있다. 모델 업데이트가 성능 저하의 직접적인 원인인지 파악하려면 과거 모델로 롤백할 수 있는 것이 중요하다. 소스 코드는 당연히 버전 관리를 하겠지만 가능하다면 과거의 모델로 변환했을 때 확실하게 비교할 수 있도록 데이터도 버전 관리를 하는 것이 바람직하다. 소스 코드, 모델, 데이터 모두 버전을 관리하는 것이 이상적이다.

모델 버전 관리와 함께 모델을 생성한 데이터를 문서화해두면 데이터 의존 관계로 생기는 문제점(4)을 완화할 수 있다. 그리고 실험 코드와 알고리즘의 파라미터가 코드에 남아 있는 문제(5)도 모델 버전 관리와 문서화를 통해 쉽게 정리될 것이다.

1.3.4 데이터 처리 파이프라인 저장

그림 1-3 데이터 처리 파이프라인을 저장한다.

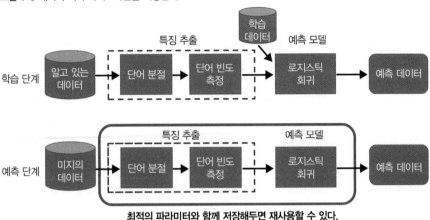

최적의 파라미터와 함께 저장해두면 재사용할 수 있다.

이어서 데이터 처리 파이프라인을 저장하는 방법을 알아보자(그림 1-3). 예측 모델을 만들 때는 예측 모델 자체의 하이퍼파라미터를 튜닝하기도 하지만 이전 전처리 과정에 파라미터가 포함되기도 한다. 예를 들어 텍스트 처리에서는 단어를 분절하고 그 빈도를 세어 빈도가 낮거나 높은 단어를 제외한다. 이때 빈도의 많고 적음을 정의하는 임곗값도 튜닝 대상이 된다.

파라미터 수가 점차 늘어나고 데이터가 복잡해지면 개발과 운영 시스템에서 사용하는 파라미터가 어긋나 기대했던 성능이 발휘되지 않는 일이 벌어진다. 이를 방지하기 위해서도 전처리부터 예측 모델 구현을 포함한 데이터 처리 파이프라인 전체를 저장해야 한다.

사이킷런은 파이프라인으로 데이터 처리를 다루기 쉽도록 추상화한다. 여기에서 영향을 받아 스파크spark와 같은 머신러닝 라이브러리에서도 파이프라인으로 처리를 재사용할 수 있도록 되어 있다.

데이터 처리 파이프라인별로 저장해두면 이에 대응하는 코드를 한군데 모아서 관리할 수 있어 처리 파이프라인이 복잡해지더라도 쉽게 파악할 수 있다(3). 그리고 실험 코드와 알고리즘의 파라미터가 제각각이 되는 문제(5) 역시 하나의 파이프라인으로 쉽게 관리하면서 해결할 수 있다.

1.3.5 개발 및 운영 시스템의 언어/프레임워크 통일

마지막으로 개발 및 운영 시스템의 프로그래밍 언어와 프레임워크는 가능한 일치시킨다. 예를 들어 예측 모델은 R을 이용해 개발하고 애플리케이션의 예측 처리는 자바^{Java}로 재구현한다고 생각해보자. 이때 두 가지 프로그래밍 언어를 사용해야 해 알고리즘 변경 비용이 매우 높아진다. 모처럼 R로 빠르게 프로토타입을 구현했지만 운영 환경에 반영하는 데 많은 시간이 걸려 반영 자체를 포기하는 경우도 발생할 수 있다.

예측 모델은 수많은 실험을 반복하면서 개발하는 일뿐만 아니라 코드도 잘 정리되지 않은 경우가 많다. 실험용 코드에서 운영 시스템의 애플리케이션으로 이동할 때 공통된 프레임워크를 이용한다면 이식 비용을 낮추는 것은 물론 의사소통도 훨씬 수월해진다. 프로그래밍 언어/프레임워크가 다른 문제(6) 역시 언어와 프레임워크를 통일함으로써 시스템 복잡성을 낮춰 해결할 수 있다.

단 최근에는 마이크로서비스[13]라 불리는 기능이나 서비스별 API 또는 메시지 큐$^{message-queue}$로 데이터를 주고받는 아키텍처도 늘어나는 추세다. 아키텍처는 하나의 큰 애플리케이션을 만드는 모놀리식^{monolithic} 아키텍처에 비해 시스템을 작게 분할하고 API 등을 통해 데이터를 주고받아 머신러닝 관련 처리 부분을 추출하기 쉽다. 이러한 사고방식에 기반해 머신러닝용 REST, gRPC와 같은 API 서버를 만드는 경우도 늘어나고 있다. 도커^{docker}와 같은 컨테이너 기술과 이를 쉽게 배포하도록 지원하는 클라우드 서비스의 등장으로 머신러닝 학습이나 예측 기능을 추출한 API 서버 구축도 쉬워졌다. 특히 프로그래밍 언어 선택은 개발팀의 스킬셋에도 영향을 줘 시스템 전체 설계 및 개발팀 구성원의 스킬셋을 고려해 판단한다.

이처럼 운용 시스템의 머신러닝 제품에서는 변화에 견디는 보완책이 중요하다. 이와 관련한 우수 실무 사례는 「Rules of Machine Learning: Best Practices for ML Engineering」[13]를 참고 바란다.

---

13 https://martinfowler.com/articles/microservices.html

1.4 머신러닝 시스템을 성공적으로 운영하기 위한 조건

머신러닝을 적용한 시스템 구현에는 어느 정도 도박과 같은 요소가 있다. 일반적인 컴퓨터 시스템은 설계만 적절히 이루어진다면 어떻게든 동작하도록 만들 수 있다(물론 그저 동작하는 것만으로는 아무런 의미가 없으며 사용자에게 확실한 가치를 제공하지도 못한다). 하지만 머신러닝을 포함한 시스템은 몇 주 또는 몇 개월에 걸쳐 의미 있는 결과물을 전혀 얻지 못하기도 한다.

기껏 분류하는 모델을 만들었지만 성능이 무작위로 출력하는 모델보다 떨어지는 일도 흔하다. 머신러닝을 포함한 시스템 개발은 일반적인 웹 시스템 개발 주기를 한두 주 정도로 짧게 하기 어려우며 수개월에 이르는 경우도 많다.

그렇다면 머신러닝을 포함한 제품을 사업적으로 성공시키려면 어떤 팀이 중요할까? 필자는 다음의 네 가지 역할이 중요하다고 본다.[14]

- 제품에 관한 도메인 지식을 가진 사람
- 통계나 머신러닝을 잘 아는 사람
- 데이터 분석 인프라를 만드는 엔지니어링 역량을 가진 사람
- 실패 리스크를 책임지는 책임자

도메인 지식을 가진 사람은 매우 중요하다. 해결할 문제가 무엇이며 제품의 어느 부분에 머신러닝을 사용해야 하는지 고려할 때 도메인 지식이 없다면 완전히 잘못된 선택을 할 수 있다. 그리고 특징량을 결정하거나 데이터를 수집할 때도 도메인 지식은 중요한 열쇠가 된다.

머신러닝을 잘 아는 사람은 아마도 독자 여러분의 지향점일 것이다. 구현은 물론 문제 설정을 하기 위한 커뮤니케이션 능력도 요구된다.

최근에는 데이터를 활용할 수 있도록 분석 인프라를 만드는 데이터 개발자가 각광받고 있다. 이러한 사람들과 협력하면서 어떤 머신러닝 인프라를 갖추어야 할지 모색한다.

마지막으로 리스크를 짊어질 수 있는 책임자도 중요하다. 머신러닝이 실패 확률이 높은 투자라는 점을 인식하면서도 머신러닝을 사용해야만 만들어낼 수 있는 가치를 믿고 지지하는 존재다. 머신러닝이나 데이터 분석 경험을 가진 사람이라면 리스크에 대해 상세한 설명을 하지 않아도 돼 의사결정을 위한 시간이 줄어 실무자에게 도움이 된다. 그렇지 않다면 실무자가 리스크를 책임져야 할 필요성을 설명해야 할 수도 있다. 때로는 책임자가 불확실성을 무릅쓰고 직권으로 머신러닝 투자를 결정해야 할 경우도 있다. 제품을 만드는 동안 든든한 버팀목이 되어줄 사람을 찾아보자.

머신러닝 시스템은 데이터에 따라 그 동작이 달라지고 그 변화를 따라가기 위해 **지속적 학습**continuous learning이 중요하다. 장기적으로 개발을 지속할 수 있는 체제와 팀을 만드는 데 필요한 비용을 투자하는 것에 두려움을 느끼지 않아야 한다.

---

14 네 가지 역할을 각각 다른 사람이 담당하거나 한 사람이 여러 역할을 담당할 수도 있다. 혼자서 모든 일을 할 수 있는 사람들을 모으면 그 사람에 대한 의존성이 높아지고 프로젝트 유지하기 어려워질 수 있으니 주의해야 한다.

1.5 정리

이번 장에서는 머신러닝 프로젝트 진행의 흐름과 핵심을 알아보았다.

- 해결하려는 문제의 가설을 세우고 MVP를 만들어 개념 검증을 최우선으로 한다.
- 머신러닝 외의 방법으로 해결할 수 있다면 이를 두려워하지 않는다.
- 머신러닝에 적합한 문제 설정인지 확인한다.
- 예측 성능과 KPI를 함께 모니터링하면서 꾸준히 개선한다.

머신러닝 프로젝트는 특성이나 예측 결과를 알 수 없는 미지의 데이터에 대해 탐색적인 방법으로 시행착오를 거쳐 일반적인 프로젝트보다 다시 작업하는 일이 많다. 비즈니스 목적을 명확히 하고 가설을 확립한 뒤 가치를 만들어낼 수 있는 방법을 고려하며 프로젝트를 진행한다.

## CHAPTER 2

머신러닝으로 할 수 있는 일

머신러닝으로 할 수 있는 일은 무엇일까? 이번 장에서는 머신러닝을 분류, 회귀, 클러스터링 clustering(군집화), 차원 축소로 나눠 설명한다. 먼저 다양한 머신러닝 알고리즘을 선택하는 방법 부터 살펴본다.

2.1 머신러닝 알고리즘 선택 방법

알고리즘을 선택하려면 각 알고리즘의 특징을 알아야 한다. 먼저 머신러닝의 종류를 크게 나눠 보겠다.

- **분류**: 정답이 비연속적인 카테고리(클래스)이며 정답과 입력 데이터의 조합을 학습해 새로운 데이터의 클래스를 예측한다.
- **회귀**: 정답이 수치이다. 정답과 입력 데이터의 조합을 학습해 새로운 데이터로부터 연속하는continuous 값을 예측한다.
- **클러스터링(군집화)**: 데이터를 무언가의 기준에 따라 그룹으로 묶는다.
- **차원 축소**: 시각화나 계산량 감소를 목적으로 고차원 데이터를 저차원 공간에 매핑한다.
- **기타**
  - **추천**: 사용자가 좋아하는 아이템, 살펴보고 있는 아이템과 비슷한 아이템을 제시한다.
  - **이상 탐지**: 부정한 접근 등 평소와 다른 움직임을 검출한다.
  - **고빈도 패턴 마이닝**: 데이터 안에서 발생 빈도가 높은 패턴을 추출한다.
  - **강화 학습**: 바둑과 장기와 같이 정답이 명확하지 않는 환경에서 앞으로 취할 행동을 선택하는 방법을 학습한다.

알고리즘이 다양해 어떤 것을 선택할지 고민될 수 있다. 사이킷런 튜토리얼에서 제공하는 편리한 접근 방식[1]을 참고해 알고리즘 선택 요령을 살펴보겠다(다만 추천, 이상 탐지, 고빈도 패턴 마이닝, 강화 학습은 제외한다). [그림 2-1]에 선택 기준을 정리했다.

그림 2-1 알고리즘을 선택 요령

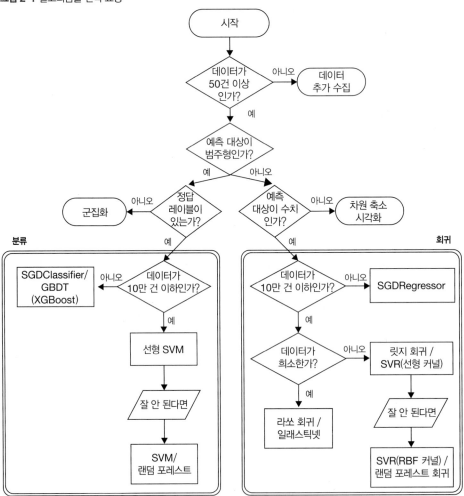

학습에 사용할 수 있는 데이터 수, 예측하고자 하는 대상의 비연속적인 카테고리(클래스) 및 정답 레이블 존재 여부를 기준으로 알고리즘을 선택한다. 데이터 수가 너무 많을 때는 앞으로 소개할 온라인 학습 알고리즘을 사용한다.

---

1 https://scikit-learn.org/stable/tutorial/machine_learning_map/

2.2 분류

분류classification는 지도 학습의 한 종류로 범주와 같은 비연속적인 값을 예측한다. 이메일이 스팸메일 여부나 이미지 안의 물체를 검출하는 것처럼 비연속적인 값으로 표현할 수 있는 것을 예측하는 분류 모델을 만든다. 클래스 수가 2이면 이진 분류 또는 2 클래스 분류, 3개 이상일 때는 다중값 분류 또는 멀티클래스 분류multiclass classification라고 부른다. 이번 장에서는 편의상 이진 분류를 기준으로 설명하지만 멀티클래스 분류도 기본 원리는 동일하다. 사이킷런 공식 사이트에 멀티클래스 분류가 잘 설명되어 있으니 참고하기 바란다.[3]

이번 절에서는 다음의 분류 알고리즘을 소개한다.

- 퍼셉트론perceptron
- 로지스틱 회귀logistic regression
- 서포트 벡터 머신support vector machine(SVM)
- 신경망neural network
- k-최근접 이웃 알고리즘k-Nearest Neighbor(k-NN)
- 결정 트리decision tree
- 랜덤 포레스트random forest
- 경사 부스팅 결정 트리gradient boosted decision tree(GBDT)

---

2 https://scikit-learn.org/stable/computing/scaling_strategies.html
3 https://scikit-learn.org/stable/modules/multiclass.html

퍼셉트론, 로지스틱 회귀, SVM, 신경망은 두 클래스의 경계면에 대한 함수를 학습한다. 여기에서 말하는 함수란 경계면을 나타내는 수식이라 생각해도 좋다. 물론 이 알고리즘들로 멀티클래스도 분류할 수 있다.

> **NOTE_** 두 클래스를 분류하는 평면을 **결정 경계**decision boundary라고 한다.

k-NN은 최근접 이웃 알고리즘이라고도 하며 학습 완료 데이터에서 거리가 가까운 데이터를 기반으로 판단한다. 결정 트리, 랜덤 포레스트, GBDT는 트리 구조로 표현된 규칙의 집합을 학습한다.

이번 장에서는 자세히 다루지 않지만 텍스트 분류 등에서 자주 사용되는 **나이브 베이즈**naive bayes, 음성 인식에서 전통적으로 사용된 **은닉 마르코프 모델**hidden markov model (HMM) 등도 있다. 이 알고리즘들은 데이터에 감춰진 확률분포를 추측해 데이터를 모델화한다.

앞으로 설명할 목적 함수와 결정 경계를 이해하면 쉽게 다양한 분류 문제의 차이점을 이해할 수 있다. 수식은 가능한 배제했으니 그래프 중심으로 읽어주기 바란다.

이제 각 알고리즘을 알아보자.

2.2.1 퍼셉트론

그림 2-2 퍼셉트론

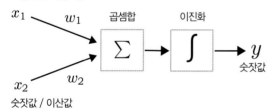

숫잣값 / 이산값

퍼셉트론(또는 단순 퍼셉트론)은 입력 벡터와 학습한 가중치 벡터를 곱한 값을 더해서그 값이 0 이상이면 클래스 1, 0 미만이면 클래스 2로 분류하는 간단한 알고리즘이다.[4] 퍼셉트론을 여러

---

4 여기서는 퍼셉트론의 활성화 함수(뒤에서 설명)로 계단 함수를 사용했으나 다른 함수를 사용할 수도 있다.

층 쌓으면 신경망 네트워크(뒤에서 설명)가 된다. 단순 퍼셉트론으로 어떤 분류를 할 수 있는 지 알아보자.

퍼셉트론의 특징

퍼셉트론의 특징은 다음과 같다.

- 온라인 학습 방식으로 취한다.
- 예측 성능은 평이하지만 학습 속도가 빠르다.
- 과적합되기 쉽다.
- 선형 분리 가능한 문제만 해결할 수 있다.

낯선 용어가 등장했다. 다른 알고리즘을 설명할 때도 필요한 용어이니 차근차근 이해해보자.

온라인 학습online learning은 데이터를 하나씩 입력해 최적화하는 방식이며, **배치 학습**batch learning은 데 이터를 전부 입력해 최적화하는 방식이라 생각하면 좋다. 자세한 내용은 4.2.1 혼동하기 쉬운 '배치 처리'와 '배치 학습' 절에서 소개한다.

과적합overfitting된 예측 모델에 관해서는 앞 장에서도 설명했다. '학습에 이용한 데이터의 정답은 잘 맞히지만, 새로운 데이터에 대해서는 정답을 전혀 맞히지 못하는' 모델이었다. 과적합은 머 신러닝 과정에서 자주 발생하는 현상의 하나로 특징량의 수를 줄이거나, 정규화항(뒤에서 설 명)을 도입하거나, 더 간단한 알고리즘을 사용해서 피할 수 있다.

> **NOTE_** 전통적인 퍼셉트론에는 과적합을 억제하는 구조가 포함되어 있지 않다.

과적합과 반대되는 현상을 **과소적합**underfitting이라 부르며 모델에 입력과 출력의 관계가 반영되어 있지 않은 상태를 의미한다. 과소적합은 도메인 고유의 특징량이 포함되지 않거나 모델의 표현 력이 부족한 상태로 정규화항의 영향이 지나치게 강한 경우 등에 나타난다.

퍼셉트론은 **선형 분리 가능**linearly separable한 문제만 풀 수 있다. 선형 분리 가능이란 [그림 2-3] 처럼 직선으로 데이터를 둘로 나누기 좋은 경우를 말한다. 이 직선을 전문 용어로는 **초평면** hyperplane이라고 한다. 초평면은 2차원에서는 직선, 3차원에서는 평면이 된다. 다차원 공간에서 의 평면이라는 의미에서 초평면이라 부른다.

그림 2-3 선형 분리 가능한 데이터의 예

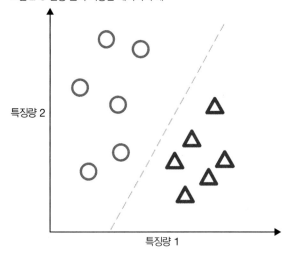

반대로 [그림 2-4]처럼 하나의 직선으로 두 클래스를 나눌 수 없는 데이터는 선형 분리 불가능
(또는 비선형 분리 가능)한 데이터라고 한다. 좋은 예로 **배타적 논리합**exclusive or(XOR) 데이터
를 들 수 있다. XOR 데이터는 원점을 중심으로 오른쪽 위(가로축과 세로축 모두 양수인 영역)
와 왼쪽 아래(가로축과 세로축 모두 음수인 영역)가 하나의 클래스, 오른쪽 아래(가로축은 양
수, 세로축은 음수인 영역)와 왼쪽 위(가로축은 음수, 세로축은 양수인 영역)가 다른 하나의
클래스다. 따라서 하나의 직선만으로는 두 클래스를 정확하게 분리할 수 없다.

그림 2-4 선형 분리 불가능한 데이터의 예

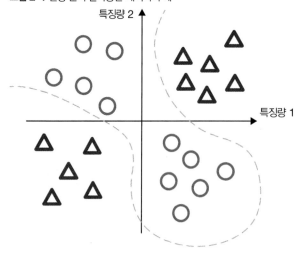

퍼셉트론의 결정 경계

퍼셉트론을 실제 학습한 모델의 결정 경계를 [그림 2-5], [그림 2-6]에 나타냈다. [그림 2-5]는 선형 분리 가능한 데이터를 생성하고 있다(데이터가 다소 섞인 것은 노이즈가 포함되었기 때문이다). [그림 2-6]은 [그림 2-4]처럼 원점을 중심으로 오른쪽 위와 왼쪽 아래에 ○ 데이터, 오른쪽 아래와 왼쪽 위에 ▲ 데이터가 생성되었다. 퍼셉트론은 비선형 분리를 할 수 없어 결정 경계는 직선이 되고 XOR은 분리할 수 없다. 이 결정 경계를 표시하는 코드는 깃허브 저장소의 chap02/Decision_boundary.ipynb에 있다.

그림 2-5 퍼셉트론의 결정 경계(선형 분리 가능한 데이터)

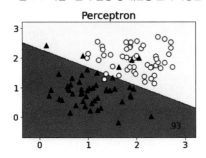

그림 2-6 퍼셉트론의 결정 경계(선형 분리 불가능한 데이터)

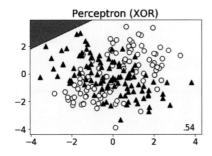

퍼셉트론의 구조

퍼셉트론에 두 종류의 정보로 구성된 리스트(2차원 특징량)를 입력 데이터로 주는 상황을 가정해보자. 입력을 리스트 x, 특징량의 중요도를 나타내는 가중치를 리스트 w라 정의한다. 퍼셉트론은 먼저 입력과 가중치를 곱한 것의 합을 계산한다. 코드로 나타내면 다음과 같다.

```
sum = b + w[0] * x[0] + w[1] * x[1]
```

이러한 계산을 수학기호 Σ(시그마)로 나타낸다([그림 2-2]에서 '곱셈합'으로 표현). b는 **편향**
bias이라 부르며 입력과 곱하지 않는 특수한 가중치다. 계산의 편의상 편향을 무시하면 수치 계
산 라이브러리인 넘파이NumPy의 numpy.dot 함수를 사용해 곱셈합을 구할 수 있다. 이후 예시에
서는 편향을 무시하고 설명한다. 예를 들어 가중치 벡터 w가 [2, 3], 입력 벡터 x가 [4, 2]일
때 곱셈합은 다음 코드로 계산할 수 있다.

```
import numpy as np
w = np.array([2, 3])
x = np.array([4, 2])
sum = np.dot(w, x)
```

다음으로 곱셈합 sum이 양수 또는 음수 클래스 중 어디에 속하는지 판단한다([그림 2-2]에서
'이진화'라고 표현했다). 코드는 다음과 같다.

```
if sum >= 0:
    return 1
else:
    return -1
```

[그림 2-2]의 앞에서는 특징량과 가중치를 곱해서 더했고 뒤에서는 결과의 양수 및 음수 여부
를 판단하는 것을 나타냈다. 퍼셉트론 예측 코드는 다음과 같다.

```
import numpy as np

# 퍼셉트론을 이용한 예측
def predict(w, x):
    sum = np.dot(w, x)

    if sum >= 0:
        return 1
    else:
        return -1
```

적절한 파라미터(코드에서는 w)는 어떻게 추정할까? 실젯값과 예측값의 차이를 나타내는 함수를 사용한다. 이 함수를 **손실 함수**loss function 또는 **오차 함수**error function라고 하며 책에서는 손실 함수로 통일해서 표기한다. 손실 함수를 사용하면 현재까지 학습한 모델이 얼마나 좋은가를 측정할 수 있다.

예를 들어 오차 제곱을 손실 함수로 하면 다음과 같다.

$$손실 함수 = (실젯값 - 예측값)^2$$

w가 가중치 벡터, x가 입력 벡터, t가 정답 레이블(1 또는 −1)일 때 퍼셉트론의 손실 함수는 max(0, -twx)로 정의되는 **힌지 손실**hinge loss을 사용한다.[5] [그림 2-7]을 보면 알 수 있듯 그 형태가 경첩과 비슷해 붙여진 이름이다. 힌지 함수를 사용하면 0 이하의 값을 가질 때, 즉 잘못 분류했을 때의 손실이 커지고 정답일 때의 손실은 0이 된다. 예측값이 크게 틀릴수록 손실도 선형으로 증가한다.

퍼셉트론의 힌지 손실 함수로 모든 데이터의 합을 구하는 코드는 다음과 같다.

```
import numpy as np
def perceptron_hinge_loss(w, x, t):
    loss = 0
    for (input, label) in zip(x, t):
        v = label * np.dot(w, input)
        loss += max(0, -v)
    return loss
```

잘못 분류된 데이터가 가능한 적도록 가중치를 조정해 모든 데이터에 대한 손실의 합을 최소화한다.

---

5 퍼셉트론 기준(perceptron criterion)이라 불리기도 한다. 일반적으로 힌지 손실이라고 하면 SVM에서 자주 이용되는 힌지 손실인 max(0, 1-twx)를 가리키는 경우가 대부분이다. 이 두 함수는 가로축의 교점이 서로 다르다.

그림 2-7 퍼셉트론의 힌지 손실(퍼셉트론 기준)

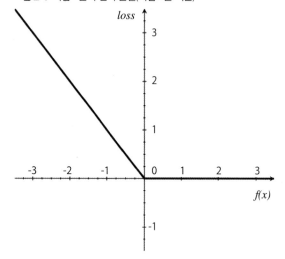

여기에서 손실 함수를 일반화해서 모델이 데이터에 얼마나 적합한가를 나타내는 함수를 **목적 함수**objective function(혹은 평가 함수)라고 한다. 퍼셉트론의 목적 함수는 다음과 같다.

목적 함수 = 손실 함수의 모든 데이터의 합

목적 함수를 최소화하는 상태가 오류가 적은 최적의 분류 상황이라고 할 수 있다. 이러한 가중치 벡터 w를 구하는 것이 '모델 학습'이다.

가중치 벡터 w라는 파라미터는 어떻게 추정할까? 파라미터를 최적화할 때는 **확률적 경사 하강 알고리즘**stocastic gradient descent(SGD)을 많이 사용한다. SGD는 목적 함수라는 산에서 골짜기를 향해 조금씩 내려오면서 최적의 파라미터를 얻는 방법이다. 실제 골짜기의 위치는 직접 볼 수 없으며 주변의 제한된 범위만 볼 수 있다. 따라서 [그림 2-8]처럼 경사가 가장 심한 방향으로 조금씩 이동하며 파라미터를 수정한다. 목적 함수가 가장 작은 위치에 도달하면 그 지점의 파라미터를 최적값으로 한다('해가 수렴했다'고 한다).

그림 2-8 확률적 경사 하강 알고리즘

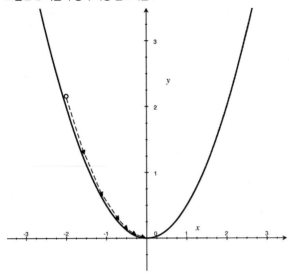

파라미터의 폭을 수정하는 범위를 결정하는 하이퍼파라미터를 **학습률**^{learning rate}이라고 한다. 수정하는 폭은 '학습률×산의 경사'이다. 학습률이 크면 빠르게 수렴할 수도 있지만 골짜기를 지나쳐버려 아예 수렴하지 못하기도 한다. 학습률이 작으면 수렴할 때까지의 반복 횟수가 늘어나 학습 속도가 느려진다. 학습률을 고정시킨 상태에서 학습하는 것이 간단하지만 뒤에 설명할 신경망에서는 이 값의 선택이 매우 중요해 동적으로 수정하는 등의 다양한 기법이 제안되었다.

그림 2-9 계단 함수

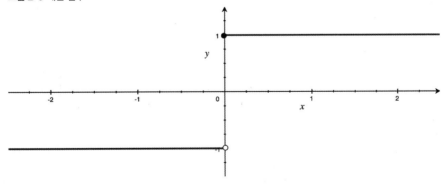

퍼셉트론의 예측값은 가중치 벡터와 입력 벡터의 곱셈합의 부호(양수/음수)로 결정된다. 곱셈합을 **계단 함수**^{step function}에 통과시킨 것과 같다. 계단 함수란 [그림 2-9]와 같으며 입력값을 +1

또는 −1로 변환한다.[6] 특히 퍼셉트론에서의 계단 함수처럼 출력값을 비선형 변환하는 함수를 **활성화 함수**activation function라고 한다.

퍼셉트론은 다양한 알고리즘에 영향을 준 역사적으로 중요한 알고리즘이다. 계속해서 퍼셉트론과 가까운 알고리즘을 살펴보자.

2.2.2 로지스틱 회귀

그림 2-10 로지스틱 회귀

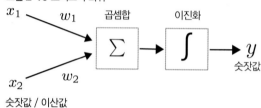

로지스틱 회귀는 이름과 달리 분류 알고리즘이다. 로지스틱 회귀는 간단하면서도 파라미터가 많지 않아 빠른 예측이 가능해 다양한 머신러닝 알고리즘을 비교할 때의 기준점baseline으로 많이 사용된다. 예를 들어 구글 지도에서는 주차장의 빈자리를 추정할 때 로지스틱 회귀를 추가 특징량과 함께 사용한다.[7]

로지스틱 회귀의 특징

로지스틱 회귀는 퍼셉트론과 비슷하나 다음과 같은 특징이 있다.

- 출력과는 별도로 해당 출력의 클래스에 소속할 확률값을 반환한다.
- 온라인 학습, 배치 학습이 모두 가능하다.
- 예측 성능은 뛰어나지 않으나 학습 및 추론 속도가 빠르다.
- 과적합을 방지하기 위한 정규화항이 추가되어 있다.

특히 출력의 확률을 계산한다는 특성과 추론의 속도가 빨라 광고 클릭 예측에도 많이 사용된다.

....

6 일반적인 계단 함수는 0 또는 1을 출력하지만 퍼셉트론을 이용한 2 클래스(이진) 분류는 계산 편의를 위해 2 클래스를 −1, +1로 분류한다.
7 「Using Machine Learning to Predict Parking Difficulty」 https://ai.googleblog.com/2017/02/using-machine-learning-to-predict.html

로지스틱 회귀의 결정 경계

로지스틱 회귀도 선형 분리 가능한 대상을 분리하는 알고리즘이므로 결정 경계는 직선이다.

그림 2-11 로지스틱 회귀의 결정 경계(선형 분리 가능한 데이터)

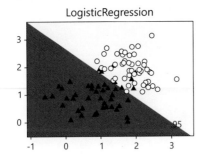

그림 2-12 로지스틱 회귀의 결정 경계(선형 분리 불가능한 데이터)

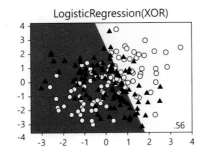

로지스틱 회귀의 구조

퍼셉트론과 달리 활성화 함수로 시그모이드 함수[sigmoid function](혹은 로지스틱 시그모이드 함수[logistic sigmoid function]), 손실 함수로 교차 엔트로피 오차 함수[cross-entropy error function]를 사용하며 정규화항[regularization term](또는 벌칙항[penalty term])을 추가함으로써 퍼셉트론보다 과적합을 방지하기 쉽고 온라인 및 배치 학습 모두가 가능하다.

몇 가지 낯선 용어들에 관해 알아보자.

시그모이드 함수는 [그림 2-13]과 같다. 입력이 0일 때는 0.5를 반환하고 그보다 값이 작아지면 0, 값이 크면 1에 가까워진다. 시그모이드 함수를 일반화한 것을 로지스틱 함수라고 하며 로지스틱 회귀라는 이름의 유래가 되었다. 이 시그모이드 함수를 통과한 값이 어떤 클래스에 속할 확률이 되며, 0.5 이상인지 아닌지로 해당 클래스에 속하는지가 결정된다. 또한 이 0.5라는 임곗값을 하이퍼파라미터로 간주해 원하는 성능에 따라 조정할 수도 있다.

그림 2-13 시그모이드 함수

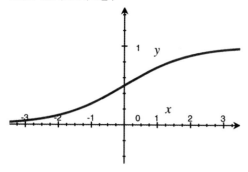

시그모이드 함수를 코드로 작성하면 다음과 같다.

```
def sigmoid(x):
    return 1 / (1 + np.exp(-x))
```

출력 y는 y = sigmoid(np.dot(w, x))로 나타낼 수 있다.

N개의 데이터에 대해 y를 출력, t를 정답 레이블(정답일 때는 1, 그렇지 않을 때는 0), log를 밑이 e인 자연로그로 하면 이진 분류일 때의 교차 엔트로피 오차 함수는 다음 식과 같다.

$$E = -\sum_{n=1}^{N} t_n \log y_n + (1 - t_n) \log (1 - y_n)$$

이 손실값은 정답($t=1$)일 때는 $log\ y_n$이 된다. 가중치와 입력의 곱셈합(퍼셉트론에서의 np.dot(w, x))이 0보다 작으면 손실이 급격하게 커지며 0보다 크면 손실이 점점 작아진다. 이 과정을 통해 가중치와 입력의 곱셈합을 크게 한다. 정답이 아닐 때($t=0$)는 $log\ (1-y_n)$이 되며, 정답일 때의 그래프가 좌우로 반전한 상태가 된다. 즉 가중치와 입력의 곱셈합이 작아진다(자세한 내용은 주석 참고[8]).

이진 분류에서의 교차 엔트로피 오차 함수를 코드로 작성하면 다음과 같다.

---

8 https://gihyo.jp/dev/serial/01/machine-learning/0018 (일본어)

```
def cross_entropy_error(y, t, eps=1e-15):
    y_clipped = np.clip(y, eps, 1 - eps)
    return -1 * (sum(t * np.log(y_clipped) +
                     (1 - t) * np.log(1 - y_clipped)))
```

np.clip(y, eps, 1 - eps)는 y 값이 0 또는 1이 되지 않도록 eps라는 매우 작은 값을 더한다. 이는 로그에 0을 전달하면 (np.log(0))이 되어 $-\infty$ 값이 되는 현상을 피하기 위한 것이다. numpy.array를 사용하다고 가정하고 np.clip() 함수를 사용했지만 데이터가 하나라면 max(min(y, 1 -eps), eps)와 동일하다. 교차 엔트로피 오차는 로그 손실[log loss]이라고 부르기도 한다.

그림 2-14 로그 함수 그래프

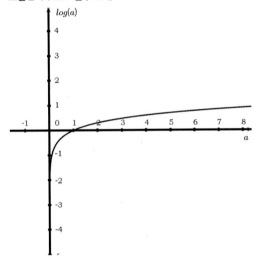

정규화[regularization]는 학습 시 페널티를 부여해 결정 경계를 매끄럽게 만든다. 입력 데이터에 대한 최적화를 할 때 정규화항을 추가해 기존 훈련 데이터에 과도한 영향을 받지 않도록 한다. 다시 말해 모델을 단순하게 유지하기 위해 보정을 하는 것과 같다. 과적합을 억제하고 일반화 성능을 얻을 수 있다. 회귀 분석의 예지만 [그림 2-15]에 정규화를 나타냈다. 역으로부터의 거리와 임대료 사이의 관계를 나타낸 모델을 만들 때 정규화를 너무 약하게 하면 [그림 2-15]의 오른쪽처럼 학습 데이터에 대해 필요 이상으로 근사하는 선이 학습된다. 반대로 정규화를 너무 강하게 하면 학습 데이터의 특성을 대략적으로만 파악할 수밖에 없다.

그림 2-15 정규화

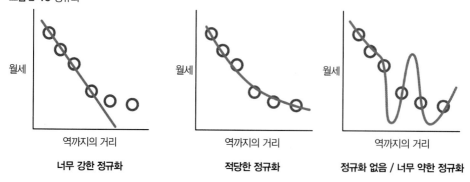

| 너무 강한 정규화 | 적당한 정규화 | 정규화 없음 / 너무 약한 정규화 |

정규화항을 추가하면 목적 함수는 다음과 같이 나타낼 수 있다.

목적 함수 = 모든 데이터에 대한 손실 함수의 합 + 정규화항

이 목적 함수를 최소화하는 파라미터를 추정해 로지스틱 회귀를 학습할 수 있다. 퍼셉트론과 마찬가지로 확률적 경사 하강 알고리즘을 이용해 최적화한다.

수식으로 설명하는 정규화

어떤 학습 방법에 따른 결정 경계를 $f(\boldsymbol{x}) = \boldsymbol{w}\boldsymbol{x} = \sum_{i=i}^{m} w_i x_i$로 정한다고 가정하자. 여기에서 x는 m 차원의 입력 데이터의 특징 벡터, w는 학습한 가중치다. 정규화항을 예를 들면 $\lambda \sum_{i=1}^{m} w_i^2$라 나타낼 수 있다. 이를 L2 정규화라고 한다. 가중치 파라미터의 제곱을 손실 함수에 페널티로 더한다. 베르누이의 영향도를 통제하기 위한 정규화 파라미터다.

목적 함수를 다시 나타내면 다음과 같다.

목적 함수 = 모든 데이터에 대한 손실 함수 값의 합 + $\lambda \sum_{i=1}^{m} w_i^2$

즉 손실 함수를 최소화할 때 너무 큰 가중치 파라미터에는 페널티를 준다. λ 값은 교차 검증을 통해 결정한다.

정규화항을 $\lambda \sum_{i=1}^{m} |w_i|$과 같이 절댓값 형태로 표현하기도 한다. 이를 L1 정규화라고 한다. L1 정규화를 이용하면 대부분의 i에 대해서 가중치 w_i가 0이 되기 때문에 특징을 선택하는 효과가 있다.

라쏘^{lasso} 회귀는 정규화항으로 L1 정규화를 이용한 선형 회귀, 릿지^{ridge} 회귀는 L2 정규화를 이용한 선형 회귀, 일래스틱넷$^{elastic\ net}$은 두 가지를 모두 사용한 것이다.

2.2.3 SVM

그림 2-16 SVM

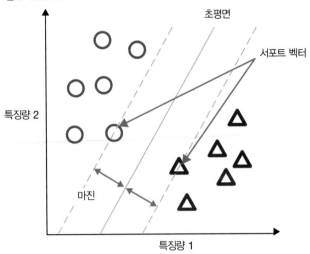

SVM은 분류 문제에서 자주 사용하는 알고리즘이다. 퍼셉트론을 확장한 알고리즘으로 볼 수 있다. 선형 분리 가능한 문제뿐만 아니라 선형 분리 불가능한 문제에도 적용할 수 있다. 다양한 알고리즘이나 라이브러리가 개발되어 있어 학습을 빠르게 할 수 있다. 단 선형 커널(뒤에서 설명) 이외의 SVM은 훈련 데이터가 수가 늘어나면 계산 시간도 함께 늘어나[9] 대규모 데이터에는 잘 사용하지 않는다.

SVM의 특징

SVM 특징은 다음과 같다.

- **마진 최대화**를 이용해 매끄러운 초평면을 학습할 수 있다.
- **커널**을 사용해 비선형 데이터를 분리할 수 있다.
- 선형 커널을 이용해 차원 수가 높은 희소sparse 데이터도 학습할 수 있다.
- 온라인 학습과 배치 학습을 모두 가능하다.

익숙하지 않은 용어들은 뒤에서 자세히 설명하겠다. 먼저 SVM의 결정 경계를 살펴보자.

---

9 https://scikit-learn.org/stable/modules/generated/sklearn.svm.SVC.html

SVM의 결정 경계

SVM은 뒤에서 설명할 커널로 선형 분리 가능한 문제뿐만 아니라 선형 분리 불가능한 문제에도 적용할 수 있다. SVM에서 자주 사용되는 선형 커널과 RBF 커널의 결정 경계를 확인해보자 (각 커널은 뒤에서 설명한다).

그림 2-17 SVM(선형 커널)의 결정 경계(선형 분리 가능한 데이터)

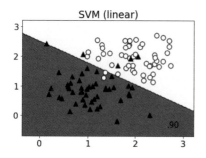

그림 2-18 SVM(선형 커널)의 결정 경계(선형 분리 불가능한 데이터)

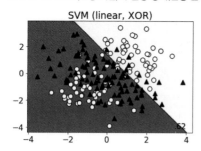

그림 2-19 SVM(RBF 커널)의 결정 경계(선형 분리 가능한 데이터)

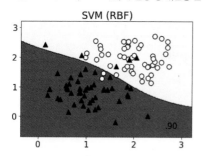

그림 2-20 SVM(RBF 커널)의 결정 경계(선형 분리 불가능한 데이터)

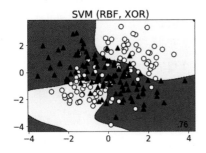

선형 커널은 직선으로 분리하고 RBF 커널은 비선형으로 분리한다는 것을 알 수 있다.

SVM의 구조

손실 함수로는 퍼셉트론처럼 힌지 손실을 사용한다(그림 2-21). 엄밀히 말하면 가로축의 교점 위치가 퍼셉트론과 다르다. 이 교점의 차이로 결정 경계 가까이에서 정답을 내는 데이터에도 약한 페널티를 부여해 결정 경계에 대한 마진을 확보할 수 있다.

그림 2-21 SVM의 힌지 손실

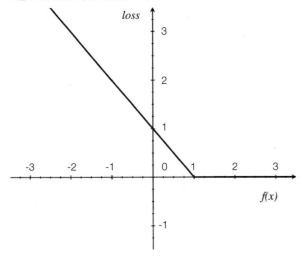

SVM의 특징은 크게 두 가지다.

첫 번째 특징은 **마진 최대화**margin maximization다. 정규화항과 마찬가지로 과적합을 억제한다. [그림 2-16]처럼 두 클래스 각각에 가장 가까운 데이터(서포트 벡터)까지의 거리를 최대화하는 초평면을 그리는 것이다. 즉 그림에서 마진이 최대가 되는 초평면을 그리는 방법을 결정하는 것으로 기존 데이터에 대해 여유 공간을 만든다. 이 여유 공간 덕분에 기존 데이터에 지나치게 특화되지 않도록 과적합을 억제할 수 있다. 최적화 방법에는 다양한 종류가 있다. 이번 절에서는 자세히 설명하지 않지만 배치 학습과 온라인 학습을 위한 알고리즘이 모두 제공된다.

그림 2-22 커널을 사용한 결정 경계의 예

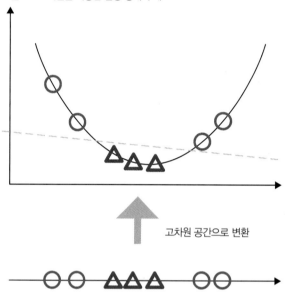

고차원 공간으로 변환

두 번째 특징은 **커널**이라고 불리는 기법이다. 커널은 선형 분리 불가능한 데이터라도 커널 함수를 사용해서 유사한 특징량을 추가해 데이터를 더욱 고차원의 벡터로 만들어서 선형 분리 가능하게 만드는 방법이다. [그림 2-22]처럼 1차원에서는 선형 분리할 수 없지만 2차원으로 변환하면 선형 분리가 가능해진다.

커널에는 **선형 커널**linear kernel, **다항식 커널**polynomial kernel, **RBF 커널**radial basis function kernel(동적 기저 함수 커널) 등이 있다. [그림 2-17]~[그림 2-20]에 선형 커널과 RBF 커널일 때의 결정 경계를 표시했다. 특히 [그림 2-18]과 [그림 2-20]을 비교해보면 알 수 있듯이 RBF 커널 쪽이 XOR을 더욱 적절하게 분리할 수 있다는 것을 알 수 있다. 선형 커널은 처리가 빨라 텍스트처럼 고차원이고 희소한 데이터에, RBF 커널은 이미지나 음성 신호처럼 조밀한 데이터에 자주 사용한다.

'희소 벡터'는 입력 벡터의 대부분이 0이고 일부 0이 아닌 값을 갖는 벡터다. 텍스트 데이터, 예를 들어 단어의 빈도를 입력 벡터로 했을 때 단어의 종류 수만큼 입력 차원이 늘어나 10,000차원 이상의 입력 벡터가 되는 경우도 많다. 반대로 입력 벡터의 대부분이 0 외의 값이 있는 경우에는 조밀하다고 한다. 이미지 벡터의 경우 16×16 크기의 이미지를 나타내는 벡터는 256차원이며 0이 거의 없을 것이므로 조밀한 벡터인 경우가 많다.

2.2.4 신경망

그림 2-23 신경망

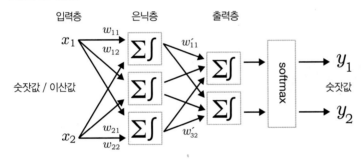

신경망neural network은 다층 퍼셉트론이라고 하며 퍼셉트론을 하나의 노드로 하여 여러 층으로 겹친 구조다. 뇌의 신경세포(뉴런)가 시냅스로 결합되어 전기신호를 이용해 정보를 전달하는 신경 회로에서 그 이름이 유래했다.

신경망 특징

신경망의 특징은 다음과 같다.

- 비선형 데이터를 분리할 수 있다.
- 학습에 시간이 걸린다.
- 파라미터 수가 많아 과적합되기 쉽다.
- 가중치 초깃값이 존재하며 국소 최적해local optimal solution에 빠지기 쉽다.

퍼셉트론과 달리 비선형 데이터를 분리할 수 있다는 점이 큰 특징이다. 신경망의 층이 깊을수록 계산 시간이 오래 걸린다. 최근에는 GPU를 활용해 학습 시간이 오래 걸리는 문제를 크게 줄일 수 있어 층이 심층 신경망으로도 실시간 계산이 가능해졌다. 또한 많은 프레임워크가 GPU를 지원해 그 쓰임이 폭발적으로 늘어났다. 신경망은 파라미터 수가 많아 다른 기법보다 많은 데이터가 필요하다.

신경망 결정 경계

신경망은 여러 층으로 겹쳐 있어 퍼셉트론과 달리 직선이 아닌 결정 경계를 가질 수 있다.

그림 2-24 신경망 결정 경계(선형 분리 가능한 데이터)

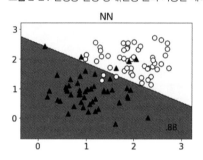

그림 2-25 신경망 결정 경계(선형 분리 불가능한 데이터)

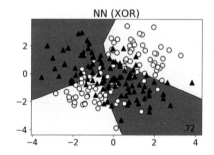

신경망 구조

신경망은 형태가 다양하다. 가장 기본적인 3계층 피드포워드 타입 신경망을 살펴보자.[10] 입력층, 중간층(은닉층), 출력층의 순서로 입력과 가중치의 곱셈합을 구하고 출력층에는 분류할 클래스 수만큼의 노드를 준비한다. 대부분 가장 마지막 출력층에서 계산한 값을 **소프트맥스**softmax **함수**를 이용해 정규화해서 확률로 바꾼다. 소프트맥스 함수는 결괏값이 가장 큰 클래스를 정답 클래스라고 예측한다. 출력층의 수에 따라 중간층의 수를 준비한다.

활성화 함수로 초기에는 계단 함수가 쓰였으나 이후 시그모이드 함수를 많이 사용했다. 딥러닝 발전과 함께 **ReLU**rectified linear unit을 시작으로 새로운 활성화 함수가 계속 개발되고 있다(그림 2-26).

그림 2-26 ReLU

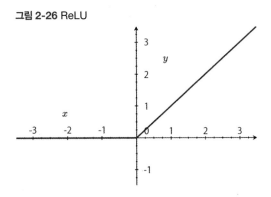

피드포워드 타입 신경망은 **오차 역전파법**backpropagation을 이용해 학습한다. 무작위로 초기화한 가중치를 사용해 출력값을 네트워크의 진행 방향으로 계산하고 계산한 값과 정답의 오차를 네트워크 역방향으로 계산해서 가중치를 수정한다. 가중치 수정량이 규정된 값보다 작아지거나 정해진 수만큼 반복을 완료하면 학습을 중단한다.

단순히 신경망 중간층 수를 늘리다 보면 오차 역전파법으로는 제대로 학습되지 않는 문제가 있다. 이를 다양한 방법으로 보완해 깊은 네트워크도 학습할 수 있게 한 것이 딥러닝이다.

사이킷런에서는 0.18.0 버전부터 다층 퍼셉트론을 지원한다. 이외에도 텐서플로TensorFlow나 파이토치PyTorch, MXNet, CNTK 등 다양한 딥러닝용 프레임워크도 인기를 끌고 있다.

---

10 경우에 따라서는 2계층이라고 한다.

2.2.5 k-NN

그림 2-27 k-최근접 이웃

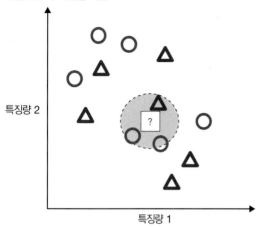

k-NN은 새로운 데이터가 입력되었을 때 새로운 데이터와 가장 가까운 k개의 데이터를 선택한다. 선택된 k개의 데이터가 소속된 클래스의 다수결로 입력된 데이터의 클래스를 결정하는 최근접 탐색 알고리즘 중 하나다. 원리가 단순해 그대로 사용하기도 한다. 알고리즘이 간단하기 때문에 단순한 분류기로서 직접 사용할 수 있을 뿐만 아니라 이를 응용해 비슷한 항목을 탐색하는 데 사용하기도 한다.

k-NN의 특징

k-NN의 특징은 다음과 같다.

- 데이터를 하나씩 순서대로 학습한다.
- 기본적으로 모든 데이터와의 거리 계산을 해야 해 예측에 시간이 걸린다.
- k의 수에 따라 편차가 있으나 예측 성능은 괜찮은 편이다.

다만 특징량 A보다 특징량 B가 평균 10배 큰 경우처럼 데이터 축에 따라 스케일 차이가 크면 학습이 제대로 되지 않는다. 이때는 특징량 사이의 스케일을 조정하기 위해 반드시 정규화를 해야 한다.

k-NN의 결정 경계

기존의 k개 데이터 중 가장 숫자가 많은 클래스를 예측 클래스로 하는 알고리즘 특성상 하이퍼 파라미터 k에 따라 결정 경계가 크게 달라진다. K 값이 늘어날수록 결정 경계는 매끄러워지지만 처리 시간 또한 그만큼 늘어나니 주의해야 한다.

그림 2-28 k-NN의 결정 경계(k=3, 선형 분리 가능한 데이터)

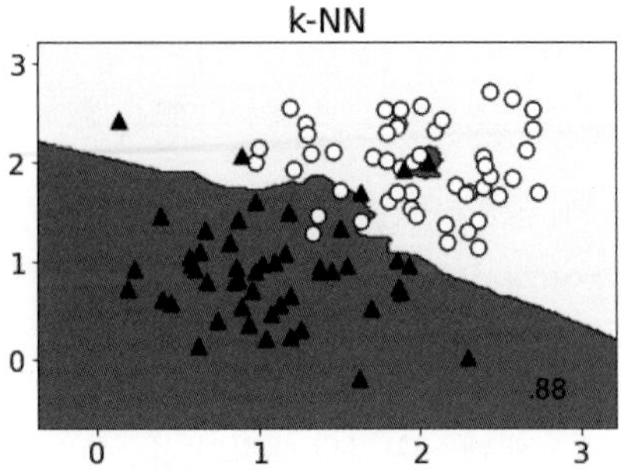

그림 2-29 k-NN의 결정 경계(k=3, 선형 분리 불가능한 데이터)

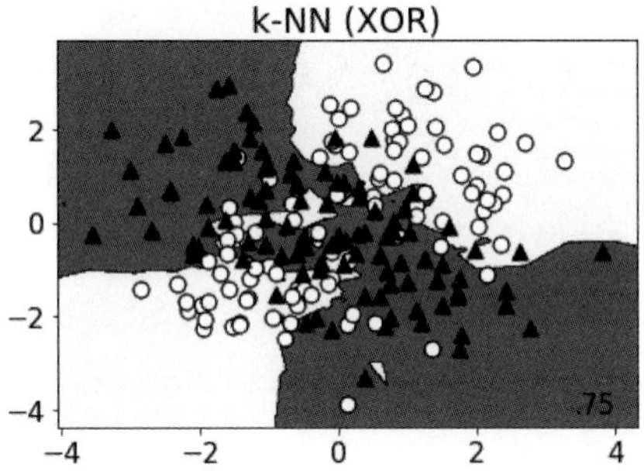

k-NN의 구조

k는 예측 클래스를 결정하는 투표 수를 의미한다. k=3이면 데이터에 가장 가까운 3개 점 중에서 득표 수가 가장 많은 클래스에 소속되었다고 간주한다. [그림 2-27]의 예를 보자. 새로운 데이터인 □가 클래스 ○와 △ 중 어디에 소속되는지 알아보자. □ 주변의 세 데이터를 보면 예측 결과가 ○라는 것을 알 수 있다. 물론 k를 바꾸면 예측 결과도 바뀐다.

K 값은 교차 검증으로 결정한다. 이때 특정 데이터가 '가까운가'를 결정하기 위해서는 '거리'를 정의해야 한다. 두 점 사이를 연결하는 직선의 길이인 **유클리드 거리**euclidean distance를 많이 사용한다. 특정 클래스에 속하는 데이터군의 평균으로부터 거리뿐만 아니라 데이터가 퍼진 방향(분산)을 고려할 수 있는 **마할라노비스 거리**mahalanobis distance도 많이 사용한다. 유클리드 거리는 점의 좌표를 나타내는 벡터 a와 벡터 b에 대해 다음의 코드를 이용해 계산할 수 있다.[11]

```
def euclidean_distance(a, b):
    return np.sqrt(sum(x - y)**2 for (x, y) in zip(a, b))
```

자연어 처리처럼 고차원의 희소한 데이터를 다룰 때는 예측 성능이 잘 나오지 않는 경우가 많다. 이때는 차원 축소 기법을 이용해 차원을 줄이면 성능이 개선된다.

k-NN은 간단한 기법이다. 가볍게 시도해보기 좋다. 또한 거리만 정의할 수 있다면 어떤 데이터에도 응용할 수 있다. 예를 들어 일래스틱서치와 같은 전체 텍스트 검색 엔진의 점수를 거리로 간주해 k-NN을 사용할 수도 있다. 계산 시간이 걸리는 문제가 있지만 근사 이웃 탐색 알고리즘 등 몇 가지 방법이 제안되었다.

2.2.6 결정 트리, 랜덤 포레스트, GBDT

이번에는 대표적인 트리 형태 알고리즘인 **결정 트리**decision tree, 이를 개선한 **랜덤 포레스트**random forest와 **경사 부스팅 결정 트리**gradient boosted decision tree(GBDT)를 소개한다. 트리 형태 알고리즘은 지금까지 소개한 분류 알고리즘과는 조금 다르다. 구조와 특성을 잘 이해해두는 것이 좋다.

---

11 실무에서는 넘파이의 `np.linalg.norm(a - b)`로 빠르게 계산할 수 있다.

그림 2-30 결정 트리

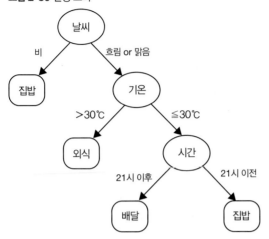

결정 트리의 특징

결정 트리는 다음과 같은 특징이 있다.

- 학습한 모델을 사람이 읽고 해석하기 쉽다.
- 입력 데이터를 정규화할 필요가 없다.
- 범주형 변수나 그 결손값(측정 오류 등으로 값이 존재하지 않는 경우)이 있어도 내부에서 처리해준다.
- 특정 조건에서 과적합되기 쉽다.
- 비선형 분리 가능하지만 선형 분리 가능한 문제는 잘 풀지 못한다.
- 클래스별 데이터 수에 편차가 있다면 잘 풀지 못한다.
- 데이터의 적은 변화에도 결과가 바뀌기 쉽다.
- 예측 성능은 평범하다.
- 배치 학습만 가능하다.

결정 트리의 가장 큰 특징은 학습한 모델을 시각화해 이해하기 쉽다는 점이다. 이는 학습 결과가 IF-THEN 규칙으로 나타나기 때문이다. 예를 들어 공장의 센서 값에서 제품 고장을 예측하는 경우 어떤 센서가 불량을 판정했는지 쉽게 알 수 있다. 즉 특정 분류에 도달하는 조건이 필요할 때 유용하다. 퍼셉트론이나 로지스틱 회귀와 달리 선형 분리 가능한 데이터도 분류할 수 있다. 한편 선형 분리 가능한 문제에 대한 성능이 뛰어난 편은 아니다. 데이터를 조건 분기를 이용해 나누는 특성 때문에 트리가 깊어지면 학습에 사용되는 데이터 수가 적어져 과적합되기 쉽다(그림 2-31). 이는 트리의 깊이를 줄이거나 **가지치기**pruning로 어느 정도 방지할 수 있다.

> **NOTE_** 사이킷런에서도 버전 0.22부터 가지치기를 제공한다.[12]

특징 수가 많은 경우에도 과적합되기 쉬워 미리 차원을 축소하거나 특징량을 선택해주는 것이 좋다.

결정 트리의 결정 경계

결정 트리의 결정 경계는 영역을 반복해 분할하면서 결정 경계를 만들어 직선 형태를 취하지 않는다. 따라서 선형 분리 가능한 문제보다는 선형 분리 불가능한 문제에 사용하는 것이 유용하다.

그림 2-31 결정 트리의 결정 경계(선형 분리 가능한 데이터)

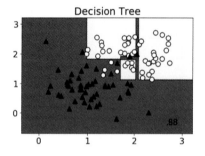

그림 2-32 결정 트리의 결정 경계(선형 분리 불가능한 데이터)

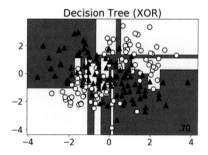

----

12 https://scikit-learn.org/stable/auto_examples/tree/plot_cost_complexity_pruning.html

결정 트리의 구조

결정 트리는 훈련 데이터에서 조건을 만들며 예측할 때는 트리의 루트root node (최상위 조건식)에서 순서대로 조건 분기를 지나 리프leaf node (최하위 조건식)에 도달하면 예측 결과를 반환하는 알고리즘이다. **불순도**impurity를 기준으로 가능한 같은 클래스가 한곳으로 모이도록 조건 분기를 학습한다. 구체적으로는 **정보 획득**information gain 또는 **지니 계수**Gini Coefficient 등의 값을 기준을 불순도로 사용해 그 값이 낮아지도록 데이터를 분할한다. 결정 트리를 사용하면 데이터를 잘 분류할 수 있는 IF-THEN 규칙 트리(그림 2-30)를 얻는다.

결정 트리에서 파생한 알고리즘

결정 트리를 응용한 기법으로 **랜덤 포레스트**와 **GBDT**가 있다.

랜덤 포레스트는 이용할 샘플을 무작위로 선택(부트스트랩 샘플링 알고리즘)[13]하고 이용할 특징량을 무작위로 선택해 여러 트리를 만든다. 회귀에서는 각 결정 트리의 평균 결과를 내고 분류에서는 다수결로 선택한다. 결과적으로 결정 경계가 매끄럽게 그려지고 단일 결정 트리를 사용할 때보다 성능이 높아진다. 또한 결정 트리 가지치기를 하지 않아 나무의 수, 깊이, 조정할 파라미터가 적어 과적합되기 쉽다. 예측 성능은 결정 트리보다 좋으며 파라미터 수가 적어 비교적 튜닝도 간단하다. [그림 2-33]을 보면 결정 트리 기반 알고리즘과 비슷하다.

그림 2-33 랜덤 포레스트의 결정 경계(선형 분리 불가능한 데이터)

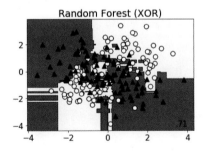

랜덤 포레스트가 병렬로 학습한 예측 결과를 사용한다면 GBDT는 샘플링한 데이터를 이용해 순차적으로 얕은 트리를 학습하는 **경사 부스팅**gradient boosting을 사용한다.[14][15] 예측값과 실젯값

---

13 부트스트랩 알고리즘은 결정된 수만큼 데이터를 무작위 중복을 허용해 추출(복원 추출)한다. 즉 랜덤 포레스트에서는 같은 훈련 데이터에서 결정된 수만큼 데이터의 서브셋(샘플)을 여럿 만들어서 결정 트리를 학습한다. 부트스트랩 알고리즘을 자세히 알고 싶다면 다음을 참고 바란다. https://oku.edu.mie-u.ac.jp/~okumura/stat/bootstrap.html (일본어)

의 차이를 목적 변수로 삼아 약점을 보완하면서 여러 학습기를 학습한다. 학습이 순차적으로 이루어져 시간이 걸리고 랜덤 포레스트보다 파라미터가 많아 튜닝 비용도 높지만 예측 성능은 더 좋다. XGBoost[16]나 LightGBM[14]과 같은 고속 라이브러리도 등장해 대규모 데이터도 쉽게 처리할 수 있어 머신러닝 경진대회 사이트인 캐글[15]에서도 인기가 높다. 특히 XGBoost는 확률적 최적화를 수행해 대규모 데이터도 빠르게 처리할 수 있으며 LightGBM은 XGBoost보다 처리가 빠르다. 흔히 테이블 데이터라 불리는 CSV 또는 판다스의 데이터프레임으로 구현된 테이블 형식의 데이터에서는 GBDT 계열을 많이 사용한다. 특히 LightGBM은 하이퍼파라미터 튜닝을 위해 OSS인 Optuna[16]의 확장 기능 LightGBM Tuner[17]를 사용해 더욱 쉽게 테스트할 수 있다.

그림 2-34 경사 부스팅 알고리즘의 결정 경계(선형 분리 불가능한 데이터)

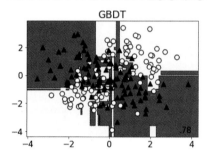

랜덤 포레스트나 GBDT처럼 여러 학습 결과를 조합하는 방법을 **앙상블 학습**ensemble learning이라고 한다.[18] 단순한 결정 트리에서는 데이터를 추가하면 학습 결과가 크게 달라졌지만 랜덤 포레스트에서는 학습 결과가 비교적 안정적이라는 장점이 있다. 또한 예측 성능 역시 각 예측 모델이 서로의 약점을 보완해줘 앙상블 학습 쪽이 낫다고 알려져 있다.

> **NOTE_** 머신러닝이 발전하면서 예전보다 일반화되었다. 그러나 신속한 PoC, 모델 설명 필요, 예측 시간 단축 등의 다양한 이유로 여전히 전통적인 머신러닝 기법을 사용한다. 딥러닝에서 Embedding을 통해 특징량을 만든 뒤 전통적인 기법을 사용해 학습하는 하이브리드 접근 방식도 늘어나고 있다.

---

14 https://github.com/Microsoft/LightGBM/
15 https://www.kaggle.com/
16 https://github.com/optuna/optuna
17 https://tech.preferred.jp/ja/blog/hyperparameter-tuning-with-optuna-integration-lightgbm-tuner/ (일본어)
18 앙상블 학습은 보통 로지스틱 회귀나 규칙이 하나뿐인 결정 트리 등 단순한 학습기(약한 학습기, week learner)를 여러 개 조합한다.

2.3 회귀

지도 학습의 하나인 회귀는 어떤 입력 데이터로부터 연속값을 예측한다. 도시 전력 소비량이나 웹사이트 접속자 수처럼 연속값으로 표현되는 값을 예측할 때 회귀 모델을 학습한다.

회귀에는 크게 다음 알고리즘이 있다.

- **선형 회귀, 다항식 회귀**
- **라쏘 회귀, 릿지 회귀, 일래스틱넷**
- **회귀 트리**
- **SVR**

각 특징은 다음과 같다.

- 선형 회귀는 데이터를 직선, 다항식 회귀는 곡선으로 근사한다.
- 릿지 회귀는 학습한 가중치의 제곱을 정규화항(L2 정규화)으로, 라쏘 회귀는 학습한 가중치의 절댓값을 정규화항(L1 정규화)으로, 일래스틱넷은 두 값 모두를 정규화항으로 선형 회귀에 추가한다.
- 라쏘 회귀나 앨라스틱넷은 L1 정규화에 따라 몇몇 가중치가 0이 되어 특징량을 필터링한다.
- 회귀 트리는 결정 트리 기반의 회귀로 비선형 데이터를 근사할 수 있다.
- SVR은 SVM 기반의 회귀로 비선형 데이터를 근사할 수 있다.

회귀 트리나 SVR의 각 분리기는 결정 트리 및 SVM과 비슷한 성질을 갖는다. 선형 데이터라는 것을 알고 있다면 선형 회귀 또는 그에 정규화항을 추가한 라쏘 회귀, 릿지 회귀, 일래스틱넷 등을 사용한다. 이로 충분하지 않으면 회귀 트리나 SVR과 같은 비선형 회귀를 사용한다.

2.3.1 선형 회귀의 구조

회귀 중에서도 가장 간단한 선형 회귀를 알아보자.

그림 2-35 선형 회귀

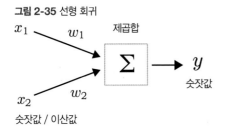

[그림 2-35]는 퍼셉트론(그림 2-2)의 이진화 부분을 제거하고 수치를 직접 출력하게 한 구조다. 선형 회귀의 목적 함수는 다음과 같으며 손실 함수로 제곱오차를 사용한다.

목적 함수 = 모든 데이터에 대한 손실 함수의 합

즉 입력 데이터의 제곱오차가 최소화되도록 직선으로 근사한 뒤 파라미터로 그 계수를 구한다. 예를 들어 살펴보자.

그림 2-36 선형 회귀와 다항식 회귀의 예

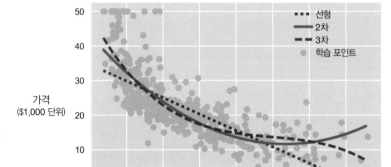

[그림 2-36]은 미국 주택 임대 데이터에 대한 선형 회귀 및 다항식 회귀를 실행한 결과다. 직선으로 간단히 데이터를 근사해 표현한 것이 선형 회귀, 2차원 곡선 또는 3차원 곡선의 다항식을 이용한 곡선으로 데이터를 근사해 표현한 것이 다항식 회귀다. 가로축에 값을 넣으면 직선이나 곡선으로 추정한 임대료가 계산된다. 예를 들어 선형 회귀에서 임대료와 평균 연수입의 관계를 학습할 때는 '임대료 = a × 평균 연수입 + b'라는 직선식을 생각한다. 이때 a와 b라는 계수(선형 회귀의 파라미터)를 최대한 좋은 형태가 되도록 학습한다. 즉 선형 회귀나 다항식 회귀 모델 학습을 통해 얻을 결과는 각 변수에 곱해지는 가중치다.

2.4 클러스터링과 차원 축소

이번 절에서는 클러스터링과 차원 축소를 설명한다. 비지도 학습 방법은 『머신러닝 도감』(제이펍, 2019)[17] 3장을 참고 바란다.

2.4.1 클러스터링

클러스터링clustering(군집화)은 비지도 학습의 한 가지 방법이다. 주로 데이터 경향을 확인하는 목적으로 사용한다. 비슷한 조합을 순서대로 모아가는 **계층적 클러스터링**hierarchical clustering, 거리가 가까운 데이터를 묶어 k개의 그룹으로 나누는 **k-평균**k-means 등이 있다.

k-평균은 클러스터링을 간단히 할 수 있어 데이터의 경향을 확인할 때 자주 사용한다. [그림 2-37]에 k-평균을 도식화했다. 데이터(○)의 중심(▲)을 찾은 뒤 k개의 클러스터로 분할한다.

그림 2-37 k-평균 군집화의 예(k=3)

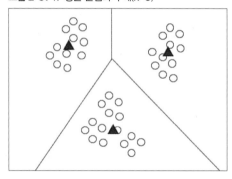

기타 클러스터링 기법은 사이킷런의 공식 문서를 참고하기 바란다.[19]

---

19 https://scikit-learn.org/stable/auto_examples/cluster/plot_cluster_comparison.html

2.4.2 차원 축소

차원 축소^{dimension reduction}는 고차원 데이터의 정보를 가능한 유지하면서 저차원 데이터로 변환한다. 예를 들어 100차원의 데이터를 최대한 특징을 유지하면서 2차원에 표현해 데이터의 특징량을 찾아낼 수 있다. 앞서 설명했던 클러스터링 결과도 그 경향을 확인하는 데 차원을 축소하고 시각화해 데이터 사이의 관계성을 표시할 수 있다. 차원 축소는 시각화뿐만 아니라 희소한 데이터를 조밀한 데이터로 변환해 압축하는 용도로도 사용한다. 차원 축소한 데이터를 지도 학습의 훈련 데이터로 사용해 학습하기도 한다.

차원 축소 기법으로는 **주성분 분석**^{principal component analysis}(PCA)이 유명하지만 최근에는 t-SNE[18]도 많이 사용한다. t-SNE는 시각화에 많이 사용되며 PCA보다 관계성을 이해하기 쉽도록 시각화할 수 있어 캐글에서도 인기가 높다.

2.5 기타

머신러닝이나 데이터 마이닝과 함께 자주 다뤄지는 주제도 소개한다. 다음 네 가지 주제는 방법이 아닌 분류나 회귀처럼 머신러닝으로 수행할 수 있는 분야이다.

- 추천^{recommendation}
- 이상 탐지^{anomaly detection}
- 고빈도 패턴 마이닝^{frequent pattern mining}
- 강화 학습^{enforcement learning}

2.5.1 추천

추천은 사용자가 선호하거나 찾아본 아이템과 비슷한 아이템을 제시하는 것이다. 온라인 쇼핑 사이트의 '이 제품을 구입한 분들은 이 제품도 구입했습니다' 또는 음악 사이트의 '이 아티스트와 비슷한 아티스트'처럼 관련 있는 아이템을 제시하는 서비스가 해당한다. 사용자의 행동 이력이나 아이템의 열람 경향을 기반으로 비슷한 사용자나 비슷한 아이템을 알려준다.

2.5.2 이상 탐지

이상 탐지는 신용카드의 부정 결제 또는 서비스 거부(DoS) 공격 등 이상을 검지하는 데이터 마이닝 기법이다. **특잇값 탐지**outlier detection라고도 한다. 이상 데이터는 건수가 매우 적어 단순히 분류 모델을 사용해 학습하면 항상 '정상'값이 출력된다.

3장에서 자세히 설명하지만 치우친 클래스를 학습할 때, 예를 들어 0.5%의 특잇값만 존재하는 경우에는 그 특징을 잡지 못하고 모두 '정상'이라고 출력하는 일도 흔하다(**불균형 데이터**imbalanced data라고 한다). 이러한 모델을 기존 방법대로 평가하면 99.5%의 '정상' 데이터를 정상으로 판정해 정확도가 99.5%에 이르게 되어 주의해야 한다.

데이터 분포가 극단적으로 치우친 특성 때문에 이상 탐지에는 비지도 학습을 사용한다. 이 주제는 범위가 매우 넓은데(자세한 내용은 참고문헌 [19], [20] 참고) 대부분 데이터 점이 많이 모인 부분에서 떨어진 부분을 이상값으로 검출하는 형태를 사용한다.[20] 사이킷런을 사용한다면 SVM 기반의 One Class SVM 등으로 이상 탐지를 할 수 있다.

2.5.3 고빈도 패턴 마이닝

고빈도 패턴 마이닝은 데이터에서의 출현 빈도가 높은 패턴을 추출하는 기법이다. '맥주와 기저귀를 함께 진열했더니 매출이 오른다'라는 이야기처럼 구매 정보에서 자주 나타나는 패턴을 추출한다. 유명한 기법으로 **상관 규칙**association rule이 있으며 **apriori** 알고리즘으로 풀 수 있다. 아쉽게도 사이킷런에는 고빈도 패턴 마이닝이 구현되어 있지 않지만 SPMF[21] 같은 도구를 사용해 시도해볼 수 있다.

시계열 분석을 수행할 때는 **자기 회귀 누적 이동 평균**Autoregressive integrated moving average(ARIMA) 알고리즘을 많이 사용한다.

---

20 단순하게는 데이터 분포에서 정규분포를 적용할 때 2 이상 떨어진 부분을 이상값이라 판단하는 방법도 생각할 수 있다.

21 http://www.philippe-fournier-viger.com/spmf/

2.5.4 강화 학습

강화 학습은 경험 기반의 시행착오를 거쳐 목적에 이르기 위해 상황에 따라 취해야 할 최적의 행동 정책을 학습하는 기법이다. 다른 학습과 달리 바둑이나 장기처럼 '게임에서 이긴다'는 분명한 목적을 위해 특정한 행동을 한 뒤 결과에 따라 다음 수를 결정한다.

아이가 시행착오를 반복을 통해 걸음마를 배우는 것처럼 수많은 시행착오를 거쳐 최적의 정책을 학습한다.

강화 학습은 자율주행이나 게임 AI 같은 분야에서 크게 주목받는 머신러닝 분야다. 이 책에서는 강화 학습을 다루지 않으니 관심이 있다면 『これからの強化学習(지금부터 강화 학습)』[21]을 참고 바란다.

2.6 정리

이번 장에서는 지도 학습의 분류와 회귀, 비지도 학습의 클러스터링과 차원 축소 및 기타 알고리즘을 설명했다.

지도 학습에서는 결정 경계를 표현하는 함수를 학습하는 방법, 거리 기반으로 판단하는 방법, 트리 구조의 규칙을 학습하는 방법을 배웠다. 비지도 학습에서는 데이터에 숨겨진 범주를 찾아내는 클러스터링과 데이터 시각화를 돕는 차원 축소를 배웠다.

목적에 맞는 알고리즘 선택 역량 또한 머신러닝 개발자가 갖춰야 할 소양이다. 데이터의 경향을 보면서 다양한 알고리즘을 시도해보는 과정은 멀리 돌아가는 듯하지만 결국은 성공에 이르는 지름길이다.

## CHAPTER 3

학습 결과 평가하기

기존 시스템에 머신러닝을 적용할 때 처음부터 만족스런 결과를 얻기란 쉽지 않다. 그렇다면 결과가 만족할 만한지는 어떻게 측정할까? 이번 장에서는 머신러닝 결과 평가 방법을 설명한다.

3.1 분류 평가

이번 절에서는 스팸 메일 분류를 예로 다음 네 가지 지표를 알아본다.

- 정확도accuracy
- 정밀도precision
- 재현율recall
- F값F-measure

이 지표들을 고려할 때 중요한 두 가지 개념도 설명한다.

- 혼동행렬confusion matrix
- 마이크로 평균micro-average, 매크로 평균macro-average

3.1.1 정확도를 그대로 사용해도 좋은가

분류 작업에서는 얼마나 올바르게 분류되었는가로 분류기의 성능을 평가한다. 먼저 가장 간단한 **정확도**를 보자.

정확도는 다음과 같이 정의한다.

$$정확도 = \frac{정답과\ 일치한\ 수}{전체\ 데이터\ 수}$$

스팸 메일과 정상 메일을 분류하는 이진 분류 작업을 예로 보자. 도착한 100건의 메일을 사람이 직접 확인한 결과 스팸 메일 60건, 보통 메일이 40건이었다. 만약 분류기가 모든 메일을 스팸으로 분류했다면 정확도는 60%다.

분류 문제에서는 일반적으로 무작위 출력 결과를 최저 수준 성능으로 한다. 이진 분류에서는 2개 클래스가 무작위로 나타나므로 정확도는 50%, 3개 클래스 분류에서 평균 정확도는 33.3%가 된다.[1] 정확도 60%는 2개 클래스를 무작위로 예측하는 모델의 정확도보다 높다고 생각된다. 하지만 모든 메일을 스팸 메일이라고 예측했기에 평가가 적절하지 않다. 현실에서는 분류할 클래스별로 편차가 있는 경우가 많고 단순히 정확도를 적용하는 것은 대부분 큰 의미가 없다.

3.1.2 데이터 수의 편차를 고려한 정밀도와 재현율

그렇다면 무엇에 주목해야 할까? **정밀도**와 **재현율**에 초점을 맞춰 알아보자.

정밀도는 출력 결과가 실제로 얼마나 정답이었는가를 나타낸다. 재현율은 출력 결과가 실제 정답 중 어느 정도의 비율을 차지하는가를 나타낸다.

스팸 메일 분류에서 정밀도는 스팸이라고 예측한 메일 중에서 실제 스팸인 메일의 비율이다. 스팸이라 예측한 메일이 80건이고 그중 실제 스팸 메일이 55건이었다면 정밀도는 다음과 같이 계산한다.

$$정밀도 = \frac{55}{80} = 0.6785 ≒ 0.68$$

무작위로 판정했을 때의 0.5보다 나은 값이지만 그리 높다고는 할 수 없다.

----

1 동일한 확률로 각 클래스를 무작위로 출력하는 함수를 예측기로 간주해서 온전성 검사(sanity check)를 한다. 온전성 검사는 계산한 결과의 사실 여부를 신속하게 평가하는 간단한 검사를 말한다.

재현율은 어떨까? 재현율은 모든 데이터에 포함된 스팸 메일(이번 예에서는 60건) 중 스팸으로 예측한 정답(이번 예에서는 55건)이 몇 건 포함되었는지를 나타내는 비율이다. 다음과 같이 구할 수 있다.

$$재현율 = \frac{55}{60} = 0.916... ≒ 0.92$$

재현율은 비교적 높은 편이다. 이때 재현율이 1에 가까우므로 '재현율을 중시한다'고 평가할 수 있다. 재현율을 중시한다는 의미는 무엇일까?

정밀도과 재현율은 상충관계에 있으며 문제 설정에 따라 중시하는 쪽이 달라진다.

놓치는 데이터 수가 많더라도 더욱 정확한 예측이 필요하다면 정밀도를 중시한다. 스팸 메일 판정에서는 중요한 메일을 스팸으로 잘못 판정하는 것보다 가끔 스팸을 놓치는 편이 낫다. 즉 가끔은 스팸 메일을 봐도 좋으니 꼭 수신해야 하는 메일이 스팸 메일로 걸러지지 않도록 하는 것에 해당한다.

다소 잘못 걸러내는 비율이 높더라도 데이터 누락을 최소화하고자 할 때는 재현율을 중시한다. 이는 모든 데이터에 대한 누락 최소화를 중요하게 생각하는 방법이다. 예를 들어 발생 빈도가 낮은 질병이라면 병에 걸렸다고 오진을 하더라도 재검사를 받으면 문제가 없다고 하는 경우이다. 스팸 메일 분류에서는 재현율을 중시하는 것이 그리 달갑지는 않다.

3.1.3 균형 잡힌 성능을 평가하는 F값

정밀도와 재현율이 상충관계라는 점을 평가에 반영해 실제 분류기를 비교할 때 사용하는 지표가 **F값**이다. F값은 정밀도과 재현율의 조화 평균이며 다음과 같이 계산한다.

$$F값 = \frac{2}{\frac{1}{정밀도} + \frac{1}{재현율}} = \frac{2}{\frac{1}{0.68} + \frac{1}{0.92}} ≒ 0.78$$

정밀도와 재현율이 균형을 이룰수록 F값은 커진다. 즉 F값이 높으면 두 지표가 고르게 높다는 의미이다.

3.1.4 혼동행렬 따라잡기

이어서 **혼동행렬**이다. 분류 작업에서는 혼동행렬에 기반해 정보를 얻는 경우가 많아 잘 알아두면 좋다.

[표 3-1]은 혼동행렬의 예다. 혼동행렬에는 2개 축이 있다. 첫 번째 축인 예측 결과에서는 분류 모델이 예측한 결과를 양성positive (스팸) 또는 음성negative (스팸 아님)으로 나타낸다. 두 번째는 실제 결과 축으로 사람이 직접 분류한 결과가 양성 또는 음성인지 나타낸다. 두 축에 기반해 표로 정리한 것이 혼동행렬이다.

표 3-1 혼동행렬

		예측 결과	
		양성(스팸)	음성(스팸 아님)
실제 결과	양성(스팸)	참 양성 (True Positive, TP)	거짓 음성 (False Negative, FN)
	음성(스팸 아님)	거짓 양성 (False Positive, FP)	참 음성 (True Negative, TN)

참 양성true positive, 거짓 음성false negative 등은 용어에서도 알 수 있듯이 예측이 실제와 맞는지 틀리는지를 나타낸다. 예측 결과에 따라 첫 번째 단어(True/False)의 진위가 양성/음성으로 나뉜다.

앞서 실행한 스팸 메일 분류 예시를 혼동행렬로 나타내보자. 조건을 다시 한 번 확인해보면 '100건의 메일 중 실제 스팸은 60건, 분류기가 스팸이라고 예측한 메일이 80건, 실제 스팸이었던 메일이 55건'이다. 이 조건으로 혼동행렬을 만들어보자.

먼저 스팸 메일이라 예측한 80건 중 실제 스팸은 55건이다. 이것이 참 양성(TP)에 해당한다.

표 3-2 혼동행렬 Step 1: 참 양성 건수 확인

		예측 결과	
		양성(스팸)	음성(스팸 아님)
실제 결과	양성(스팸)	55	
	음성(스팸 아님)		

스팸이라고 예측한 80건 중 스팸으로 잘못 예측한 메일은 25(=80-55)건이다. 거짓 양성(FP)의 건수가 된다.

표 3-3 혼동행렬 Step 2: 거짓 양성 건수 확인

		예측 결과	
		양성(스팸)	음성(스팸 아님)
실제	양성(스팸)	55	
결과	음성(스팸 아님)	25	

전체 메일 100건 중 사람이 직접 스팸이라고 확인한 것은 60건이었다. 스팸으로 정확하게 예측한 수가 55건이었으므로 잘못 분류한 메일은 5(=60-55)건임을 알 수 있다. 거짓 음성(FN)의 건수가 된다.

표 3-4 혼동행렬 Step 3: 거짓 음성 건수 확인

		예측 결과	
		양성(스팸)	음성(스팸 아님)
실제	양성(스팸)	55	5
결과	음성(스팸 아님)	25	

마지막으로 스팸이 아니라고 예측한 메일은 20(=100-80)건이었지만 실제로 스팸이라고 잘못 판단한 5건을 제외한 15(=20-5)건이다.

표 3-5 혼동행렬 Step 4: 진짜 음성 건수를 확인해 혼동행렬 완성

		예측 결과	
		양성(스팸)	음성(스팸 아님)
실제	양성(스팸)	55	5
결과	음성(스팸 아님)	25	15

이렇게 만들어진 혼동행렬을 기반으로 정밀도와 재현율을 다시 계산한다. 정밀도는 예측 결과가 얼마나 정확한지, 재현율은 실제 스팸 중 스팸 판정을 받은 메일 비율은 얼마인지 나타내는 값이다.

$$정밀도 = \frac{TP}{TP + FP} = \frac{55}{55 + 25} \fallingdotseq 0.69$$

$$재현율 = \frac{TP}{TP + FN} = \frac{55}{55 + 5} \fallingdotseq 0.92$$

비교를 위해 정답률을 계산해보면 다음과 같다. 클래스를 종합해서 정답률을 보기 때문에 각각의 지표보다 훨씬 조악하다.

$$정확도 = \frac{TP + TN}{TP + FP + TN + FN} = \frac{55}{55 + 5 + 25 + 15} = 0.7$$

사이킷런에서는 혼동행렬을 계산하는 confusion_matrix라는 함수를 제공한다. 혼동행렬 계산 코드 예시를 다음에 나타냈다. print(cm)은 앞선 표와 같은 순서로 혼동행렬의 값을 출력한다.

```python
from sklearn.model_selection import train_test_split
from sklearn.metrics import confusion_matrix

# 데이터를 훈련 데이터와 테스트 데이터로 분할한다.
data_train, data_test, label_train, label_test = \
  train_test_split(data, label)

# 분류기로 예측을 수행한다. 여기서는 SVM으로 예측한다.
classifier = svm.SVC(kernel='linear')
label_pred = classifier.fit(data_train, label_train).predict(data_test)

# 혼동행렬을 계산한다.
cm = confusion_matrix(label_test, label_pred)
print(cm)
# [[55 5]
#  [25 15]]
```

실제 혼동행렬을 만들 때는 confusion_matrix 함수를 이용해서 교차 검증한다. 훈련 데이터로 예측 모델을 구현하고 정답 레이블을 붙인 검증 데이터를 기반으로 혼동행렬을 만들어서 모델 비교 및 평가를 자동으로 수행할 수 있다.

3.1.5 다중 클래스 분류 평균 구하기: 마이크로 평균과 매크로 평균

다중 클래스 분류에서는 클래스 전체의 평균을 두 가지 방법으로 구할 수 있다. 첫 번째 **마이크로 평균**은 모든 클래스의 결과를 합쳐 전체를 평가한다. 예를 들어 3 클래스 분류에서 클래스의 참 양성과 거짓 양성의 수를 차례로 TP_1, FP_1, TP_2, FP_2, TP_3, FP_3으로 하면 정밀도의 마이크로 평균은 다음과 같이 구할 수 있다.

$$\text{정밀도}_{\text{마이크로 평균}} = \frac{TP_1 + TP_2 + TP_3}{TP_1 + TP_2 + TP_3 + FP_1 + FP_2 + FP_3}$$

또 다른 평균인 **매크로 평균**은 클래스별로 정밀도를 계산한 후 정밀도의 합계를 클래스 수로 나누어 평균을 구해 계산한다.

예를 들어 3 클래스 분류에서 각 클래스가 1인지 아닌지 분류하는 결과의 혼동행렬을 만들어 정밀도를 각각 계산한다. 클래스별로 계산한 정밀도를 정밀도$_1$, 정밀도$_2$, 정밀도$_3$이라 하면 정밀도의 매크로 평균은 다음과 같이 계산한다.

$$\text{정밀도}_{\text{매크로 평균}} = \frac{\text{정밀도}_1 + \text{정밀도}_2 + \text{정밀도}_3}{3}$$

마이크로 평균은 클래스 전체를 대상으로 한 성능을 파악하기에 좋다. 클래스마다 데이터 수에 차이가 있을 때는 매크로 평균을 이용해 편차의 영향을 고려한 성능을 평가할 수 있다.

3.1.6 ROC 곡선과 AUC

F값 외의 평가 지표로 **ROC 곡선**receiver operating characteristic curve이나 ROC 곡선에 기반한 **AUC**area under the curve 같은 지표도 사용한다. AUC는 ROC 곡선 그래프의 아래 부분의 넓이를 구한 점수다. AUC 점수는 0에서 1 사이의 값이며 무작위 예측기에서는 0.5, 정답을 모두 맞힌 예측기에서는 1.0이 된다.

ROC 곡선은 어떻게 그릴까? 모의시험을 본 수험생의 득점 비율을 생각해보자. [표 3-6]은 모의시험에서의 득점 비율(%)과 실제 시험에서의 합격 여부(T/F) 값을 알아보기 쉽도록 득점 비율의 오름차순으로 정렬했다.

표 3-6 모의시험에서의 득점 비율(%)과 실제 합격 여부(T/F)

모의시험 득점 비율(%)	실제 시험 합격 여부(T/F)
10	F
20	F
40	F
45	T
50	F
65	F

70	T
80	F
85	T
95	T

모의시험의 득점 비율 중 어디를 '합격'의 임곗값으로 할지 생각했을 때 참 양성률$^{\text{true positive}}$ $_{\text{rate}}$(TPR)을 세로축, 거짓 양성률$^{\text{false positive rate}}$(FPR)을 가로축에 그린 것이 ROC 곡선이다.

참 양성률은 다음 수식으로 나타낼 수 있다.

$$\text{참 양성률} = \frac{TP}{TP + FN}$$

거짓 양성률은 다음 수식으로 나타낼 수 있다.

$$\text{거짓 양성률} = \frac{FP}{FP + TN}$$

> **NOTE_** 참 양성률은 높을수록, 거짓 양성률은 낮을수록 좋다.

사이킷런의 roc_curve를 사용하면 임곗값 이상의 값을 합격이라고 설정했을 때의 TPR과 FPR을 얻을 수 있다. 다음 코드는 roc_curve 함수를 사용했다. [표 3-6]에 나타낸 득점률을 소수로 바꾸고 합격을 1, 불합격을 0으로 표현했을 때의 임곗값별로 TPR과 FPR을 계산한다.

```
from sklearn.metrics import roc_curve

y_pass = [0, 0, 0, 1, 0, 0, 1, 0, 1, 1]
y_score = [0.1, 0.2, 0.4, 0.45, 0.5, 0.65, 0.7, 0.8, 0.85, 0.95]

fpr, tpr, thresholds = roc_curve(y_pass, y_score)

print(fpr)
# [0. 0. 0. 0.16666667 0.16666667 0.5 0.5 1. ]
print(tpr)
# [0. 0.25 0.5 0.5 0.75 0.75 1. 1. ]
print(thresholds)
# [1.95 0.95 0.85 0.8 0.7 0.5 0.45 0.1 ]
```

계산 결과를 앞선 표에 더해서 [표 3-7]을 만들었다. TRP과 FPR은 해당 득점 비율 이상을 합격이라 가정했을 때의 값이다.

표 3-7 모의시험에서의 득점 비율(%)과 실제 합격 여부(T/F), TPR, FPR

모의시험 득점 비율(%)	실제 시험 합격 여부(T/F)	TPR(참 양성률)	FPR(거짓 양성률)
10	F	1.0	1.0
20	F	1.0	0.5
40	F	1.0	0.5
45	T	1.0	0.5
50	F	0.75	0.6
65	F	0.75	0.1667
70	T	0.75	0.1667
80	F	0.5	0.1667
85	T	0.5	0.0
95	T	0.25	0.0

득점 비율이 45% 이상을 합격권이라고 하면 모든 진짜 합격자를 합격이라고 하는 대신 거의 불합격이지만 합격권이라고 판정하는 거짓 양성이 나타난다. 득점 비율 85% 이상을 합격권이라고 하면 거짓 양성률은 0이 되지만 실제 합격자는 절반밖에 찾아내지 못한다. 건강진단 등에서는 거짓 양성을 어느 정도 허용할 수 있도록 하는 등 임곗값을 어떻게 설정할 것인가는 문제에 따라 다르다.

여기서는 모의시험의 득점 비율을 사용했지만 로지스틱 회귀처럼 예측값과 확률을 함께 출력하는 예측기에도 활용할 수 있다.

결과에 기반해 matplotlib을 활용해서 ROC 곡선을 그려보자.

```
import matplotlib.pyplot as plt
plt.rc('font', family='NanumBarunGothic')

plt.plot(fpr, tpr, marker='o')
plt.xlabel('거짓 양성률(FPR)')
plt.ylabel('참 양성률(TPR)')
plt.grid()
plt.show()
```

그림 3-1 ROC 곡선

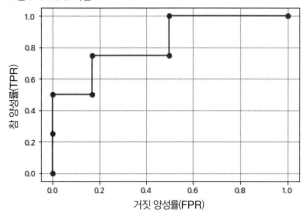

왼쪽 아래 점을 95%보다 큰 값을 합격이라고 했을 때의 값, 오른쪽 위의 점은 10%보다 큰 값을 합격이라고 했을 때의 TPR과 FPR을 나타낸다.

ROC 곡선의 형태는 점수 순위에 따라 결정되며 실제 점수의 영향을 받지 않는다. 즉 점수가 적은 순서대로 정렬했을 때 y_pass = [0, 0, 0, 1, 0, 0, 1, 0, 1, 1]과 같이 합격자를 나열하면 된다.

그림의 실선 아래쪽의 넓이를 계산하면 AUC가 된다.

사이킷런에서는 ROC 곡선을 그렸을 때 fpr과 tpr을 auc 함수에, ROC 곡선을 그리지 않았을 때라도 실제 합격자의 계열 y_pass와 그 점수의 계열 y_score를 roc_auc_score에 입력해 구할 수 있다.

```
from sklearn.metrics import auc, roc_auc_score

print(f"AUC (auc func): {auc(fpr, tpr)}")
# AUC (auc func): 0.8333333333333333
print(f"AUC (roc_auc_score): {roc_auc_score(y_pass, y_score)}")
# AUC (roc_auc_score): 0.8333333333333333
```

어떤 임곗값 이상을 합격이라 했을 때 논란의 여지없이 말할 수 있는 경우는 언제일까? 득점비율이 50% 이상을 합격이라고 했을 때를 생각해보자. 이때 ROC 곡선은 왼쪽 아래에서 왼쪽 위로 향하는 직선과 왼쪽 위에서 오른쪽 위로 향하는 직선을 연결한 것이다. 이 곡선의 아래 넓이인 AUC는 1이다.

```
Y_perfect = [0, 0, 0, 0, 1, 1, 1, 1, 1, 1]
y_score_perfect = [0.1, 0.2, 0.3, 0.4, 0.5, 0.6, 0.7, 0.8, 0.9]

fpr, tpr, _ = roc_curve(y_perfect, y_score)

plt.plot(fpr, tpr, marker='o')
plt.xlabel('거짓 양성률(FPR)')
plt.ylabel('참 양성률(TPR)')
plt.grid()
plt.show()

print(f"AUC (perfect): {roc_auc_score(y_perfect, y_score)}")
# AUC (perfect): 1.0
```

그림 3-2 AUC가 1일 때의 ROC 곡선

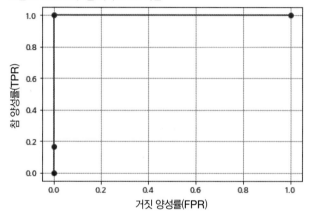

점수와 합격자의 관계가 무작위일 때는 왼쪽 아래에서 오른쪽 위까지 이어진 직선에 가까운 곡선이 된다. 곡선 아래 부분은 삼각형이 되고 그 넓이인 AUC는 0.5에 가까워진다. ROC 곡선에 기반한 AUC 이외에도 Precision-Recall 곡선을 기반으로 하는 AUC도 있다.

3.1.7 분류 모델 비교

모델의 성능을 비교할 때는 데이터 분포에 차이가 있다는 것을 가정한 후 F값을 기준으로 비교한다. 실제 문제를 풀 때는 정밀도나 재현율 중 무엇을 중시할지 고려해 최소한의 성능을 보장하는 방향으로 튜닝하는 방법이 바람직하다.

잘못된 판단을 허용하지 않는 문제, 예를 들어 '정밀도가 0.9 미만인 모델은 채용하지 않는다'와 같은 최저 수준의 조건을 정하고 그 수준보다 F값이 높아지도록 파라미터를 조정한 뒤 모델을 선택하는 것이 좋다. 다양한 분류 모델을 비교할 때는 AUC도 자주 사용한다.

분류 성능은 어디까지나 비즈니스에 적용할 수 있는 최저 품질 보증 기준이다. 성능 조절에 몰두하다 보면 그 자체가 목적이 되기 쉽다. 학습 모델의 성능이 높은 것과 비즈니스 목표를 달성하는 것은 별개의 문제이다. 모델을 활용하는 목적이 무엇이었는지 항상 기억해야 한다. 그러기 위해서는 제품 출시에 필요한 성능을 결정한 뒤에도 최종 목표 수치를 만족하는지 측정하고 지속적으로 개선할 수 있는 구조를 갖춰야 한다.

3.2 회귀 평가

회귀는 전력 소비량이나 가격과 같은 연속된 값을 예측하는 문제다. 회귀 평가에서는 주로 **평균제곱근오차**root mean squared error (RMSE)와 **결정 계수**coefficient of determination를 평가 지표로 이용한다.

3.2.1 평균제곱근오차

평균제곱근오차는 회귀 모델을 평가하는 주요 지표다. 수식은 다음과 같다.

$$RMSE = \sqrt{\frac{\sum_i (\text{예측값}_i - \text{실젯값}_i)^2}{N}}$$

예측값 배열과 실젯값을 두 개의 배열로 만든 후 각 요소의 차이를 제곱하여 모두 더한 뒤 이를 배열의 요소 수로 나눈 값의 평균 제곱근을 구한다. 이 식을 코드로 작성하면 다음과 같다.

```
from math import sqrt

sum = 0

for predict, actual in zip(predicts, actuals):
    sum += (predict - actual) ** 2

sqrt(sum / len(predicts))
```

사이킷런에서는 mean_squared_error 함수를 제공한다. 이를 사용하면 좋다.[2]

```
from sklearn.metrics import mean_squared_error
from math import sqrt

rms = sqrt(mean_squared_error(y_actual, y_predicted))
```

회귀 분석에서 모든 데이터의 평균값을 출력하는 예측 모델을 고려할 때 평균제곱근오차는 데이터 값이 흩어진 상태를 나타내는 **표준편차**standard deviation에 해당한다. 그러므로 예측 모델이 출력한 값의 평균제곱근오차를 비교하고 최저 기준치(분류 문제에서 언급한 무작위로 출력하는 예측 모델)인 표준편차와 비교해 예측 모델의 성능을 확인할 수 있다.

> ### for문은 정말 필요할까?
>
> 앞서 평균제곱근오차를 구할 때 for문을 이용했다. 이 예시처럼 actuals, predicts의 데이터 양이 적으면 큰 문제는 없지만 데이터양이 늘어날수록 계산이 오래 걸린다.
>
> 파이썬에서는 이때 for문으로 계산하는 것이 아니라 수치 계산에 특화된 넘파이나 싸이파이scipy와 같은 라이브러리를 사용하면 훨씬 빠르게 계산할 수 있다. 수치 계산용 라이브러리는 타입을 지정한 배열을 만들거나 내부적으로 C나 포트란fortran으로 최적화된 처리를 이용해 행렬을 고속으로 계산한다. 수치 계산을 할 때는 가능한 넘파이 등의 라이브러리에 계산을 맡기는 것이 속도에 유리하다.
>
> 여담으로 통계 해석에 자주 사용되는 R 언어에서도 for문을 사용하면 속도가 매우 느리다. 이는 넘파이, 싸이파이와 마찬가지로 수치 계산을 백그라운드의 라이브러리에 맡긴다.

3.2.2 결정 계수

평균제곱근오차와 외에도 회귀한 방정식이 얼마나 잘 맞는가를 표현하는 결정 계수도 있다. 수식에서는 R^2로 표현되며 일반적으로는 다음과 같이 나타낸다.

----

2 옮긴이_ mean_squared_error 함수는 평균제곱근오차가 아닌 평균제곱오차(MSE)를 구하는 함수이기에 sqrt 함수를 이용해 그 근을 구했다.

$$결정\ 계수(R^2) = 1 - \frac{\sum_i (예측값_i - 실젯값_i)^2}{\sum_i (예측값_i - 실젯값의\ 평균)^2}$$

이 식은 평균제곱근오차의 분자의 제곱을 평균값과 예측값의 차인 제곱의 합으로 나눈 후 1에서 뺀 값이다. 즉 결정 계수는 항상 평균값을 출력하는 예측 모델보다 상대적으로 성능이 얼마나 좋은지 나타낸다. 결정 계수가 1에 가까울수록 성능이 좋은 것이며 0에 가까울수록 성능이 좋지 않은 것이다.

사이킷런에서는 r2_score 함수를 제공한다. 이를 이용해 간단하게 계산해보자.

```
from sklearn.linear_model import LinearRegression
lr = LinearRegression()
lr.fit(x, y)

from sklearn.metrics import r2_score
r2 = r2_score(y, lr.predict(x))
```

회귀 모델에서는 lr.score(x, y)를 이용해 결정 계수를 얻을 수 있다.

3.3 머신러닝을 통합한 시스템의 A/B 테스트

머신러닝 모델 평가에서 다소 벗어난 주제이지만 웹 서비스에서는 **A/B 테스트**를 자주 시행한다.[3] 예를 들어 서비스 등록 버튼의 색상이나 문구를 조금씩 바꿔서 비교해 더 나은 패턴을 적용한다.

A/B 테스트는 일정한 사용자 그룹을 나눠 같은 기간에 비교할 수 있다는 장점이 있다. 테스트 기간이 다르면 계절의 영향 등으로 비교 자체에 의미가 없어지기도 한다. 예를 들어 장난감 판매 사이트에서 크리스마스 시즌의 구매 버튼을 빨간색으로 바꾸니 반응이 좋았다고 해서 이후에도 빨간색 버튼을 그대로 사용하는 것이 효과적이라고 볼 수는 없다. 그렇다고 1년 내내 적용하는 것은 계절이라는 요소를 무시한 것이기에 의미가 없다.

....

3 A/B 테스트라고 하지만 세 개 이상의 패턴을 이용하기도 한다.

디자인이나 문구뿐만 아니라 머신러닝 모델을 검증에서도 A/B 테스트는 효과적이다. 대부분 온라인으로 평가할 수 있는 지표는 정밀도나 재현율 등이다. 실제 구입이나 가입 같은 전환 여부 등의 비즈니스 KPI는 별도로 모니터링해야 한다. 또한 갑작스러운 트렌드 변화처럼 예상치 못한 원인이 큰 영향을 주기도 한다. 그래서 온라인 평가로 모델을 적용하지 않았을 때의 성능이나 여러 모델을 이용한 예측 결과를 사용했을 때의 성능을 비교하는 방식으로 더 최적의 모델을 선택할 수 있다.

A/B 테스트가 가능한 시스템을 구성해 새로운 모델을 단계적으로 출시하거나 빠른 전환을 할 수 있다. 검증 주기를 빠르게 유지할 수 있고 기회 손실 비용도 줄일 수 있다.

오프라인에서 다양한 알고리즘과 파라미터를 적용한 모델을 준비해 A/B 테스트를 통해 선별하고 그중 결과가 좋은 알고리즘과 파라미터를 조합한 모델을 온라인에서 다시 A/B 테스트하는 방법도 고려할 만하다(7장 참고).

3.4 정리

이번 장에서는 머신러닝 모델의 학습 결과를 평가하는 방법을 알아봤다. 분류 작업에서 사용되는 평가 지표로 정답률과 정밀도, 재현율, F값 등이 있었다. 실제로는 혼동행렬을 통해 어떤 클래스가 어느 정도의 성능을 내는 것이 좋을지 파악해야 한다.

회귀 평가 지표로는 평균제곱근오차와 결정 계수를 배웠다. 모두 이용할 수 있지만 한 가지를 기준점으로 선택하는 것이 좋다.

머신러닝에서의 A/B 테스트 중요성도 살펴봤다. 특히 머신러닝의 평가 지표와 비즈니스 KPI는 전혀 별개라는 점에 주의해야 한다. 두 지표의 차이를 항상 의식하고 예측 모델의 평가 지표 향상에만 몰두하지 않도록 주의한다. 오프라인에서 평가 지표 목표를 달성하는 것은 비즈니스에 머신러닝을 적용하는 시작점에 지나지 않는다.

> **NOTE_** 머신러닝 평가 지표와 KPI의 관계는 7장과 12장에서도 소개한다.

## CHAPTER 4

기존 시스템에 머신러닝 통합하기

기존 시스템에 머신러닝을 통합하려면 어떻게 해야 할까? 이번 장에서는 머신러닝을 시스템을 통합하는 방법과 머신러닝에 사용할 훈련 데이터를 얻기 위한 로그 수집 방법을 알아본다.

4.1 기존 시스템에 머신러닝을 통합하는 과정

'1.2 머신러닝 프로젝트 과정'에서 본 것처럼 기존 시스템에 머신러닝을 적용하는 과정은 다음과 같다.

1 비즈니스 문제를 머신러닝 문제로 정의한다.

2 논문을 중심으로 유사한 문제들을 조사한다.

3 머신러닝을 사용하지 않는 방법은 없는지 검토한다.

4 시스템 설계를 고려한다.

5 특징량, 훈련 데이터와 로그를 설계한다.

6 실제 데이터 수집과 전처리를 한다.

7 탐색적 데이터 분석과 알고리즘을 선정한다.

8 학습을 수행하고 파라미터를 튜닝한다.

9 시스템에 통합한다.

10 모델 예측 성능 및 비즈니스 지표를 모니터링한다.

이번 장에서는 '시스템 설계(4)', '로그 설계(5)'를 설명한다.

4.2 시스템 설계

머신러닝은 다양한 종류가 있지만 가장 많이 활용되는 지도 학습을 시스템에 통합하는 과정을 예로 들어 설명하겠다.

분류나 회귀 같은 지도 학습은 학습과 예측 두 단계로 구성된다. 학습 시점에 따라 배치 처리 학습과 실시간 처리 학습으로 나뉜다. 이번 절에서는 각 경우에 적합한 시스템 구성과 그 이유를 알아본다. 먼저 혼동하기 쉬운 용어를 정리해보자.

4.2.1 혼동하기 쉬운 '배치 처리'와 '배치 학습'

머신러닝에서 '배치'의 의미는 특별하다. 배치 처리와 어원은 같지만 머신러닝 문맥에서 배치는 대부분 '배치 학습'을 의미한다. '배치 학습'과 일반적인 '배치 처리'는 어떻게 다를까?

이번 장에서는 배치 처리와 대치하는 개념을 '실시간 처리'라고 부른다. 배치 처리는 일괄적으로 어떤 처리를 하는 것 또는 그러한 처리 자체를 의미한다. 이에 비해 실시간 처리는 실시간으로 전송되는 센서 데이터나 로그 데이터를 순차적으로 처리하는 것이라 정의한다.[1]

또한 이번 장에서는 '배치 처리'와 혼동을 피하기 위해 이후 배치 학습은 **일괄 학습**, 온라인 학습은 **순차 학습**으로 표현한다.

일괄 학습과 순차 학습은 모델을 학습할 때 데이터를 저장하는 방법이 다르다. 일괄 학습에서는 최적의 가중치 계산을 위해 모든 훈련 데이터가 필요하다. 일반적으로 훈련 데이터가 늘어날수록 메모리양도 그만큼 늘어난다. 예를 들어 구하는 가중치 w_target이 모든 가중치의 평균이었다고 가정하자. w_1에서 w_100까지 100개의 가중치가 존재할 때 일괄 학습에서는 다음과 같이 평균을 계산한다.

---

1 '몇 ms 안에 처리할 수 있는가'라는 관점을 '실시간 처리'라 생각할 수도 있다. 하지만 이 책에서는 편의상 처리 속도에 관계없이 순차적으로 처리하는 것을 의미한다.

```
sum = w_1 + w_2 + w_3 + ... + w_100
w_target = sum / 100
```

한편 순차 학습에서는 훈련 데이터를 하나씩 입력하면서 가중치를 계산한다. 예를 들어 어떤 시점에서의 가중치가 w_tmp라고 했을 때 평균을 계산하기 위해서는 총합인 sum과 요소 수인 cnt만 필요하다. 코드로 작성하면 다음과 같다.

```
sum = 0
cnt = 0
while has_weight():
  w_tmp = get_weight()
  sum += w_temp
  cnt += 1

w_target = sum / cnt
```

일괄 학습과 순차 학습은 학습 시 필요한 데이터 덩어리의 크기, 즉 학습에서의 최적화 정책이 다르다.[2]

배치 처리는 무엇을 처리하는 것일까? 사실 배치 처리라고만 하면 처리 대상과는 무관하지만 머신러닝에서 배치라고 하면 그 대상이 학습일 수도, 예측일 수도 있다. 실시간 처리 또한 학습일 수도, 예측일 수도 있다.

여기서 문제를 하나 풀어보자. 다음 중 처리 방법과 학습 방법을 잘 조합한 것은 무엇일까?

1 배치 처리로 일괄 학습

2 배치 처리로 순차 학습

3 실시간 처리로 일괄 학습

4 실시간 처리로 순차 학습

'일괄 학습은 배치 처리로만 가능하다' 또는 '순차 학습은 실시간 처리로만 가능하다'는 오해가 많다. 하지만 3번을 제외한 모든 조합이 가능하다. 1번과 4번 조합은 이해될 것이다. 2번은 어

------

2 일괄 학습과 순차 학습을 절충했다고 볼 수 있는 미니 배치 학습(mini-batch training)도 있다. 일정 크기로 데이터를 샘플링한 그룹을 만들고 이 그룹을 대상으로 일괄 처리를 반복한다. 확률적 경사 하강 알고리즘의 효과가 알려지면서 미니 배치가 급속히 확산되었으며 딥러닝에서 주로 활용한다.

떻게 가능할까? 순차 학습은 최적화 시 데이터를 한 건씩 처리하는 최적화 방침이다. 즉 배치 처리로 수집한 데이터를 일괄 처리하기는 해도 최적화 과정에서는 순차 학습을 할 수 있다.

예측 단계에서는 학습 단계의 최적화 정책이나 처리 방법에 관계없이 배치 처리와 실시간 처리를 이용한 예측이 모두 가능하다. 실제 학습을 할 때는 데이터를 유지할 수 없는 경우를 제외하면 배치 처리를 적용하는 것이 시행착오를 줄이는 데 유리하다.

계속해서 배치 처리에서 학습을 수행하는 세 가지 예측 패턴과 실시간 처리 패턴을 살펴보겠다. 패턴 구성은 다음과 같다.

- 배치 처리로 학습과 예측, 예측 결과를 DB에 저장하고 서비스를 제공
- 배치 처리로 학습, 실시간 처리로 예측, 예측 결과를 API 경유로 제공
- 배치 처리로 학습, 최종단 클라이언트에서의 실시간 처리로 예측
- 실시간 처리로 학습, 예측, 서비스를 제공

4.2.2 배치 처리로 학습과 예측, 예측 결과를 DB에 저장하고 서비스를 제공

웹 애플리케이션에 활용하기 좋은 패턴이며 첫 번째로 시도하기에 무난한 방법이다.

분류 문제 등에서 지도 학습 모델을 우선 일괄 학습한 다음 배치 처리로 예측을 수행하고 예측 결과를 DB에 저장한다.

예측을 배치 처리하고 애플리케이션 사이에서 그 결과를 DB를 통해 주고받기 때문에 웹 애플리케이션과 머신러닝 학습 부분을 서로 다른 언어로 구현할 수 있다는 장점이 있다. 또한 뒤에서 설명할 API 패턴과 달리 예측 처리에 다소 시간이 걸리더라도 애플리케이션에서의 응답에 영향을 미치지 않는다.

이 패턴의 특징은 다음과 같다.

- 예측에 필요한 정보는 예측 배치 처리를 실행할 때만 필요하다.
- 이벤트(예: 사용자의 웹 페이지 방문)에 대한 예측 결과를 즉시 반환하지 않아도 된다.

제품 설명처럼 변경하기 어려운 콘텐츠는 6시간 간격의 배치로 분류한다. 특정 날짜의 사용자 열람 정보에서 사용자 클러스터를 구분하는 작업은 일일 배치로 처리하는 것처럼 예측 실행 빈도가 1일 1회 이상(적어도 수 시간 간격)이더라도 큰 문제가 없는 대상 또는 결과에 적용하기

적합하다. 예를 들어 사용자의 액세스 로그를 참조로 개인화된 이메일을 보내는 작업 등이 해당한다.

이 패턴을 사용하는 시스템 구성은 [그림 4-1]과 같다. 웹 애플리케이션과 머신러닝을 수행하는 배치 시스템 사이에서의 정보 전달은 DB를 통해서만 이루어져 언어적 의존 관계가 발생하지 않는다. 즉 웹 애플리케이션에서 루비 온 레일즈ruby on rails를 사용했어도 파이썬이나 R로 배치 처리를 할 수 있어 알고리즘이나 특징을 선택하는 것과 같은 머신러닝 시행착오 주기를 짧게 할 수 있다.

그림 4-1 패턴 1: 배치 처리를 이용해 학습한 예측 결과를 DB를 통해서 얻는다.

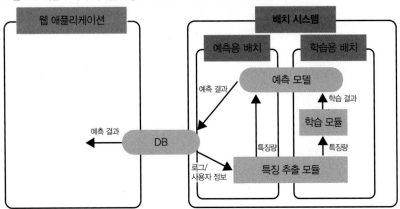

학습 단계(그림 4-2)에서는 로그 또는 사용자 정보에서 특징을 추출해 모델을 일괄적으로 학습한다. 학습을 완료한 모델은 직렬화해 저장소에 저장하고 예측 단계에서 활용한다.

학습 배치 실행 간격은 예측 간격보다 길게 설정한다. 재학습 수행 간격은 예측 대상의 변화 정도에 따라 달라진다. 정기적으로 재학습을 할 때는 '1.2.9 시스템에 통합하기'에서 소개한 황금 기준 등을 이용해서 재학습 이후 정확도가 낮아지지 않는지 확인한다.

그림 4-2 패턴 1: 학습 단계

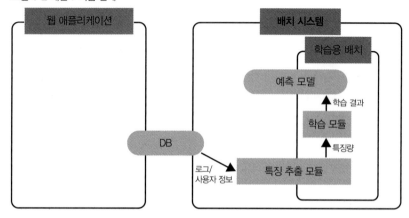

예측 단계(그림 4-3)에서는 학습 배치에서 만든 모델을 이용해 예측한다. 학습 배치와 마찬가지로 특징 추출기를 이용해 DB 데이터에서 특징량을 추출해 예측을 수행한다. 예측 결과는 웹 애플리케이션이 사용할 수 있는 형태로 가공해 DB에 저장한다.

다른 패턴보다 예측에 사용할 수 있는 시간이 여유롭다. 하지만 예측 대상 콘텐츠가 늘어날수록 처리 시간도 늘어난다. 데이터양 증가로 일 단위 작업 시간이 하루를 넘기는 등 계획한 시간 내에 처리가 끝나지 않을 수 있으니 주의해야 한다.

특히 모델을 자주 재학습하거나 사용하는 특징량 또는 알고리즘을 바꾸며 여러 모델을 만들 때는 예측 시간에 신경 써야 한다. 만약 데이터 특성이 크게 달라지지 않는 것이 확실하다면 새로 등록된 콘텐츠만 예측을 수행하는 전략을 택할 수도 있다. 모든 데이터를 다시 예측해야 하는 경우에는 병렬 작업 수를 늘리거나 아파치 스파크apache spark 같은 병렬 분산 처리 환경을 이용하는 것도 좋다.

그림 4-3 패턴 1: 예측 단계

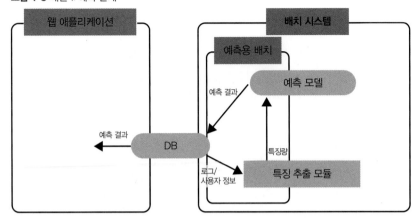

4.2.3 배치 처리로 학습, 실시간 처리로 예측, 예측 결과를 API 경유로 제공

웹 애플리케이션과 달리 예측 처리를 별도 API 서버에서 제공하는 패턴이다(그림 4-4). 배치 처리로 학습한다는 것은 다른 패턴과 동일하나 웹 애플리케이션 등의 클라이언트에서 예측 결과를 이용할 때는 API를 통해 실시간 처리 방식으로 수행한다. HTTP나 RPC 요청에 대한 응답으로 예측 결과를 반환하는 API 서버를 두는 것이 특징이다.

그림 4-4 패턴 2: 배치 처리로 학습한 예측 결과를 API를 경유해 얻는다.

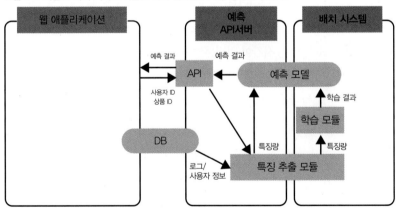

특징은 다음과 같다.

- 웹 애플리케이션 등의 클라이언트와 머신러닝에 사용하는 프로그래밍 언어를 분리할 수 있다.
- 웹 애플리케이션 등 클라이언트 측 이벤트가 발행했을 때 실시간으로 예측을 수행할 수 있다.

머신러닝 환경을 자유롭게 선택할 수 있어 프로토타이핑을 빠르게 구현할 수 있다. 다만 API 서버 개발 및 운용 등 시스템 개발 규모가 커지고 난이도도 높아져 실시간 처리로 얻는 이익이 적다면 선택하기 쉽지 않는 구성이다. 사이킷런 등의 라이브러리를 사용해 구현할 때는 API 서버를 직접 구현한다. 예측 서버 앞에 로드 밸런서^{load balancer}를 두고 부하량에 맞춰 예측 서버를 늘리거나 줄이는 등 웹 애플리케이션의 규모를 변경할 수 있는 구조가 필요하다. 간단하게 테스트를 해보고 싶다면 **구글 인공지능 예측 플랫폼**^{google AI platform prediction}, **애저 머신러닝**^{azure machine learning} 또는 **아마존 머신러닝**^{amazon machine learning} 같은 머신러닝 서비스나 BentoML,[3] Cortex[4] 같은 예측 결과 서빙 프레임워크를 이용해볼 수 있다. 최근에는 예측 API 서버를 직접 만들지 않고도 **AWS 람다**^{AWS lambda}나 **클라우드 런**^{cloud run}으로 이벤트에 맞춰 확장할 수 있는 환경도 구축할 수 있다. 아마존 일래스틱 컨테이너 서비스^{amazon elastic container service}나 구글 쿠버네티스 엔진^{google kubernetes engine}을 이용해 API 서버를 도커 이미지로 만들어서 컨테이너를 기반으로 한 확장도 가능하다.

이 패턴을 이용하면 예측 대상 클라이언트와의 결합을 여유 있게 만들 수 있다. 그래서 학습에 사용하는 알고리즘이나 특징량을 변경하며 다양한 모델을 이용한 A/B 테스트로 모델을 쉽게 비교할 수 있는 장점이 있다.

단 API 서버와 예측 결과를 이용하는 클라이언트 사이에서 통신을 수행해 예측 요청부터 응답을 받기까지 시간이 길어질 수 있다. 지연을 줄이고 싶다면 예측 결과나 특징량 등을 캐시해두는 등의 조치를 취해야 한다. 또한 많은 시간이 걸리는 예측은 HTTP나 RPC 등의 요청을 비동기 처리해서 결과를 기다리는 동안 다른 처리를 병행할 수 있도록 해야 한다. 실시간 예측에서 지연을 최소화하는 방법은 구글 클라우드 블로그 포스트[5]를 참고 바란다.

해당 패턴에서 파생돼 특징량 계산에 많은 시간이 걸리는 경우 미리 특징 벡터를 만들어 RDB 등에 캐시를 해두는 방법도 있다. 예를 들어 온라인 쇼핑 서비스를 제공하는 베이스^{BASE}에서는 유사 제품 이미지 검색에 근접 탐색을 사용해 비슷한 이미지의 인덱스를 미리 만들어두고 인덱

----

3 https://docs.bentoml.org/en/latest/

4 https://www.cortex.dev/

5 https://cloud.google.com/architecture/minimizing-predictive-serving-latency-in-machine-learning

스에 기반한 API 서버를 제공한다.[6] 단, 미리 특징 벡터를 만들어 캐시에 저장해야 하므로 복잡하다. 이러한 문제점과 해결 방안은 'Why We Need DevOps for ML Data(머신러닝 데이터를 위해 데브옵스가 필요한 이유)'[7]에 잘 정리되어 있다. 특징량을 캐싱하기 위한 구조인 피처 스토어feature store는 '6.3.3 학습 및 예측의 공통 처리 파이프라인'에서 설명한다.

4.2.4 배치 처리로 학습, 최종단 클라이언트에서의 실시간 처리로 예측

서버 사이드에서 배치 처리로 학습한 모델을 사용해 스마트폰(iOS나 안드로이드 등) 또는 브라우저의 자바스크립트, 임베디드 장치 등의 최종단 클라이언트에서 예측하는 패턴이다(그림 4-5). 학습 환경과 예측 환경이 크게 달라 예측 환경의 제약이 강하다는 것이 특징이다.

그림 4-5 패턴 3: 배치 처리로 학습한 모델을 사용해 최종단 클라이언트에서 예측한다.

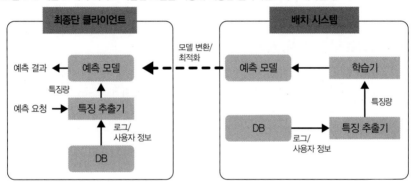

특징은 다음과 같다.

- 학습한 모델을 클라이언트에서 이용할 수 있는 크기로 최적화해서 변환한다.
- 클라이언트에서 예측을 수행해 통신 지연으로 인한 예측 시간을 줄인다.

텐서플로는 파이썬 API도 제공하지만 모바일 환경에서 예측을 할 때는 텐서플로 라이트 TensorFlow lite 형식으로 모델을 변환하면 스마트폰 운영체제(iOS나 안드로이드)에서 학습을 완료한 모델을 사용할 수 있다.[8] 또한 애플은 iOS 11부터 Core ML이라 불리는 iOS용 프레임워

---

6 https://speakerdeck.com/bokeneko/aws-ml-at-loft-number-11-base-lei-si-shang-pin-apifalseli-ce (일본어)

7 https://www.tecton.ai/blog/devops-ml-data/

8 https://www.tensorflow.org/lite/tutorials

크를 제공한다. Core ML을 이용하면 사이킷런이나 XGBoost, 케라스 등의 다양한 머신러닝 프레임워크에서 학습한 모델을 iOS용으로 변환할 수 있다.[9] 학습을 완료한 모델을 iOS용으로 변환하고 양자화 기법 등으로 모델 크기를 줄여 딥러닝용 칩에서의 빠른 예측 수행을 기대할 수 있다.

IoT 기기의 예측에서도 텐서플로 라이트를 사용하며 다양한 하드웨어 가속기hardware accelerator나 직접 개발한 칩을 활용해 빠르게 추론을 수행하기도 한다.

브라우저에서 예측할 때는 TensorFlow.js[10]를 사용해 자바스크립트에서 모델 전이 학습과 예측을 할 수 있다. 최근에는 웹어셈블리webassembly를 이용한 예측 고속화도 진행되고 있다.[11] [12] [13]

단 머신러닝 모델을 변환해 최종단 클라이언트 환경에 맞춰 배포해야 해 모델 관리나 배포에 어려움이 따른다.

4.2.5 실시간 처리로 학습, 예측, 서비스를 제공

4.2.1 혼동하기 쉬운 '배치 처리'와 '배치 학습'에서 실시간 처리로 학습하는 경우는 없다고 설명했지만 반드시 그런 것은 아니다. 실시간 처리로 학습해야 하는 상황은 무엇일까?

슬롯 머신 알고리즘 등의 일부 알고리즘이나 실시간 추천이 필요하다면 파라미터를 실시간으로 즉시 업데이트해야 한다. 이때는 메시지 큐message queue 등을 사용해 입출력 데이터를 주고받는 등 구성이 한층 복잡하다. 그러나 분류나 회귀 작업에서 모델을 즉각적으로 업데이트해야 하는 경우는 많지 않다.

비교적 짧은 간격으로 모델을 업데이트해야 한다면 임의의 간격 동안 쌓인 데이터는 배치 처리로 학습하고 최적화는 추가 학습이 가능한 미니 매치 학습 방법을 적용하는 것이 좋다.

9 https://coremltools.readme.io/docs

10 https://www.tensorflow.org/js?hl=ko

11 https://blog.tensorflow.org/2020/03/introducing-webassembly-backend-for-tensorflow-js.html

12 https://tkat0.github.io/posts/deploy-ml-as-wasm (일본어)

13 https://vaaaaaanquish.hatenablog.com/entry/2020/12/26/120837 (일본어)

4.2.6 각 패턴 특징

패턴의 특징을 [표 4-1]로 정리했다.

표 4-1 시스템 구성 패턴의 특징

패턴	일괄 학습+DB	일괄 학습+API	일괄 학습+최종단 클라이언트
예측	배치	요청 시	요청 시	요청 시
예측 결과 제공 방법	공유 DB 경유	REST/gRPC API 경유	프로세스 내 API 공유	MQ 공유
예측 요청~결과 지연	◎	○	◎	◎
신규 데이터 취득~예측 결과 전달 시간	긺	짧음	짧음	짧음
1건 예측할 때 소요 시간	긺	짧음	짧음	짧음

패턴을 선택할 때는 두 가지 요소를 잘 절충해야 한다. 첫째, 애플리케이션과 독립된 머신러닝 라이브러리를 갖춘 언어로 개발해야 한다. 둘째, 데이터 취득부터 예측 결과를 반환할 때까지의 간격이 짧아야 한다. 개발 속도와 처리 속도의 균형을 맞출 수 있는 적절한 패턴을 선택하기 바란다.

파이썬에서 학습한 모델을 다른 환경에서 사용하기

다양한 알고리즘과 많은 사용자를 확보한 사이킷런은 머신러닝의 사실상 표준 라이브러리이다. 사이킷런으로 학습한 모델을 스위프트^{swift}나 자바스크립트 등 다른 언어에서 사용하는 사례가 많다.

자바스크립트는 이를 구현한 지인에게 직접 물어보니 웹 애플리케이션 측 코드는 Node.js였으며 결정 트리나 로지스틱 회귀 같은 알고리즘을 Node.js로 다시 구현했다고 한다.[14] 머신러닝 라이브러리를 구현하는 것은 일반적인 프로그래밍보다 디버깅이 어려워 쉬운 선택은 아니었을 것이다.

---

14 https://www.slideshare.net/TokorotenNakayama/mlct (일본어)

이러한 문제를 해결하기 위한 것으로 언어나 프레임워크에 국한하지 않고 모델을 임포트/익스포트할 수 있는 PMML,[15] ONIX[16]와 같은 규격도 있다. 특히 ONIX는 딥러닝 프레임워크인 파이토치를 중심으로 사용되며 다양한 방법으로 예측 서버를 만들 수 있다.[17] 단 모든 기능을 지원하지는 않으니 주의해야 한다.

4.3 훈련 데이터를 얻기 위한 로그 설계

이번 절에서는 머신러닝 시스템의 훈련 데이터를 얻기 위한 로그 설계와 특징량을 설명한다.

머신러닝 중에서도 특히 지도 학습을 수행하려면 웹 애플리케이션 로그나 사용자 클릭 로그 등을 모든 데이터에서 수집해 특징량을 추출해야 한다.

> **NOTE_** 머신러닝에 입력이 되는 훈련 데이터는 일반적으로 시스템 로그를 사용해서 만든다.

로그는 DB 같은 데이터와 달리 스키마schema를 갖지 않으며 기록하지 않은 데이터를 나중에 얻기 어려워 시스템 차원에서 로그를 적용하는 다양한 요령이 생겼다. 로그 설계는 특징량 결정에서 매우 중요하다. 예를 들어 여러 회사에서 사용하는 웹 서비스별로 사용자 ID가 다른 경우에는 쿠키 등에 UUID를 삽입해 ID를 모아서 보는 방법을 고려해야 한다. 하지만 UUID를 기록하지 않으면 사용자 ID와 연동할 수 없어 둘 이상의 서비스에 걸친 특징량을 얻을 수 없다. 특징량 엔지니어링feature engineering이라는 용어도 있듯이 특징량을 결정할 때는 시행착오가 필요하다. 하지만 로그에 없는 정보를 만들기 위한 별도의 처리를 하는 것보다는 미리 로그에 삽입해두는 편이 훨씬 간단하다. 필요한 로그를 얻기 위해 어떤 정보가 필요한지 생각하자.

이번 절에서는 어디에 있는 어떤 정보를 사용해 훈련 데이터로 활용하는지를 알아본다. 구체적인 훈련 데이터의 상세한 수집 방법은 5장, 운영 환경에서 운영 후의 피드백 루프를 고려한 평가는 '6.4.2 정기적인 테스트'에서 설명한다.

---

15 http://dmg.org/pmml/v4-3/GeneralStructure.html
16 https://onnx.ai/
17 https://github.com/onnx/tutorials#serving

4.3.1 특징량과 훈련 데이터에 사용할 정보

특징량이나 훈련 데이터에 사용할 정보는 크게 세 가지로 분류할 수 있다.

- 사용자 정보
- 콘텐츠 정보
- 사용자 행동 로그

사용자 정보는 사용자가 가입할 때 제공하는 정보로 성별 같은 속성 정보를 말한다. **콘텐츠 정보**는 블로그 서비스의 포스팅이나 상품 정보 등이 해당한다. 일반적으로 MySQL을 중심으로 하는 **온라인 트랜잭션 처리**online transaction processing(OLTP)용 RDBMS에 저장된다. **사용자 행동 로그**는 사용자가 페이지에 접속했을 때의 기록(액세스 로그) 또는 사용자가 제품을 구입한 이벤트 로그다. 특히 광고 클릭 이벤트나 제품 구매 같은 컨버전과 직결되는 정보가 많아 훈련 데이터로 활용하기 좋으니 적절하게 수집하도록 한다. 사용자 행동 로그는 데이터양이 많아 주로 객체 저장소나 분산 RDBMS, 하둡hadoop 파일 시스템 등에 저장한다.

4.3.2 로그 저장 위치

데이터양이 많은 사용자 행동 로그는 저장 위치에 각별히 주의해야 한다. MySQL이나 PostgreSQL 같은 RDMBS에 저장하면 나중에 모든 데이터의 경향을 살피는 작업이 어렵다. 이 유형의 데이터는 머신러닝뿐만 아니라 보고서나 대시보드 등 집계 처리를 이용해 시각화하는 경우에도 많이 사용한다. 다음과 같은 저장 방법을 생각할 수 있다.

1 분산 RDMBS, 데이터 웨어하우스(DWH)에 저장한다.
2 분산 처리 기반의 하둡 클러스터인 하둡 분산 파일 시스템(HDFS)에 저장한다.
3 클라우드의 오브젝트 스토리지에 저장한다.

어떤 방법을 사용하든 공통적으로 SQL로 데이터에 접근할 수 있어야 한다. SQL로 데이터에 접근할 수 있으면 별도의 프로그램을 작성하지 않고도 다양한 분석을 할 수 있다. 데이터 내에서 필요한 정보를 선별해 전송할 수 있어 데이터 전송 비용도 낮아진다. 최근에는 **아마존 레드시프트**Amazon Redshift나 **구글 빅쿼리**Google BigQuery 같은 풀 매니지먼트가 가능한 클라우드형 분산 DB 서비스가 제공되고 있어 더욱 쉽게 데이터 웨어하우스를 구축할 수 있다.

온프레미스On-premise 제약이 있다면 아파치 하둡을 이용한 분산 파일 시스템인 HDFS에 저장하는 것도 좋다. **아파치 하이브**Apache Hive, **아파치 임팔라**Apache Impala, **프레스토**Presto 등 하둡과 조합해 동작하는 SQL 엔진을 사용하면 SQL로 데이터에 손쉽게 접근할 수 있다. SQL과 **아파치 스파크** Apache Spark를 조합해 DataFrame API를 사용한 절차적 처리도 고려할 수 있다.

하둡 사용과 비슷한 클라우드 저장소를 이용하는 방법도 있다. 이때는 **AWS 글루**AWS Glue나 **구글 클라우드 데이터프록**Google Could Dataproc, **애저 HDinsight**Azure HDInsight 같은 매니지드 분산 처리 서비스를 사용해 SQL이나 맵리듀스뿐만 아니라 스파크를 사용한 복잡한 처리도 할 수 있다. 최근에는 아마존 S3Amazon S3 같은 객체 저장소에 저장하고 임팔라, 하이브, 프레스토 또는 **AWS 아테나**AWS Athena로 쿼리를 직접 실행하는 형태도 늘고 있다. 하지만 최종적으로는 데이터 웨어하우스에 저장해 SQL로 접근할 수 있도록 하는 것이 좋다. 정제되지 않은 데이터를 사용해서는 탐색적인 데이터 분석을 수행하는 것이 어렵다.

SQL을 사용해 데이터들을 집계해서 처리한 후 머신러닝용 데이터셋으로 이용한다.

이미 웹 애플리케이션을 운용한다면 클라우드 저장소나 분산 데이터베이스에 로그 데이터를 저장하고 있을 것이다. 다음과 같은 매니지드 클라우드 서비스를 이용하면 관리 비용을 절감할 수 있다.

- **클라우드 스토리지**
    - 아마존 S3
    - 구글 클라우드 스토리지
    - MS 애저 Blob 스토리지Microsoft Azure Blob Storage

- **매니지드 데이터 웨어하우스/분산 DB**
    - 아마존 레드시프트
    - 구글 빅쿼리
    - 트레저 데이터Treasure Data
    - 스노플레이크Snowflake

로그는 Fluentd나 **아파치 플룸**Apache Flume, **로그스태시**Logstash 같은 로그 수집 소프트웨어로 수집한 후 저장 장소로 전송한다. 최근에는 Embulk 같이 배치로 데이터를 전송하는 소프트웨어나 분산 메시징 시스템인 **아파치 카프카**Apache Kafka를 활용해 스케줄링 로그 수집 기반을 만들거나 **구글 클라우드 로깅**Google Cloud Logging 같은 매니지드 로그 관리 서비스를 이용하는 등 다양한 선택지가 있다.

4.3.3 로그 설계 시 주의점

머신러닝을 포함한 시스템을 개발할 때는 특징량을 추출하는 과정에서 많은 시행착오를 겪는다. 첫 시도에 유효한 특징량을 찾아내기는 어렵다. 미래에 필요할 수도 있는 사용자 정보나 콘텐츠 정보를 미리 고려해 설계 시 반영해야 한다.

KPI를 설계할 때는 가능한 적은 지표 수를 설정하는 것이 좋지만 머신러닝에 사용하는 정보는 많은 편이 좋다. 필요에 맞춰 특징량을 선택하는 로직을 추가하거나 차원 축소를 할 수는 있지만 존재하지 않는 정보를 늘리기는 어렵다. 예를 들어 사용자의 광고 클릭 여부를 예측한다고 할 때 성별, 방문 시간대, 광고 유형 등 예측에 관련된 다양한 정보를 확보하는 것이 좋다.

현재 수집 중인 로그에서 훈련 데이터를 만들지 것인지도 고려해야 한다. 실제로 '광고를 클릭한 로그'는 저장했지만 '광고를 표시한 로그'는 데이터양이 너무 많아 파기한 경우가 있다. 이때 '광고가 표시되었지만 클릭하지 않았다는 로그'가 없기 때문에 훈련 데이터를 제대로 만들 수 없어 클릭 예측을 할 수 없었다.

마스터 데이터의 변경 이력을 저장하지 않은 사례도 있었다. 제품 설명 문구와 판매 실적 사이의 관계를 조사하고자 한다는 요청으로 구매 로그와 제품 마스터 정보를 받았다. 하지만 제품 설명 문구를 수정하면 상품 정보 자체가 수정되는 형태였기 때문에 어떤 설명 문구가 어떤 시점에 사용되었는지 알 수 없었다. 이러한 이유로 충분한 조사가 불가능했다.

이처럼 시스템 개발 및 운영 주체와 분석 주체가 분리되어 있으면 검증에 필요한 데이터, 즉 전환으로 이어지지 않은 부정적인 데이터나 마스터 데이터 업데이트 이력과 같은 중요한 데이터가 버려지게 된다. 주의하자.

로그 포맷 변경도 주의해야 한다. 머신러닝에서는 데이터양이 많을수록 만족스러운 결과를 얻을 가능성이 높다. 장기간 데이터를 축적한 상태에서 서비스 기능 추가나 사양 변경에 따라 로그 포맷이 달라져 수집하는 정보가 변하기도 한다. 이러한 경우 다음과 같이 몇 가지 선택지가 존재한다.

- 많은 양의 데이터를 사용하고자 하므로 오래된 특징량 모델을 계속 사용한다.
- 가능한 과거 특징량을 계산하는 보조 수단을 적용하고(backfill) 새로운 특징량 모델을 이용한다.
- 1과 2로 각각 학습한 모델을 조합한다(앙상블 학습).

앙상블 학습은 정확도가 높은 모델을 얻을 가능성이 가장 높지만 그만큼 복잡한 모델을 관리해야 한다. 실제로도 오랜 기간 수집한 데이터를 사용하면 과거의 변화도 반영되기 때문에 모델 정확도를 향상시키기 어려울 수도 있다. 기간을 나누어 학습하는 방법이나 데이터양이 충분할 경우 새로운 특징량 모델로 전환하는 방법을 검토할 수 있다. 어떤 방법을 선택하든 실험을 통해 결과를 비교해야 한다.

대규모 데이터를 전송하는 비용

대규모 데이터를 이용한 머신러닝에서는 데이터 전송 시간이 가장 큰 병목이다. 필자의 경험으로 봤을 때 1GB를 넘는 로그를 일괄로 내려받아 그대로 메모리에 올려 관리하는$^{on-memory}$ 방법은 포기하는 것이 좋다.

사이킷런을 사용해 학습할 때는 반드시 머신러닝 배치 처리 서버로 데이터를 전송해야 한다. 전송 시간을 줄이기 위해서는 분산 RDBMS를 사용해 데이터 웨어하우스에 MySQL과 같은 온라인 트랜잭션 처리(OLTP) 서버와 데이터를 동기화하고 가능한 분산 RDBMS에서 SQL로 전처리되도록 구성하는 것이 좋다.

대규모 데이터에 복잡한 전처리를 정기적으로 수행해야 한다면 아마존 S3에 저장한 데이터를 AWS 글루로 가공하는 등 되도록 로컬 머신으로 다운로드하지 않는 방법을 고려해야 한다.

4.4 정리

이번 장에서는 머신러닝을 기존 시스템에 통합하기 위한 설계와 로그 설계를 설명했다.

배치 학습을 통해 얻은 모델의 예측 결과를 호출하는 패턴은 네 가지다.

- 배치 처리로 학습과 예측, 예측 결과를 DB에 저장하고 서비스를 제공한다.
- 배치 처리로 학습, 실시간 처리로 예측, 예측 결과를 API로 제공한다.
- 배치 처리로 학습, 최종단 클라이언트에서의 실시간 처리로 예측한다.
- 실시간 처리로 학습, 예측, 서비스를 제공한다.

로그 설계에 맞춰 특징량이나 훈련 데이터를 만드는 것이 중요하다. 또한 가능한 재작업이 적도록 설계해야 한다. 더 자세한 아키텍처 패턴은 메루카리의 머신러닝 개발자가 쓴 '機械学習 システム デザインパターン(머신러닝 시스템 디자인 패턴)'[18]을 참고 바란다. 특히 안티 패턴은 실제 실패 사례에서 얻은 교훈을 모아둔 것이니 꼭 읽어보기 바란다.

---

[18] https://mercari.github.io/ml-system-design-pattern/README_ja.html (일본어)

## CHAPTER 5

학습 리소스 수집하기

비즈니스에 필요한 지식을 얻기 위해 비지도 학습을 사용하기도 하지만 분류나 회귀 등 지도 학습이나 추론 시스템 등의 성능을 높이려면 정답 정보가 포함된 데이터나 말뭉치, 사전 등 더욱 많은 양질의 데이터가 필요하다. 이번 장에서는 지도 학습에 필요한 학습용 데이터 수집 방법을 설명한다.

머신러닝을 실제 서비스에 적용하려면 공개된 데이터셋만을 활용하는 것으로는 부족하다. 여러분이 설정한 문제 자체가 다른 것도 큰 이유 중 하나다. 이번 장에서는 깔끔하지는 않지만 머신러닝에서 중요한 훈련 데이터를 만드는 방법을 알아본다.

5.1 학습 리소스 수집 방법

지도 학습에서는 훈련 데이터가 반드시 필요하다. 그렇다면 훈련 데이터는 어떻게 구성될까? 지도 학습의 훈련 데이터는 크게 두 가지를 포함한다.

- 입력: 액세스 로그 등에서 추출한 특징량
- 출력: 분류 레이블 또는 예측값

그림 5-1 머신러닝(지도 학습) 개요

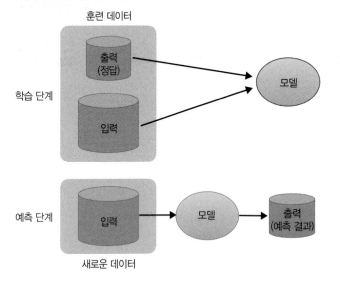

특징량을 찾아내는 시행착오는 앞서 설명했다. 보통 휴리스틱heuristic으로 판단해 추가한다. 출력 레이블이나 예측값은 다음의 방법으로 부여할 수 있다.

- 서비스에 로그 사양을 정의하고 로그에서 추출(자동)
- 콘텐츠를 사람이 직접 확인하고 부여(수동)
- 기계적으로 정보를 부여하고 결과를 사람이 확인(자동+수동)

이번 장에서는 훈련 데이터를 만드는 주체가 누구인지라는 관점에서 설명한다.

- 공개된 데이터셋이나 모델 활용
- 개발자가 직접 훈련 데이터 작성
- 동료나 지인에게 데이터 입력 요청
- 크라우드소싱 활용
- 서비스에 통합해서 사용자가 입력

5.2 공개된 데이터셋이나 모델 활용

기존의 학습 완료 모델이나 대회용 데이터셋으로 기본 학습을 마친 모델을 사용하는 방법이다. 이번 절에서는 이러한 데이터 수집 방법을 설명한다.

공개된 데이터셋으로는 UCI 머신러닝 저장소^{UCI machine learning repository}[1] 또는 머신러닝 경진대회 사이트인 캐글[2]이 유명하다. 캐글에서는 여러 경진대회에서 사용됐거나 일반 사용자가 올린 데이터셋을 제공한다. 이미지 인식 분야에서는 일반 물체 인식용 이미지넷^{ImageNet}[3] 등 태그를 붙인 데이터셋을 공개하고 있다. 직접 학습에 쓰는 데이터는 아니지만 딥러닝용 라이브러리에서는 이미 학습을 끝낸 pre-trained 모델을 텐서플로 허브^{TensorFlow Hub}[4]나 파이토치 허브^{PyTorch Hub}[5]에서 공개하고 있다.

하지만 이 방법들을 사용할 때는 몇 가지 주의할 점이 있다.

- 모델이나 데이터셋의 라이선스는 상업적으로 사용할 수 있는가?
- 내가 운용하는 시스템이나 서비스에 학습 완료된 모델이나 데이터셋을 적용할 수 있는가?

첫째, 레이블이 붙은 데이터는 대학 등에서 연구비를 투자해 만든 것이 많다. 결과적으로 라이선스가 연구 목적에 한정되었을 때가 많다. 이 데이터 대부분은 OSS 라이선스처럼 표준화되어 있지 않다. 데이터가 웹에 공개되었어도 실제로 이용할 수 없는 경우도 많다. 모델이나 데이터셋의 적용 및 사용 가능 여부는 반드시 확인한다. 또한 데이터로 만든 모델 등을 재배포할 때도 원 데이터의 제한을 받을 수 있다. 재배포 여부와 관계없이 원 정보원을 명확하게 관리하는 것이 좋다.

둘째, 배포된 데이터의 도메인이 실제 사용하는 것과 다를 때는 별도의 처리가 필요한 경우가 많다. 이 주제는 책에서 자세히 설명하지 않으나 관심 있다면 **반지도 학습**^{semi-supervised learning}이나 **전이 학습**^{transfer learning},[22] **파인 튜닝**^{fine-tuning}[6] 등도 확인하기 바란다.

특히 이미지 속 물체를 인식하는 작업에서는 전이 학습으로 기존 학습 모델에 해결하고자 하는 이미지와 관련된 정답 데이터셋을 추가해 적은 비용으로 원하는 이미지를 인식하는 모델을 학습할 수 있다. 드라마 〈실리콘밸리^{Silicon Valley}〉에서 사용된 핫도그 인식기가 이 방식으로 만들어졌다.[7]

----

1 http://archive.ics.uci.edu/ml/
2 https://www.kaggle.com/
3 http://www.image-net.org/
4 https://tfhub.dev/
5 https://pytorch.org/hub/
6 https://keras.io/guides/transfer_learning/
7 https://aws.amazon.com/jp/blogs/startups/building-a-hotdog-detecting-app-on-aws-yes-really/

최근에는 딥러닝 학습을 완료한 모델로 임베딩을 수행하는 방식도 늘어났다. BERT를 사용해 세부적으로 분류 모델을 조절해 학습하는 방법도 허깅페이스huggingface의 transformers[8][9] 같은 OSS를 이용해 간단히 구현할 수 있다.

실무에서는 기존 데이터셋만으로 풀 수 있는 문제가 한정되었다. 자신의 데이터셋을 만드는 방법을 고려해야 한다.

5.3 개발자가 직접 훈련 데이터 작성

기존 데이터를 활용할 수 없을 때는 필요한 훈련 데이터를 개발자가 직접 만든다. 특히 특징량으로 선택하는 데이터가 성능에 직접적인 영향을 주는 경우가 많아 직접 훈련 데이터를 만드는 것은 매우 중요하다.

먼저 해결하고자 하는 문제가 분류인지 회귀인지 고려한다.

예를 들어 소셜 북마크 서비스에서 분류를 예측하는 문제를 가정해보자.[10] 소셜 북마크는 온라인에서 흥미 있는 웹 사이트를 공유하는 서비스로 공유 아이템을 정리하기 쉽게 자동으로 분류한다.

정해진 수의 범주를 예측하는 문제이므로 분류 문제가 된다. 먼저 '정치', '연예', '기술', '생활' 등의 분류를 정의한다. 그런 다음 각 분류에 속하는 콘텐츠를 1천 건 정도씩 수집해 직접 분류한다. '수집' 방법은 다양하다. 기존 콘텐츠가 있다면 특정 키워드가 포함된 콘텐츠를 정답 데이터로 간주할 수 있다. 이렇게 특정 기준에 따라 콘텐츠를 정답 범주로 분류한다. 이 방식으로 첫 번째 개발 데이터를 만든다.

'1천 건 정도'라는 것은 어디까지나 대략적인 기준이다. 실제로는 이보다 적은 데이터로 해결할 수 있는 문제도 있다. 그러나 범주별로 이 정도의 데이터양이 있다면 최초 단계로는 충분하다.

머신러닝으로 해결하는 문제는 대부분 사람이 직접 답을 낼 수 있는 문제이다. 사람이 어떤 정보를 사용해 범주를 나누는지 훈련 데이터를 만들면서 주의 깊게 생각한다.

---

8 https://github.com/huggingface/transformers
9 https://huggingface.co/transformers/pretrained_models.html
10 https://ko.wikipedia.org/wiki/소셜_북마크

데이터를 다루다 보면 사람이 보기에도 판단하기 힘든 데이터가 있다. 예를 들어 '아이돌이 국무총리와 스포츠 응원 이벤트를 했다'는 내용의 기사가 있다고 가정하자. 기사는 '연예', '정치' 모두에 해당한다. 이때 배타적인 분류로 할 것인지 한 콘텐츠가 여러 범주에 속하도록 할 것인지도 고려해야 한다. 기준에 따라 사용할 알고리즘이나 예측 방법이 달라진다. 데이터를 보기 전에 미리 정한 범주를 사용하는 것이 좋은지 혹은 정의를 업데이트하는 편이 좋은지도 고려하면서 진행한다.

데이터를 직접 분류하다 보면 '기사 제목에 포함된 단어가 범주를 나누는 데 필요할 것 같다'와 같은 통찰을 얻게 된다. '필요할 것 같다'고 생각한 정보를 특징량에 포함시켜서 성능을 개선할 수도 있다. 이와 같이 '무엇이 중요한지' 아는 것을 소위 '도메인 지식'이라 부른다. 좋은 레이블을 만들어 정확도 높은 모델을 학습하기 위해 매우 중요하다.

이러한 방식으로 모든 데이터에 범주를 부여하면 다른 사람에게 충분히 설명할 수 있을 만큼 정의된다. 만들어진 기준이나 분류에 맞추기 어려운 콘텐츠는 판단 기준과 실례를 남겨놓는 것이 좋다. 소스 코드처럼 미래의 자신에게 설명할 수 있도록 기준을 정리한다.

이 방법은 학습용 데이터를 만들기 위한 첫 단계로 바람직하다. 그러나 범주를 부여해야 할 콘텐츠 양이 늘어나면 적용하기 힘들다. 자신만의 느낌으로 분류를 하면 편견이 개입되어 실제 사용자의 느낌과 어긋나는 결과물이 될 수 있으니 주의해야 한다.

다음으로 이러한 단점을 해결하기 위한 방법을 알아본다.

5.4 동료나 지인에게 데이터 입력 요청

대량의 데이터가 필요할 때 선택할 수 있는 몇 가지 방법이 있다. 가장 쉬운 방법 중 하나는 동료나 지인에게 도움을 받는 것이다. 외주를 의뢰하기도 하지만 비용 걱정을 하지 않아도 되는 방법을 먼저 시도해보기 좋다.

가장 단순한 방법으로 스프레드시트에 대상 데이터를 나열하고 레이블을 부여하는 것이 있다. 구글 스프레드시트 등 브라우저로 공유할 수 있는 애플리케이션을 사용하면 데이터를 간단히 병합할 수 있고 중복 작업의 위험도 적다.

가능하다면 레이블 부여를 지원하는 도구를 만들어 사용하는 것이 가장 좋다. 중복 작업이나 작업자 간 간섭에서 더욱 자유로울 수 있다. 이미지 영역 선택 작업 등 스프레드시트만으로 해결할 수 없을 때는 어노테이션 도구를 만들거나 기존의 전용 도구를 이용한다.

여러 명에게 작업을 의뢰할 때는 사전에 데이터 내용을 말로 표현할 수 있도록 작업 내용이나 판단 기준을 확실하게 설명한다. 혼자 작업할 때와 여럿이 작업할 때는 암묵적인 기준을 일관되게 적용하기 힘들다. 특히 분류 문제는 대상을 가능한 명확하게 표현하는 데이터를 준비해야 높은 품질의 데이터를 얻을 수 있어 분류 기준을 문서화하는 것이 바람직하다.

여럿이 작업할 때는 같은 데이터에 여러 사람이 정답을 부여하는 것도 중요하다. 정답 레이블의 방향성이 일치하도록 기준을 만들어도 사람에 따라 판단이 달라지기도 한다. 예를 들어 '음색만으로 희로애락을 판단한다'처럼 사람조차 판단하기 어려운 문제가 존재한다. 여러 사람이 함께 작업할 때는 부여한 정답 데이터가 작업자 사이에서 일치하는 정도를 파악해야 한다. 단순히 작업자 사이의 일치율을 보는 것만으로도 문제의 난이도를 파악할 수 있다. 작업자 사이에서도 50% 이상 일치하지 않는 작업은 머신러닝을 이용하더라도 풀지 못할 가능성이 매우 높다. 또한 우연히 일치할 가능성을 고려한 기준인 **카파 계수**Kappa coefficient(K계수)로 문제의 난이도를 판단할 수도 있다.

또한 다른 작업자의 정답 데이터를 보지 못하도록 해야 한다. 상대방의 작업 데이터를 보면 모델이 편향에 의해 치우친 학습을 할 우려가 있다.

5.5 크라우드소싱 활용

데이터양을 늘릴 수 있는 다른 방법으로 **크라우드소싱**crowd sourcing이 있다. 크라우드소싱은 랜서스[11]나 크라우드웍스[12]처럼 다수의 불특정 사용자가 경쟁하는 방식(공모형)을 떠올리기 쉽다. 하지만 크라우드소싱에는 공모형 외에도 아마존 미캐니컬 터크Amazon Mechanical Turk[13]나 야후! 크라우드소싱Yahoo! Crowd Sourcing[14]과 같은 마이크로 태스크 방식(단기간에 가능한 단순 작업을 의

---

11   https://www.lancers.jp/ (일본어)
12   https://crowdworks.jp/ (일본어)
13   https://www.mturk.com/
14   https://crowdsourcing.yahoo.co.jp/ (일본어)

뢰하는 형태)도 있다. 마이크로 태스크는 공모형과 달리 다수의 일반인이 모여 협업을 한다는 점이 다르다.

특히 머신러닝의 훈련 데이터 만들기와 마이크로 태스크 방식의 크라우드소싱은 매우 잘 맞는 방식이어서 국내외에서 많이 사용된다. 또한 기업에서 크라우드소싱으로 훈련 데이터를 만드는 경우도 늘고 있다.

현재는 구글 클라우드의 AI 플랫폼 레이블링 서비스[15]나 아마존 세이지메이커 그라운드 트루스Amazon SageMaker Ground Truth[16]처럼 머신러닝 크라우드 서비스 안에서 크라우드소싱으로 레이블을 부여할 수도 있다.

크라우드소싱으로 데이터를 만들 때는 다음과 같은 장점이 있다.

- 전문가를 고용하는 것보다 비교적 저렴한 가격에 빠른 속도로 데이터를 얻을 수 있다.
- 작업 속도가 빨라 그만큼 시행착오를 여러 번 반복할 수 있다.
- 비용이 적어 여러 사람에게 같은 일을 맡겨 중복성 있는 데이터를 만들 수 있다.

특히 데이터양이 적은 적절한 난이도의 문제라면 한두 시간 안에 처리되기도 한다. 더 나은 데이터를 얻기 위해 시행착오를 반복할 수 있다는 점도 매력적이다.

다음과 같은 점에는 주의해야 한다.

- 작업자가 단시간에 풀 수 있도록 해야 해 작업 설계가 어렵다.
- 높은 전문성을 요하는 작업은 그 순서를 구분하거나 상세히 설명해야 한다.
- 작업 결과의 품질을 높이기 위해 결과를 가공할 때 주의한다.

결과의 품질을 높이려면 시행착오와 노하우가 필요하다. 같은 작업을 여러 사람에게 맡겨 중복된 데이터를 얻은 뒤 다수결 정보 레이블을 따로 부여하거나 미리 연습 문제를 풀게 하거나 설문조사를 진행해 작업자를 걸러내는 방법도 있다. 이 방식으로 어느 정도 품질을 보장하면서도 대량의 데이터를 얻을 수 있다.

모든 데이터를 직접 확인하기는 불가능하다. 데이터를 얻은 후의 품질 평가 방법도 미리 고려한다. 예를 들어 분류용 데이터는 '범주별로 샘플링해서 범주가 적절하게 부여되었는지 확인'하는 표본 추출 방법을 많이 사용한다.

---

15 https://cloud.google.com/ai-platform/data-labeling/docs

16 https://aws.amazon.com/ko/sagemaker/groundtruth/?nc1=h_ls

5.6 서비스에 통합해서 사용자가 입력

훈련 데이터를 반드시 직접 수집해야 하는 것은 아니다. 정답 데이터를 서비스 사용자가 입력하도록 할 수도 있다. 넓은 의미에서는 크라우드소싱의 하나라고 할 수도 있지만 자사 서비스를 제공할 때 해당 서비스를 잘 알고 있는 사용자의 도움을 받을 수 있다는 것이 장점이다.

일반 사용자 대상의 서비스라면 직접 간단한 설문을 하거나 콘텐츠의 태그를 사용자가 부여하게 한다. 혹은 콘텐츠 범주를 신청받거나 탐색 결과나 추천 결과 중 적절하지 않은 콘텐츠를 신고받는 등 서비스 안에 데이터 수집 기능을 포함시킬 수 있다. 일정 규모 이상의 사용자가 확보되고 사용자에게 보상도 제공해야 하지만 정답 데이터로 사용할 데이터를 얻을 수 있다. 이 방법의 예로 사람인지 판단하기 위해 이미지 안의 문자를 읽도록 하는 reCAPTCHA[17]를 꼽을 수 있다. 아마존은 검색 결과의 피드백을 사용자에게 받는 폼을 적용해 적극적으로 활용하고 있다.

이 방식은 신규 콘텐츠에 대해서도 지속적으로 정답 데이터를 늘려갈 수 있어 변화에 쉽게 대응할 수 있다는 장점도 따라온다.

5.7 정리

이번 장에서는 지도 학습에서 사용할 학습 리소스를 수집하는 방법을 설명했다. 구체적으로는 공개된 데이터셋이나 모델을 활용하는 방법, 개발자가 직접 훈련 데이터를 만드는 방법, 동료나 지인에게 데이터를 입력받는 방법, 크라우드소싱을 활용하는 방법, 서비스에 삽입해 사용자에게 입력받는 방법을 알아봤다.

좋은 품질의 데이터를 충분히 확보하는 일은 머신러닝의 중요한 핵심 중 하나다. 여러분이 진행하는 프로젝트에 맞는 적절한 방법을 선택해보기 바란다.

---

17 https://ko.wikipedia.org/wiki/ReCAPTCHA

## CHAPTER 6

지속적인 머신러닝 활용을 위한 기반 구축하기

4장에서는 머신러닝을 기존 시스템에 통합하는 방법의 기본적인 설계 방법을 설명했다. 이번 장에서는 장기적인 관점에서 시스템 운영을 위한 머신러닝 인프라를 구현할 때의 고려 사항을 살펴본다.

6.1 머신러닝 시스템만의 독특한 어려움

'1.3 운용 시스템에서의 머신러닝 문제점 대처 방법'에서도 설명했지만 대규모 머신러닝 시스템은 기존 소프트웨어에서는 크게 신경 쓰지 않았다는 문제가 있었다. 이번 절에서는 머신러닝 시스템만이 가진 독특한 문제를 알아본다.

대규모 머신러닝 시스템이 가진 세 가지 독특한 문제점은 다음과 같다.

1 데이터 과학자 vs. 소프트웨어 개발자
2 동일한 예측 결과를 얻기 어렵다.
3 지속적인 학습과 서빙이 필요하다.

6.1.1 데이터 과학자 vs. 소프트웨어 개발자

[그림 6-1]은 전형적인 머신러닝 예측 모델 개발 워크플로의 예다.

그림 6-1 전형적인 예측 모델의 개발 워크플로

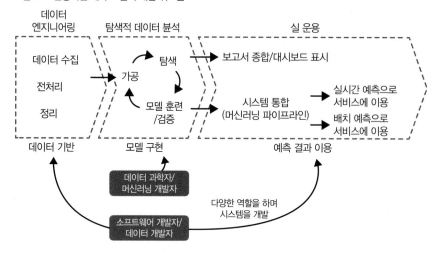

[그림 6-1]에서 보면 알 수 있듯이 먼저 데이터 기반의 데이터를 수집한다. 필요한 데이터를 가공하거나 시각화하는 등 탐색적 데이터 분석^{exploratory data analysis}(EDA)을 수행한 후 학습 모델 또는 예측 결과를 실제 운영 환경에 배포한다.

데이터 과학자나 머신러닝 개발자가 탐색적 모델 개발 영역을 담당한다. 개발 및 운영은 소프트웨어 개발자나 데이터 과학자가 담당한다. 즉 머신러닝 과정에서는 다양한 역할에 걸쳐 시스템을 개발하는 경우가 많다.

이러한 특징을 가진 머신러닝 업무에서는 데이터 과학자와 소프트웨어 개발자가 함께 작업해야 한다. 단 여기에는 커다란 문제가 하나 있다. 대부분 데이터 과학자는 분석가 또는 연구원 출신이기에 소프트웨어 개발 지식이나 경험이 많지 않다. 데이터 과학자는 파이썬이나 R 같은 스크립트 언어를 선호하며 깃^{Git}을 사용한 버전 관리나 단위 테스트에는 익숙하지 않다. 즉 머신러닝 예측 모델 개발 과정에서 소프트웨어 개발자는 기본적으로 갖추고 있을 만한 스킬셋을 갖지 못한 상태에서 협업을 해야만 한다.

데이터 과학자의 KPI는 분석 결과에서 도출한 후 액션이나 높은 정확도의 예측 모델을 사용한 매출 개선 등이다. 익숙한 도구를 자유롭게 사용해 가장 짧은 기간에 결과를 내는 것, 즉 빠른 반복 주기의 시행착오를 중시하는 반면 유지보수성이나 재사용성이 높은 코드를 만드는 것은 우선순위가 낮다.

소프트웨어 개발자는 시스템이 운영 환경에서 잘 운영되도록 개발하는 것을 중시한다. 데이터 과학자가 만든 예측 모델에서 얻은 결과를 안정적으로 서빙하고 시스템이 고장 나지 않는 것이 우선순위가 높다. 머신러닝 개발 과정 중 생성되는 모델이나 데이터가 많다. 이를 안전하게 배포하려면 복잡한 파이프라인 관리나 학습 완료된 모델의 검증을 해야 한다. 만들어진 예측 모델이 100%의 정확도를 가지고 안정적으로 예측 결과를 반환할 가능성은 없다. 따라서 시스템에는 어떤 방식으로든 사람이 개입하게 되어 소프트웨어 개발자는 플랫폼에서 동작하는 예측 모델을 사람이 확인하기 쉽도록 설계하는 것 역시 중요하다.

또한 스크립트 언어처럼 특정 영역에서는 중복되지만 지향하는 방향은 다른 전문가를 팀으로 구성하는 것 역시 머신러닝 시스템을 구현할 때의 어려운 점 중 하나다.

6.1.2 동일한 예측 결과를 얻는 데 따르는 어려움

머신러닝 시스템에서는 예측 모델을 다뤄 발생하는 어려움이 있다. 즉 하나의 실험 결과를 계속해서 재현하기 어렵다. 머신러닝 예측 모델은 주어지는 데이터에 따라 변화한다. 데이터도 끊임없이 변한다. 그렇기 때문에 머신러닝 시스템에서는 조금이라도(좋은 방향이든 그렇지 않은 방향이든) 변경하면 시스템 전체의 행동 바뀐다. 이 특성을 **CACE**change anything, change everything 원칙이라 부른다.

머신러닝 시스템에서 예측할 때 학습 시와 동일한 행동을 얻기 힘든 구체적인 원인은 다음과 같다.

- 대규모 데이터에서 과거 특정 시점의 데이터를 사용자 정보 같은 마스터 데이터가 바뀌는 등의 문제가 있어 동일한 형태로 준비하기 어렵다.
- 다른 실행 환경의 라이브러리나 버전, 하드웨어 같은 의존 관계를 재현하기 어렵다.
- 실험 환경과 실제 환경의 파이프라인에서 사용하는 언어나 코드가 다르다.
- 학습 환경과 실제 환경의 입력 데이터 분포나 가정이 모두 다르다.

동일한 학습 모델을 얻기 어려운 이유는 다음과 같다.

- 하이퍼파라미터 등의 설정을 기록해두지 않는다.
- 학습에 시간이 오래 걸리고 비용이 높아 경제적 이유로 재실험을 하기 어렵다. 최근에는 주피터 노트북의 등장으로 과거보다 쉽게 동일한 실험을 재현할 수 있다. 그러나 동일한 데이터 준비나 라이브러리 의존 관계, 환경을 재현하기 어려워 상당한 수정을 해야 한다.

예측 모델 개발 과정은 실험적이다. 개발한 코드와 결과로 얻은 모델, 그리고 예측 결과를 재현하는 것 자체가 소스 코드를 공유해 결과를 간단히 얻을 수 있는 일반적인 소프트웨어 개발보다 매우 어렵다.

6.1.3 지속적인 학습과 서빙의 필요성

머신러닝 예측 모델은 입력 데이터에 따라 동작이 다르다. 학습 완료된 모델을 계속 사용하는 것은 다음 가정이 전제된다.

- 학습 시와 예측 시 입력 데이터의 분포가 크게 달라지지 않는다.
- 학습 시와 예측 시 입력 데이터에서 사용할 수 있는 특징량이 일치하며 그 양도 충분하다.

장기간 이용하는 머신러닝 시스템은 대부분 두 가지 가정을 만족하지 못한다. 새로운 데이터를 활용해 예측 모델을 지속적으로 업데이트해야 한다.

연속값을 예측하는 회귀 모델에서는 과거에 얻은 정보에서 전력 소비량이나 접속 수, 매출값 등을 예측한다. 하지만 '블랙 프라이데이'처럼 존재하지 않던 새로운 구매 패턴의 등장으로 작년에 만든 모델을 활용한 정확한 예측이 어려워진다. 이외에도 COVID-19로 사람들의 행동 양식이 크게 달라져 지금까지 학습한 예측 모델이 변화를 따라가지 못하고 예측이 도움이 되지 않는 등 원인은 수없이 많다.

예측 모델을 업데이트할 때는 새로운 데이터 준비만으로는 충분하지 않다. 데이터양이 많아지면 예측 모델을 학습하는 데 매우 많은 시간이 걸려 계산 시간을 줄일 수 있는 구조도 필요하다.

장기적으로 시스템을 유지하고 싶다면 모델을 자동으로 재학습해 제공하는 **지속적인 학습** Continuous Training (CT)이 중요하다.

6.2 지속적인 학습과 MLOps

지속적인 학습을 하는 구조의 머신러닝 시스템은 어떻게 구현할까? 예측뿐만 아니라 학습을 지속하는 구조, 그 구조를 지탱하는 머신러닝 인프라가 필요하다. 분산 학습용 GPU 클러스터 같은 것을 떠올리기 쉽다. 그러나 그것만으로 지속적인 학습을 구현하기는 어렵다. 지속적인 학습을 구현하고 싶다면 무엇이 필요할까?

6.2.1 기민한 출시를 위한 머신러닝 인프라

주피터 노트북을 활용해 학습한 모델을 운영 환경에 배포하는 것은 데이터 과학자에게 매우 어렵다. 시행착오를 통해 얻은 결과로 정확도가 높은 학습 모델을 운영 환경에서 사용하지 못한다면 비즈니스 가치를 만들어낼 수 없다.

데이터 과학자도 운영 환경에 손쉽게 학습 완료된 모델을 배포할 수 있는 구조를 만들어야 한다. 신속한 시행착오를 거치는 실험 주기와 운영 환경에서의 출시 주기의 거리를 줄여 투자한 머신러닝 시스템으로 지속적인 비즈니스 가치를 만들어낼 수 있다.

6.2.2 MLOps: 머신러닝 인프라에서의 CI/CD/CT 달성

데브옵스DevOps라는 개발Dev과 운용Ops을 융합한 구조라는 점에 착안해 MLOps라는 용어가 만들어졌다. 개발과 운용이 자동 테스트나 코드로 인프라를 관리하는 등 자동화 부문을 뛰어넘어 협력하고 융합하는 구조다. MLOps의 정의는 매우 다양해 혼동하기 쉽지만[1] 여기에서는 구글에서 내린 정의[2]를 인용한다.

> MLOps는 ML 시스템 개발(Dev)과 ML 시스템 운영(Ops)의 통합을 목표로 하는 ML 엔지니어링 문화 및 방식입니다. MLOps를 통해 통합, 테스트, 출시, 배포, 인프라 관리를 비롯한 ML 시스템 구성의 모든 단계에서 자동화 및 모니터링을 지원할 수 있습니다.

즉 MLOps란 데브옵스에서 수행하는

- 소스 관리, 단위 테스트, 통합 테스트의 지속적 통합Continuous Integration(CI)
- 소프트웨어 모듈 또는 패키지의 지속적 배포Continuous Delivery(CD)

---

1 다양한 정의 때문에 채용 과정에서 혼란을 일으키기도 한다. 여러분이 지원하는 업무의 직무 설명을 잘 읽도록 한다.
2 https://cloud.google.com/architecture/mlops-continuous-delivery-and-automation-pipelines-in-machine-learning

를 포함해 뒤에서 설명할

- **모델의 지속적 학습**Continuous Training(CT)

을 수행하기 위한 구조라고 할 수 있다.

6.3 머신러닝 인프라 구축 단계

아쉽게도 모든 조직에 적용할 수 있는 만능 머신러닝 인프라는 존재하지 않는다. 데이터 과학자나 연구원, 소프트웨어 개발자가 어떤 조직에서 팀을 만드는지 의미하는 조직 경계, 팀이 사용하는 기술 스택이나 클라우드 또는 온프레미스 환경, 구성원의 스킬셋에 따라 선택할 수 있는 설계가 달라진다. 이 책에서도 MLOps에 대해 정리할 때는 구글의 아티클을 참고한 부분이 많다. 아티클도 '구글 클라우드를 이용해 인프라를 구축'한다는 큰 제약이 따른다. 복잡성을 어디에 넣는가 하는 의미에서도 조직 숫자만큼 머신러닝 인프라가 다양하게 존재한다고 봐야한다.

지속적인 학습이 가능하도록 데이터 과학자나 머신러닝 개발자, 소프트웨어 개발자 등 많은 이해관계자가 협력하며 진행할 수 있는 기반을 구축해야 한다. 이 관점에서 머신러닝 인프라를 단계적으로 정리하는 순서를 설명하겠다.

구글 클라우드의 MLOps 수준별 구성[3]을 참고해 단순화한 머신러닝 인프라의 단계별 요소를 다음과 같이 정리했다.

- 공통 실험 환경
- 예측 결과 서빙
- 학습 및 예측의 공통 처리 파이프라인
- 모델의 지속적인 학습과 배포

이번 절에서는 머신러닝 인프라 구축 단계라고 표현했지만 반드시 순서대로 구축하지 않아도 된다. 이 관점을 고려해야 한다는 생각으로 보자.

---

3 https://cloud.google.com/architecture/mlops-continuous-delivery-and-automation-pipelines-in-machine-learning

6.3.1 공통 실험 환경

신속한 시행착오로 생산성을 높이고 싶다면 공통 실험 환경을 준비해야 한다. 머신러닝 팀에서 작업할 때만 사용할 수 있는 대규모 데이터 처리 인프라를 만드는 것만으로는 충분하지 않다. 머신러닝 프로젝트는 도메인 지식과 같은 모델 관련 지식, 코딩 스킬 차이 등 사람에게 의존하기 쉽다. 그렇기 때문에 퇴직이나 팀의 통폐합 등으로 구성원 변경이 있을 때 일반적인 소프트웨어보다 인수인계가 어렵다.

다음과 같은 문제를 만났다고 가정해보자.

- 파이썬 패키지 버전처럼 실험 환경을 재현하는 방법이 공유되지 않았다.
- 소스 코드를 읽기가 어려워 협업이 힘들어지고 결국 코드를 읽을 수조차 없게 된다.
- 학습 시 데이터의 스냅샷이 존재하지 않아 같은 모델을 다시 학습시킬 수 없다.

문제가 계속되어 인수인계만으로는 실험 환경이나 예측 결과를 재현하지 못하게 되고 결국 프로젝트 자체가 좌초된 경우도 있다. 학습 시 사용한 데이터의 스냅샷 문제는 큰 문제이다. 이러한 문제에 접근하기 위해 다음과 같은 방법을 적용해보는 것도 좋다.

- 공통 실험용 도커 이미지 등을 만들고 버전 관리를 해 실험 환경을 쉽게 재현할 수 있게 한다.
- 공통 주피터랩JupyterLab 또는 클라우드 서비스에서 제공하는 주피터 환경을 사용해 실험 내용을 공유하고 재실행해서 쉽게 확인 및 리뷰를 할 수 있게 한다.
- MLflow[4]와 같은 실험 관리 도구를 활용해 같은 모델을 학습하는 데 필요한 정보나 실험 결과를 쉽게 공유하도록 한다.

공통 도커와 같은 컨테이너 이미지는 쉽게 만들 수 있으며 그 효과도 높다. 실험에서 이용한 도커 이미지와 태그만 있으면 재학습이라는 장벽을 낮출 수 있다. 물론 GPU나 TPU 등을 분산 학습하는 등 몇몇 경우에는 도커 이미지만으로는 학습을 재현하기 어렵다. 그러나 적어도 파이썬 버전이나 패키지 버전을 일치시켜 제공된 실험 코드를 간단히 실행할 수 있다. 만약 데이터 과학자가 도커 이미지를 만들기 어려워한다면 cookiecutter[5] 또는 cookiecutter-docker-science[6] 등의 도구를 활용해 도커 이미지 템플릿을 만드는 것도 좋다.

---

4 https://github.com/mlflow/mlflow
5 https://github.com/cookiecutter/cookiecutter
6 https://github.com/docker-science/cookiecutter-docker-science

주피터랩[7]은 주피터 노트북의 차세대 인터페이스이다. 다양한 플러그인으로 diff를 표시하거나 깃과 쉽게 연동할 수 있다. 개인용 PC 등의 환경에서 주피터 노트북을 이용할 수도 있지만 만약 노트북을 쉽게 공유할 수 있게 된다면 협업 활성화에도 도움이 될 것이다. 주피터랩을 클라우드에서 호스팅하는 서비스인 아마존 세이지메이커[8]나 구글 클라우드 AI 플랫폼 노트북Google Cloud AI Platform Notebooks[9]을 사용해 간단하게 공유할 수도 있다.

주피터 노트북의 공유가 가능하다면 실험 관리와 쉽게 공유할 수 있는 구조를 도입하는 것도 좋다. 실험 관리 도구로 산출물을 송신하는 코드를 추가하면 실험 코드 파라미터나 지표, 모델 파일을 공유하고 GUI를 이용해 실험 결과를 시각화할 수 있다. 많은 AI 스타트업에서 실험 관리용 OSS를 개발하고 있다. 2021년 2월 기준으로 아파치 스파크 개발로 알려진 데이터브릭스 Databricks에서 개발한 MLflow의 인기가 가장 높다. 노트북에서는 기존 실험 결과를 덮어쓰는 등의 오류가 발생하기 쉬우나 실험 관리 도구를 활용하면 실험 재현성을 높일 수 있어 협업도 쉬워진다(그림 6-2, 그림 6-3). 이와 함께 Hydra[10] 등을 활용해 설정 파일로 다양한 파라미터를 관리하면 더욱 쉽게 실험을 재현할 수 있다. 설정 관리를 지원하는 도구를 사용하면 반복되는 실험에 따라 명령어 파라미터 수가 늘어나 관리가 어려워지는 문제 해결도 쉬워진다.

그림 6.2 MLflow를 사용하면 정확도 지표 등을 간단하게 시각화할 수 있다.

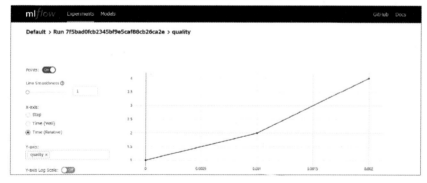

---

7 https://jupyterlab.readthedocs.io/en/latest/

8 https://aws.amazon.com/ko/sagemaker/

9 https://cloud.google.com/notebooks/docs

10 https://hydra.cc/

그림 6.3 MLflow를 사용해 파라미터 탐색을 시각화한 모습

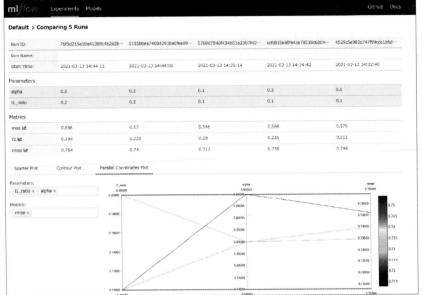

공통 실험 환경을 제공하면 재현성 향상, 협업을 통한 생산성 향상뿐만 아니라 사람에 대한 의존성 감소 효과도 기대할 수 있다.

6.3.2 예측 결과 서빙

예측 결과 서빙이란 학습한 예측 모델을 실제 운영 환경에 배포하고 예측 API 서버를 통해 결과를 반환하는 구조다. 데이터 과학자에게는 실제 운영 환경으로 배포하는 것과 예측 API 서버 구현은 병목되기 쉽다. 학습한 모델을 flask 같은 간단한 웹 애플리케이션을 적용해 간단히 구현할 수 있다. 그러나 애플리케이션 서버 성능 고려, 유지보수성이 높은 애플리케이션 작성, 안정적인 서비스 운영 등은 일반적으로 데이터 과학자가 흥미를 느끼지 못하거나 책임을 느끼지 못한다.

데이터 과학자가 서버 코드를 수시로 작성하지 않고도 예측 결과를 손쉽게 서빙할 수 있는 구조를 만들면 전문 분야에만 집중할 수 있다. 팀 내에서 서빙 방법을 표준화하고 운영 환경에 쉽게 배포할 수 있으며 데이터 과학자가 직접 애플리케이션 서버를 만들거나 다른 구성원에게 의존하지 않고 최신 모델을 이용한 예측 결과를 시스템에 서빙할 수 있도록 한다.

클라우드 서비스에는 구글 클라우드 AI 플랫폼 프리딕션^{Google Cloud AI Platform Prediction}[11] 또는 아마존 세이지메이커의 포스팅 서비스[12]를 이용할 수 있다. OSS로 직접 구축하는 경우 특정 프레임워크에 특화된 서빙이라면 텐서플로 서빙^{TensorFlow Serving}[13] 또는 터치서브^{TouchServe}[14]를 이용할 수 있고, 여러 프레임워크에 대응하는 서빙이라면 셀던 코어^{Seldon Core},[15] BentoML[16] 또는 Cortex[17]를 이용할 수 있다.

이때 모델 버전 관리도 중요하다. 실수로 모델을 잘못 배포했거나 장애가 발생했을 때 쉽게 원복할 수 있다. MLflow 모델 레지스트리^{MLflow model registry} 또는 아마존 세이지메이커, 구글 클라우드 AI 플랫폼 프리딕션의 모델 관리 기능을 이용하면 모델 버전 관리 및 예측 결과 서빙 연동이 쉽다.

기본적인 웹 애플리케이션의 모니터링 기능도 추가하는 것이 좋다. 모니터링 지표는 6.4절에서 설명한다. 이러한 구조를 구축하면 예측 API에 적용하는 모델 업데이트를 반복하면서도 안정적으로 운영할 수 있다.

조직 구분에 따라 API가 구분된다?

연구 개발 수행 조직이 나눠져 있는 경우 '연구 개발 부문에서 만든 소프트웨어는 자산으로 보지 않으므로 버린다'는 이야기를 들어봤을 것이다. 학습 모델이나 예측 코드가 PoC로 만든 소프트웨어이기에 실제로 이용하지 않고 버리며 사업 부문에서는 사양서부터 처음부터 개발한다는 의미이다.

머신러닝 인프라는 조직 구조나 상황에 따라 아키텍처가 크게 달라진다. 하지만 직접 개발을 할 수 없어 연구 개발에서 예측 API를 제공하는 것은 장기적 관점에서 운영 비용을 높인다. 조직 상황을 기반으로 어디에서 흡수하도록 설계할지 고민해봐야 한다.

---

11 https://cloud.google.com/ai-platform/prediction/docs, AI Platform 예측

12 https://docs.aws.amazon.com/sagemaker/latest/dg/how-it-works-deployment.html

13 https://www.tensorflow.org/tfx/guide/serving

14 https://github.com/pytorch/serve

15 https://github.com/SeldonIO/seldon-core

16 https://docs.bentoml.org/en/latest/

17 https://www.cortex.dev/

6.3.3 학습 및 예측의 공통 처리 파이프라인

간단한 학습을 처리하는 예로 학습 작업 전처리를 수행함과 동시에 하나의 작업으로 실행하는 방법을 보자. 주피터 노트북을 사용한다면 간단하다. 오랜 학습 시간이 필요한 작업도 구글 클라우드 AI 플랫폼 트레이닝Google Cloud AI Platform Training을 이용해 처리할 수 있다.

다만 전처리 같은 공통 처리 재사용성이라는 관점에서 몇 가지 문제가 있다. 학습 시와 예측 시 전처리가 달라 의도치 않은 예측 결과가 나오거나 전처리 과정이 도중에 실패하면 전체 처리를 다시 진행해야 한다. 전처리나 학습 시간이 길었는데 처음부터 다시 한다는 것은 큰 손해이다. 그리고 노트북 하나에 코드를 모으면 여러 가지 처리가 결합되어 가독성이 낮아지기 쉽다. 게다가 작업들의 의존 관계가 복잡하면 직접 관리하기가 더욱 어렵다. 결과적으로 유지보수 비용이 증가하고 개선 작업이 어려워진다.

문제 해결 방법으로 전처리 같은 공통 처리를 분리하고 워크플로 엔진을 활용한다. 워크플로 엔진을 사용하면 공통 작업 분할이나 의존 관리를 쉽게 할 수 있어 실패한 처리부터 다시 실행하거나 계산하지 않았던 특징량 데이터를 쉽게 채울 수 있다.

워크플로 엔진으로는 아파치 에어플로Apache Airflow[18]나 퍼펙트Perfect[19] 같은 범용 소프트웨어, 구글 클라우드 컴포저Google Cloud Composer나 워크플로스Workflows, 아마존 매니지드 워크플로스 포 아파치 에어플로Amazon Managed Workflows for Apache Airflow 같은 클라우드 서비스를 이용하는 것도 좋다. 머신러신용으로 만들어진 메타플로Metaflow[20]나 쿠베플로 파이프라인Kubeflow Pipelines[21], 케드로 Kedro[22] 등도 있다.

전처리를 공통화하는 의미에서 피처 스토어feature store 컴포넌트도 사용할 수 있다. 피처 스토어는 특징량을 미리 계산해 모아둔 것이다. 캐시를 이용해 예측 과정에서 발생할 수 있는 전처리의 지연을 줄여 스트리밍 처리 중에도 공통 전처리를 쉽게 할 수 있다. 클라우드 서비스인 아마존 세이지메이커 피처 스토어Amazon SageMaker Feature Store, OSS인 피스트Feast[23], 홉스웍스Hopsworks[24]

---

18 https://airflow.apache.org/

19 https://www.prefect.io/

20 https://github.com/Netflix/metaflow

21 https://www.kubeflow.org/docs/components/pipelines/

22 https://github.com/quantumblacklabs/kedro

23 https://github.com/feast-dev/feast

24 https://github.com/logicalclocks/hopsworks

등이 있는데 2021년 2월 기준으로 특정한 클라우드 서비스나 스파크 등에 의존하는 등 기존 구조를 그대로 도입하는 것이 아닌 이제부터 발전하는 컴포넌트라고 할 수 있다. 여러 팀이 특징량을 공유해서 재사용하거나 스트리밍 처리 도중에 반드시 특징량을 계산할 필요가 없다면 미리 특징량을 계산해서 분석 DB나 KVS에 캐시해두는 등 간편하게 시작해보는 것도 좋다.

> **NOTE**_ 피처 스토어에 관한 자세한 내용은 다음 포스팅을 참조 바란다.
>
> • https://www.tecton.ai/blog/what-is-a-feature-store/

워크플로의 자동 테스트는 어떻게 해야 할까?

머신러닝으로 처리할 때 전처리 작업을 복잡한 워크플로로 조합할 때도 많다. 이러한 워크플로를 운영 환경에서 실행하기 전 실수 여부를 알기 위해서는 어떻게 해야 할까? 전처리 과정에서 외부 데이터 스토어에 있는 대규모 데이터를 SQL이나 스파크 등으로 처리할 수 있다. 에어플로나 퍼펙트처럼 파이썬으로 워크플로를 작성할 수 있는 엔진이라면 파이테스트[pytest] 등을 이용해 단위 테스트를 만들 수 있다. 그러나 데이터 규모가 커서 처리에 많은 시간이 걸리거나 예상치 못한 문자열로 오류가 발생하는 등 실제 데이터를 활용할 때만 발생하는 문제도 있다.[25]

작업 입출력에 관한 단위 테스트나 S3에 저장된 모델 파일 등 산출물을 검증하는 자동 테스트, 빅쿼리의 **ASSERT** 문[26]을 이용하는 등 꾸준하게 자동 테스트를 축적하는 것이 지름길이다.

6.3.4 지속적인 모델 학습과 배포

지금까지 만든 구조에 학습한 모델이나 특징량 계산 파이프라인, 예측 API 서버의 CI/CD 구조를 조합해 지속적인 학습을 진행한다. 새로운 모델의 재학습과 배포를 자동화하기 위해 갖춰야 할 구조는 다음과 같다.

- 특징량 엔지니어링 로직 단위 테스트
- 학습 시의 손실 수렴 여부 테스트
- 파이프라인의 산출물 생성 확인 테스트(모델 등)

---

[25] https://docs.google.com/presentation/d/1hvF29KsE3WmIfoC98EONJjZKovqUFYlHNIKOSZIX_GU/edit#slide=id.p (일본어)

[26] https://cloud.google.com/bigquery/docs/reference/standard-sql/debugging-statements

- 예측 시 초당 쿼리 수
- 예측 정확도의 임곗값 초과 여부 테스트
- 스테이징 환경으로의 풀 리퀘스트 병합 등을 트리거로 하는 모델 배포 테스트
- 스테이징 환경에서의 파이프라인 동작 검증 테스트

일반적인 웹 애플리케이션과 마찬가지로 모델 및 예측 시스템 개발에서도 개발 환경, 스테이징 환경, 운영 환경과 같은 여러 단계를 거친다. 다음 환경으로 배포할 때 수작업을 가능한 줄이는 것은 모델 개발의 CI/CD에 매우 중요하다. 풀 리퀘스트 승인이나 특정한 브랜치로의 병합이 일어났을 때 다음 환경에 자동으로 배포하도록 하는 수작업과 자동화를 조합해 기민함을 달성하는 동시에 제반 장치를 확보하는 것이 좋다.

하룻밤 사이에 구축할 수는 없다. 단계별로 반드시 필요한 것을 차근차근 구축하는 것이 좋다.

6.4 지속적인 예측 결과 서빙

머신러닝에서는 웹 애플리케이션에서 발생하는 시스템 정지처럼 관측하기 쉬운 장애만 발생하지 않는다. 그렇다면 예측 결과 서빙이 정상적으로 수행되는지 알아보려면 어떻게 모니터링해야 할까?

이번 절에서는 실시간 특성에 기반한 모니터링과 일간 배치 단위로 검증하는 정기적 테스트를 구분해 설명한다.

6.4.1 감시 및 모니터링

머신러닝 서빙의 모니터링에서는 모델의 예측 성능에 관한 지표가 중요하다. 모델 성능 모니터링을 할 때는 다음과 같은 점에서 어려움을 겪는다.

- HTTP 상태 코드 404(Not Found)나 500(Internal Server Error) 같은 명확한 상태 코드가 존재하지 않는다.
- 확률적인 동작을 전제로 해 KPI가 명확하지 않다.
- 수정을 위한 명확한 대책이 존재하지 않는다.

특히 모델의 성능이 노화되었을 때 웹 애플리케이션에서 'CPU의 처리가 느리니 코어를 늘리자'처럼 명확한 대책을 즉시 찾아내기 어렵다. 그렇다면 어떤 지표를 추적해야 할까? 다음 두 가지 지표로 나누어 생각해보자.

- 예측 결과 서빙 시 지표
- 학습 시 지표

예측 결과 서빙 시 지표에는 다음을 고려할 수 있다.

- 메모리/CPU 등 하드웨어 리소스 사용량
- 예측 응답 시간
- 예측값이 존재하는 윈도우의 평균값, 중앙값, 최댓값, 최솟값, 표준편차 등 통곗값이나 분포
- 입력값의 통곗값, 특히 결손값 또는 NaN의 빈도

첫 두 지표는 일반적인 웹 애플리케이션 서버와 크게 다르지 않다. 그러나 예측 응답 시간은 예측 서빙 지연과 직결된다. 머신러닝 개발자나 데이터 과학자는 예측 정확도가 높은 모델을 사용하기를 원한다. 예측 처리가 오래 걸리는 무거운 모델을 사용해 전환율이 낮아질 위험이 있다는 것에 주의해야 한다. 부킹닷컴booking.com이 KDD 2019에서 발표한 논문[23]에 따르면 예측 지연이 30% 상승했을 때 사용자 전환율이 0.5% 감소해 이를 보완하기 위해 다양한 고속화를 추진하고 있다고 한다.

> **NOTE_** 머신러닝 시스템의 예측 지연과 관련된 것은 구글 클라우드의 포스팅을 참고 바란다.
> - https://cloud.google.com/architecture/minimizing-predictive-serving-latency-in-machine-learning

입력값이나 예측값의 통곗값은 예측 결과가 가정한 범위 안에 있는지 검증하는 것이다. 실험할 때의 예측값과 실제 데이터에서의 예측값이 상당히 다르다는 것을 나타내는 표준편차나 분산을 활용해 경고를 발생시키는 등의 구조도 고려해야 한다.

실험의 예측 결과 분포는 결과를 만족하는지 여부를 판단할 때까지 지연이 발생하는 경우에도 중요하다. 예를 들어 부킹닷컴의 논문에서 다룬 예약 데이터에 기반해 리뷰 작성 여부를 예측하는 등 실제 정답 레이블을 구입하는 행위에서 며칠, 몇 주, 몇 개월이 지나야 얻을 수 있는 문제가 있다고 보자. 이 문제에 대해 예측 결과 히스토그램이 쌍봉형 패턴double top and bottom patterns을 보이면 2 클래스 분류가 잘 이루어지고 있다고 휴리스틱에 기반해 품질 예측 결과를 확인한

다. 신규 예측 결과의 정답 레이블을 얻기 전에 휴리스틱으로 검증할 수 있다는 점이 중요하다.

이외에도 다음의 두 가지 지표를 얻을 수 있다.

- 모델 학습일 기준 경과일
- 학습 시 예측 정확도와 학습 시간

너무 오래된 모델은 새로운 데이터에 적응하지 못할 가능성이 높다는 가설에 따라 학습일을 기준으로 경과일을 모니터링한다. 임곗값을 이용해 예측 정확도를 모니터링해도 시간이 오래 지나 성능이 떨어지는 것은 파악하지 못하기도 한다. 이때는 모델 학습일에서 경과한 일수를 활용해 모델을 재검토할지 결정할 수 있다.

학습 시의 예측 정확도는 논란의 여지가 없으나 예측 시간이 오래 걸린다는 것은 모델 업데이트 비용도 커진다는 것을 의미해 업데이트가 망설여지게 된다. 이는 지속적인 학습의 비용도 높아지는 결과를 초래한다.

실시간 성격이 강한 이러한 지표들은 정기적인 배치를 활용한 테스트로 검증하며 모니터링한다. 다음 절에서 이에 관해 자세히 살펴본다.

광고 송출 서비스의 지표 모니터링 예

예측 모델의 지속적인 학습과 배포를 수행하는 현장에서 실제로 모니터링하는 지표를 소개한다. [그림 6-4]는 필자가 광고 송출 시스템을 대상으로 운영하는 광고 클릭률 예측 모델의 모니터링 대시보드의 일부다. 광고 메뉴별로 모델이 존재하며 두 시간마다 새로운 송출 로그를 훈련 데이터에 추가해 훈련을 수행한다.

- **예측 정확도 지표**
  - AUC, 로그 손실log loss, 상대적 정보 획득relative information gain (RIG), 상대 오차
- **훈련 데이터 지표**
  - 훈련 데이터 수, 목적 변수의 평균값 E[Y], 훈련 데이터의 새로운 부분과 오래된 부분의 E[Y]의 차
- **시스템 지표**
  - 데이터 다운로드, 전처리 및 훈련 시간
  - 배포 모델의 파일 크기

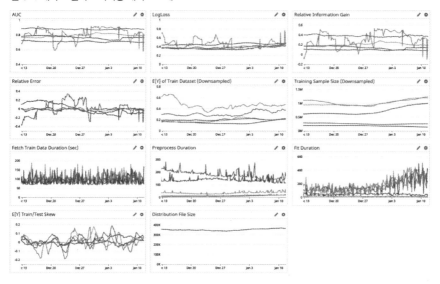

그림 6-4 예측 모델의 모니터링 대시보드 예

광고 송출 시스템에서는 예측 대상의 통계적 성질이 항상 달라져 예측 정확도 지표 또한 계속 달라진다. 여기에서 AUC나 로그 손실의 변화를 추적하는 것만으로는 어떤 대응을 할 수 있는지 판단할 수 없다. 필자는 **예측 난이도 변화**에 주목했다. 사용할 수 있는 훈련 데이터의 크기가 줄어들면 예측 성능도 그만큼 낮아지고, 목적 변수의 시간 변화가 심하면 과거 데이터가 쓸모없어져 예측 성능이 낮아진다. 로그 손실은 같은 모델에서도 평가 데이터셋에 따라 크게 달라져 시계열 비교는 어렵다. 그래서 예측 대상의 예측 난이도를 반영할 수 있는 **상대적 정보 획득**을 추적한다. RIG는 평균값만 이용해 예측했을 때 0이 된다. 필자의 시스템에서는 정확한 확률 예측이 중요해 확률의 상대 오차를 모니터링했다. AUC나 로그 손실로는 예측 대상의 과대/과소평가 정도를 알 수 없었다. 예측 성능 지표는 시계열 비교가 가능하면서 비즈니스에 미치는 영향이 알기 쉬운 값을 선택하는 것이 좋다. 또한 필자는 비즈니스 KPI 자체도 별도로 모니터링한다. 1장에서도 설명한 것처럼 예측 정확도가 높아도 비즈니스 KPI가 달성된다고 단정할 수 없다.

처리 시간 지표에서는 전처리 시간이 눈치채지 못한 사이에 늘어나기도 한다. 예를 들어 범주형 특징량의 고윳값이 늘어나 인코딩 시간이 증가하는 식이다.

6.4.2 정기적인 테스트

실시간성이 강한 지표 모니터링으로 대응할 수 없는 대상은 일 단위 자동 테스트 등으로 예측에 문제가 없는지 확인할 수 있다.

자동 테스트를 할 수 있는 항목은 크게 두 가지로 나눌 수 있다.

- 운영 환경에서 예측한 결과와 최신 정답 데이터와의 예측 정확도 검증
- 데이터 품질 검증

운영 환경에서 예측한 결과의 정답 여부는 그 시점에는 알 수 없다. 하지만 예측했을 때의 데이터가 학습했을 때의 크게 차이가 나면 성능이 진다. 현재 사용하는 모델이 최신 데이터도 올바르게 예측하는지 확인하는 것이 매우 중요하다. 현실적으로는 예측 결과의 정답 레이블을 즉시 획득하는 것이 힘들며 대부분 사람이 직접 결과를 판단해야 하는 어려움이 있다. 이처럼 사람이 애너테이션이나 정답 레이블 부여에 관여하는 것을 **Human in the Loop**라 부른다. 머신러닝 시스템의 독특한 특징이다. 일반적으로 나중에 입수한 정답 레이블로 과거에 예측한 결과의 정확도를 확인한다.

실제 데이터에서 예측 정확도를 얻는 것은 중요하지만 실시간성도 낮아지기 때문에 예측 결과 서빙 시의 입력한 데이터 품질이나 건전성을 테스트하는 것으로 모델의 유효성을 검증한다. 머신러닝 시스템의 동작은 입력된 데이터에 따라 달라진다. 입력 데이터의 품질을 확인하는 것은 예기치 못한 사태를 방지하는 데 중요하다. 텐서플로 데이터 밸리데이션^{TensorFlow data validation},[27] 참고문헌 [24]와 [25] 또는 deequ,[28] 참고문헌 [26]처럼 이를 지원하는 기법이 논문 또는 오픈소스 등으로 공개되어 있다.

데이터 품질은 왜 중요할까? 머신러닝 모델은 학습 시의 데이터나 그 분포에 기반해 예측을 수행한다. 학습 시 사용한 데이터에 포함된 예상치 못한 편향(성별, 인종 등)은 예측에도 그대로 반영된다. 단순히 입력 데이터의 범줏값 누락 또는 추가 등으로 NaN이 발생해 예측이 실패하는 경우 또한 불안정한 예측의 원인이 된다.

역설적이지만 학습 시 사용한 데이터와 분포나 범위가 다른 데이터는 적절한 예측이 불가능해 학습 시 사용한 데이터와의 '차이'를 검출해 데이터의 품질을 평가할 수 있다.

---

27 https://www.tensorflow.org/tfx/guide/tfdv
28 https://aws.amazon.com/ko/blogs/big-data/test-data-quality-at-scale-with-deequ/

그렇다면 검증은 어떻게 해야 할까? 실제 예측 결과를 계산한 입력 데이터에 두 가지를 검증한다.

- 입력 데이터의 '스키마' 검증
- 입력 데이터의 편차나 변화drift 검증

입력 데이터의 스키마란 구글이 TFX 논문[24]을 통해 제안한 개념이다. 특징량의 특성을 사전에 스키마로서 학습 데이터에서 정의하고 스키마에서 벗어난 값이 입력되면 경고를 보내는 방식으로 사용한다. 다음과 같은 사항을 확인하는 구조를 미리 준비한다.

- 데이터가 예상한 범위에 포함되는가?
- 범줏값은 즉시 알 수 있는가?
- NaN/Inf 값이 생성되는가?
- 특징량의 고차원 배열의 요소 수가 같은가?
- 특정 입력이 누락되지 않았는가?

예측 시의 입력 데이터 편차나 변화 검지는 결손값 또는 NaN이 급증하는 경향을 확인하거나 학습 시 사용한 데이터와의 분포를 비교한다.

업계에서는 데이터 변화를 'Concept drift'라고 하지만 학계에서는 다른 용도로 사용한다는 지적도 있어 의견이 일치하지 않았다. 구글 논문 등에서는 'training-serving skew'라는 표현도 많이 사용하지만 실시간 처리와 배치 처리에서의 전처리 차이 등도 포함하는 개념이기에 이 책에서는 단순히 데이터 변화 또는 drift라고 표현한다.

데이터 분포 변화 검출의 예로, TFX 데이터 검증에서는 분포 비교에는 범주형 값에 체비쇼프 거리Chebychev distance, 숫잣값에는 옌센-섀넌 확산Jensen-Shannon divergence을 활용해 임곗값을 설정하고 학습 시 분포와의 차이를 검출한다.

예측 시스템의 장애 조사에 관한 네 가지 질문

모델 성능을 모니터링하는 주요 목적 중 하나는 올바른 예측이 수행되는지 관찰하는 것이다. 이러한 예측 시스템의 장애에 대해 아티클 'Monitoring Machine Learning Models in Production'[29]에서는 장애 조사 시 도움이 되는 네 가지 질문을 소개한다.

---

29 https://christophergs.com/machine%20learning/2020/03/14/how-to-monitor-machine-learning-models/

- 파이프라인에 버그가 있는가? Is there a bug in the pipeline?
- 잘못된 모델을 배포했는가?(놀랄만큼 흔하다)Have we deployed the wrong model?(surprisingly common)
- 데이터셋에 문제가 있는가? Is there an issue with the dataset?
- 모델이 노후되지는 않았는가?Has the model gone stale?

모니터링 과정이 어렵게 느껴진다면 장애 발생 시 위 질문들에 답할 수 있는지 돌아보자.

6.5 정리

이번 장에서는 머신러닝 시스템을 장기적으로 운영할 때 중요한 지속적인 학습을 실현하기 위한 인프라 구축을 설명했다. 머신러닝 시스템만이 가지는 어려움, 지속적인 학습 실현을 위한 MLOps 통합, 머신러닝 인프라의 단계별 요소, 시스템 정상 동작을 감시하기 위한 지표나 테스트에 관해 알아봤다.

조직이나 운영 목적에 따라 필요한 요소도 달라져 모든 조직과 상황을 동시에 만족시킬 수 있는 머신러닝 인프라는 존재하지 않는다. 이번 장에서 학습한 요소를 바탕으로 조직의 문제가 무엇이고 해결 방법은 무엇인지 생각해보자.

효과 검증:
머신러닝 기반 정책 성과 판단하기

'새로운 기능을 출시해서 지난주보다 매출이 20% 상승했다. 프로젝트는 성공이다!' 과연 사실일까? 머신러닝 프로젝트의 성패는 머신러닝을 이용한 결과가 비즈니스에 얼마나 영향을 미쳤는가에 달렸다. 이번 장에서는 정책의 영향도를 추정하는 온라인/오프라인 효과 검증에 관해 설명한다.

7.1 효과 검증

효과 검증이란 어떤 정책에 의해 발생하는 효과를 추정하는 기법이다. 즉 'X가 결과 Y에 얼마나 영향을 미쳤는가?'를 명확히 하는 활동이다. 예를 들어 광고 송출 서비스에서는 '광고에 새로운 기능을 적용해 1천 번 표출했을 때 수익이 얼마나 증가했는가?'를 검증한다. 효과 검증을 통해 출시한 기능의 유효성을 판단하고 데이터 기반 의사결정을 할 수 있다. 이번 장에서 소개하는 방법은 머신러닝을 활용한 시스템뿐만 아니라 신약 개발이나 사회적 실험에 대한 평가 등 폭넓은 분야에서 활용된다.

7.1.1 비즈니스 지표를 이용한 정책 평가

3장에서는 머신러닝 모델의 예측 정확도를 평가하는 다양한 지표를 학습했다. 하지만 정확도만으로는 예측이 실제 비즈니스에 미치는 영향을 평가하기 어렵다. 예측 정확도 자체에 가치가

7장 효과 검증: 머신러닝 기반 정책 성과 판단하기 **145**

있는 데이터 판매 같은 비즈니스도 있지만 대부분 머신러닝 예측에 기반해 의사결정을 한다. 예를 들어 제조업은 수요 예측에 기반해 제조량, 소매업에서는 도매 매입량을 결정한다. 의사 결정의 결과가 비즈니스에 얼마나 영향을 주는가로 평가한다. 여기서는 예측 모델 자체가 아니라 의사결정 시스템에서의 단위 성능에 주목한다.

특히 사업부에 소속된 데이터 과학 팀은 얼마나 이익에 기여했는지 설명이 요구된다. 사업 총 이익 또는 매출 같은 수치를 책임지는 사람에게는 각 예측기의 성능보다 '얼마나 이익을 높였는지'가 중요해 비즈니스 지표를 활용해 커뮤니케이션하는 것이 좋다. 데이터 과학 팀 내부에서 공유할 때는 '이 기능을 출시하면 예측 정확도가 향상된다' 정도로 충분하지만 **팀 외부로 보고할 때는 예측 정확도가 향상되면 무엇이 좋아지는지** 설명해야 한다(그림 7-1). 예를 들어 머신러닝 예측을 마케팅 예산 배분에 활용하는 경우라면 [표 7-1]과 같다.

표 7-1 출시 결과 보고의 예

상황	지면 및 인터넷, TV 광고 등 마케팅 채널별 매출 결과를 예측하여 마케팅 예산을 배분하고 싶다.
출시 내용	중단 데이터 처리를 개선해서 매출 지연 효과를 예측에 반영될 수 있도록 했다.
좋지 않은 보고의 예	예측 정확도가 향상되었다.
좋은 보고의 예	매출 지연 효과를 반영할 수 있게 되어 지금까지 과소평가된 마케팅 채널 A에 예산을 늘린다. 결과적으로 1개월 단위의 매출이 증가한다. 증액 초반에는 현재와 마찬가지로 안 좋아 보일 수도 있다.

실제로 넷플릭스의 추천 시스템은 해지율을 낮춰줬고 연간 약 10억 달러의 비용을 절감한 것으로 알려졌다. [27] 이 값은 추천 정확도만으로는 도출하기 어렵다.

그림 7-1 관심 대상이 다르다.

7.1.2 정책을 실행한 후의 효과 검증의 중요성

정책을 실행한 결과를 올바르게 검증하는 단계는 기능 학습 프로젝트뿐만 아니라 대부분의 경우에 필요하다. 특히 머신러닝에서는 실험 단계에서 요구된 예측 정확도가 비즈니스 지표에 미치는 영향을 예측하기 어렵다. 숙박 예약 사이트인 부킹닷컴에서는 실험에서의 예측 정확도 향상이 서비스를 출시한 후 거의 영향을 미치지 않는다고 보고했다. 예측을 활용하는 서비스 성능이 고정되어 정확도를 높여도 영향을 미치지 못하는 경우 등 해당 원인에 대한 몇 가지 패턴이 문헌[23]으로 정리되어 있다. 온라인 쇼핑 사이트의 추천 시스템처럼 사용자 피드백에 기반한 지속적인 모델 재학습이 필요하다면 모델 학습, 서빙, 성능 모니터링 구조를 유지하는 비용이 필요하다. 효과가 확실하지 않을 때는 전체적으로 마이너스가 될 가능성도 생각해야 한다. 운영 환경에서는 시간이 지나면 예측 대상의 통계적 특성이 변해 유지보수 비용도 중요하게 고려한다.

7.1.3 오프라인 검증과 온라인 검증

검증 방법은 온라인과 오프라인 두 가지이다. 오프라인 검증에서는 과거 데이터를 사용해 시뮬레이션한다. 온라인 검증에서는 실제 제품에 머신러닝을 적용해 실험을 수행한다. 웹 서비스에서는 기능 변경이나 무작위 적용이 쉬워 앞으로 설명할 A/B 테스트 등을 많이 활용한다. 단 A/B 테스트는 실험 비용이 높다. 이에 오프라인 검증으로 제품에 구현할지 여부를 판정한 후 온라인 검증을 수행하는 방식을 많이 이용한다.

7.1.4 지표 선정

검증에 이용할 수 있는 지표는 매우 다양하다. 동영상 시청 서비스의 추천 기능을 생각해보자. 유료 회원 지속 기간, 평균 세션 시간, 세션당 동영상 시청 수, 추천 아이템 클릭률 같은 다양한 지표를 손에 꼽을 수 있다. 제품의 장기적인 목표에 가까운 지표를 선택하는 것이 가장 좋지만 고객 생애 가치life time value (LTV) 같은 후행 지표는 검증하는 데 많은 시간이 소요된다. 이러한 지표 대신 사용할 수 있는 지표를 **대체 지표**proxy metrics라고 한다. 넷플릭스에서는 '신규 사용자 중 처음 세션에 시청 리스트 세 개 이상을 등록한 사용자 비율'을 하나의 지표로 적용했다.[28]

목표 지표를 달성하기 위해 마일스톤이 되는 선행 지표 중 목표 지표와 비례 관계에 있는 것으로 대체 지표를 설정하는 것이 좋다. 비례 관계가 어긋나기 쉬운 지표에는 제품 구입을 목표로 했을 때의 '유입 획득 광고 클릭률'이 있다. 광고 클릭률 향상에 맞춰 최적화를 하면 제품에 관계없이 그저 사용자의 주의를 최대한으로 끌려고 하는 광고가 만들어진다. 알림 확인율을 높이려고 사용자에게 '이 알림은 절대로 클릭하지 마십시오'라는 메시지를 보낸 애플리케이션 운영 사업자가 비판을 받고 공식적으로 사과한 사례도 있다.[1] 중간 지표를 그대로 사용할 때는 후속 지표가 악화되지 않도록 주의해야 한다.

또한 결과를 검증할 때는 지표를 측정할 수 있다는 것을 전제로 한다. 이때는 시스템 로그 출력 및 저장 정책도 확인해야 한다. 측정할 수 있는 방법이 없다면 먼저 측정 구조를 만든다.

7.2 인과 효과 추정

앞에서 설명한 '정책 X에 따라 사건 Y가 얼마나 영향을 받는가?'를 명확히 하기 위해 인과 추론을 활용한 인과 효과에 관해 살펴본다. 단순한 '출시 전후의 비교'가 잘못된 결론을 도출하는 이유도 설명한다.

7.2.1 상관관계와 인과관계

"상관관계가 있다고 해서 반드시 인과관계가 있는 것은 아니다correlation does not imply causation"라는 말은 유명하다. 하지만 두 개념을 혼동해서 분석한 결과가 많은 것 또한 사실이다. 상관관계의 유명한 예로 '해난 사고와 아이스크림 매출 사이의 관계'가 있다. 아이스크림 매출 X와 해난 사고 건수 Y는 양의 상관관계를 갖고 있지만 인과관계가 없는 것은 명확하다. 단지 기후라는 공통 인자가 상관관계를 만들어내는 것이다. 두 인자에 영향을 주는 인자를 **혼재 인자**confounding factor 라고 한다. 효과 검증에서는 정책 X의 실시와 지표 Y의 변화의 인과관계에 관심이 있지만 지표는 다양한 외부 요인에 영향을 받는다. 또한 혼재 인자는 둘 이상 존재하는 경우가 많다. 효과 검증에서는 혼재 인자의 경향을 얼마나 제거하는지가 중요하다. 혼재 인자를 제거하지 않으

---

1 https://nlab.itmedia.co.jp/nl/articles/1711/28/news148.html (일본어)

면 경기가 상승할 때의 매출 향상은 모두 성공이고 경기가 하락하는 시점의 정책은 모두 실패인 잘못된 결론[2]에 이르게 된다.

그림 7-2 관심 있는 X로 인한 효과와 달리 혼재 인자 Z로 X, Y에 상관관계가 생긴다.

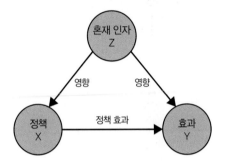

7.2.2 루빈의 인과관계 모델

인터넷 광고의 효과를 생각해보자. 인과 추론에서는 광고를 보여주는 것을 **개입**cause, 구매 행동을 **결과 변수**outcome, 개입한 표본을 **개입군** 또는 **실험군**treatment group, 개입하지 않은 표본을 **대조군** 또는 **통제군**control group이라고 한다.

광고 효과는 광고를 봤을 때와 보지 않았을 때 발생하는 구매 행동의 차이라고 생각할 수 있다. 개인 단위에서는 측정 가능한 결과 변수는 개입 여부로 한정된다. 광고에 접촉한 A가 동시에 광고에 접촉하지 않은 경우는 **반사실**counter factual이기 때문에 관측할 수 없다(그림 7-3).

여기에서 루빈의 인과 모델에서는 관측할 수 없지만 잠재적으로 존재해 얻을 수 있는 결과의 수를 가정한 것을 잠재적 결과 변수라고 부른다.

---

2 정책 유무에 관계없이 현상을 유지하는 것만으로 매출이 향상되는 상황이 계속된다.

그림 7-3 개인이 대상일 때는 한쪽 케이스만 확인할 수 있다.

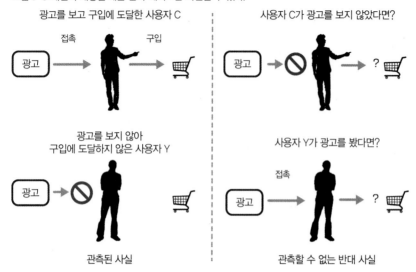

구매 도달 여부를 의미하는 결과 변수를 $Y \in \{0, 1\}$, 개입했을 때와 개입하지 않았을 때의 결과를 각각 Y_1, Y_0으로 보고 관측한 결과를 표로 나타내면 다음과 같다.

표 7-2 관측 결과, 하이픈(–)은 결손값

사용자	개입 여부	Y_0	Y_1
1	1	–	1
2	1	–	0
3	1	–	1
4	1	–	0
5	1	–	1
6	0	1	–
7	0	0	–
8	0	0	–
...			
n	0	0	–

개인이 대상일 때는 $Y_1 - Y_0$을 측정할 수 없다. 그러나 알고자 하는 것은 표본이 아닌 모집단에서의 효과다. 모집단에서의 효과는 개인의 구매 결과 차의 기댓값 $E(Y_1 - Y_0)$라고 볼 수 있다. 이를 **평균 처리 효과**average treatment effect(ATE)라고 한다.

$$ATE = E(Y_1 - Y_0) = E(Y_1) - E(Y_0) \qquad \text{[식 7.1]}$$

이제 평균 처리 효과를 어떻게 구하는지 설명한다.

7.2.3 선택 편향에 의한 위장 효과

구하고자 하는 평균 처리 효과를 계산할 때는 '개입군의 결과 변수의 평균'과 '대조군의 결과 변수의 평균'의 차를 구하면 충분하다. 관측할 수 있는 값만 사용해 간단하다. 차이는 다음과 같다.

$$E(Y_1 \mid \text{개입함}) - E(Y_0 \mid \text{개입하지 않음}) \qquad \text{[식 7.2]}$$

개입 여부와 결과 변수에 상관관계가 있으면 [식 7.1]과 일치하지 않는다. 특히 결과 변수 Y를 기반으로 개입했을 때 그렇다. 인터넷 광고 예시로 돌아가보자. 구매 행동으로 이어질 것 같은 사용자를 타깃으로 개입하는 것이 일반적이다.[3] 따라서 일반적인 관측 결과를 보면 원래 구매 의욕이 높은 집단이 되어 개입군과 대조군에 차이가 발생한다. **선택 편향**selection bias이라고 하는 형태는 광고 송출 로그뿐만 아니라 다양한 데이터에서 나타난다(그림 7-4).[4] 선택 편향은 개입과 결과 변수 사이에 상관관계를 만들어 **효과가 없음에도 효과가 있는 듯 보이는 데이터가 된다.** 어떤 조건을 기반으로 개입한 데이터에는 반드시 편향이 포함된다. 올바른 결과 비교를 위해서는 편향을 제거해야 한다.

---

3 10장에서 소개할 업리프트 모델링(Uplift Modeling)처럼 Y가 아니라 개입 시 Y의 증분(인과 효과)에 기반해 개입 여부를 결정할 수도 있다.

4 암 검진을 받은 사람과 받지 않은 사람의 발병 리스크가 다른 것처럼 표본의 의사로 발생하는 편향을 선택 편향이라고 한다.

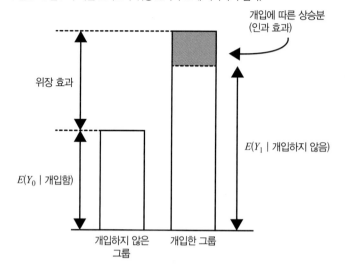

그림 7-4 알고자 하는 효과보다 위장 효과가 크게 나타나기 쉽다.

개입에 따른 상승분
(인과 효과)

위장 효과

$E(Y_1 \mid$ 개입하지 않음$)$

$E(Y_0 \mid$ 개입함$)$

개입하지 않은
그룹

개입한 그룹

7.2.4 무작위 비교 시험

혼재 인자나 선택 편향에 따라 [식 7.1]과 [식 7.2]가 일치하지 않는다고 설명했다. 물론 일치하는 경우도 있다. 실험군과 대조군의 특성이 같을 때다. 편향이 없는 상태를 만들어서 비교하는 방법을 **무작위 비교 시험**randomized control trial(RCT)이라고 한다.

표본에 대한 개입 유무를 무작위로 결정해 특성이 같은 두 개 그룹 중 한 그룹에 개입한 상태를 만든다. 사회 실험이나 임상 시험에서 RCT는 높은 비용이 필요한 기법이다.[5] 웹 서비스 효과 검증에는 적용하기 쉬워 A/B 테스트의 기본이 되었다. RCT를 이용한 광고 효과 측정 서비스에는 '구글 브랜드 광고 효과 정보'[6]와 '페이스북 브랜드 성과 증대 테스트 정보'[7]가 있다. 실험군에만 광고를 표시한 후 실험군과 대조군에게 설문 조사를 실시한다. 페이지뷰page view(PV) 수 또는 클릭 수 같은 지표를 비교했을 때는 측정하기 어려운 브랜드 인지도도 RCT를 이용하면 쉽게 측정할 수 있다.

---

5 예를 들어 응급 이송 환자의 치료 여부를 무작위로 결정하는 것은 논리적인 측면에서도 문제가 된다.

6 https://support.google.com/google-ads/answer/9049825?hl=ko

7 https://www.facebook.com/business/help/1693381447650068?id=546437386202686

7.2.5 과거와 비교한 판단

어떤 프로젝트에서 매출 향상 정책을 시작했을 때 사용자당 발생하는 매출 변화를 가정해보자.

그림 7-5 매출 향상 정책은 성공인가?

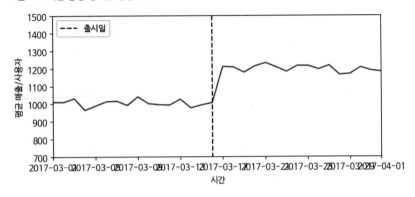

개발자 입장에서는 출시 시점에 비연속적인 변화를 보고 싶을 것이다. 그러나 비연속적인 변화가 나타난다고 해도 정책을 실행하면서 일어난 효과라고 단정할 수는 없다(그림 7-5). 예를 들어 일반 소비자용 제품인 경우를 보자. 같은 시기에 TV 광고가 방송될 수 있다. 현실적으로 결과 변수에 영향을 주는 모든 외부 요인을 파악할 수는 없다. 이러한 상황에서 과거와의 비교를 통해 인과관계를 추정하기는 매우 어렵지만 RCT를 활용해 같은 시간 간격 범위에 있는 두 개 그룹을 비교할 수 있다. 정책 실행에 따른 개입 효과 이외의 요인을 쉽게 찾을 수 있다. 즉 정책을 시행하지 않았을 때와 비교해 차이가 나타난다면 정책 실행의 효과라고 볼 수 있다(그림 7-6).

RCT를 수행하지 않고 시계열 모델을 구현해 만든 반사실 케이스의 예측값과 실적을 비교하는 캐주얼 임팩트^{causal impact}[29] 기법도 있다. 단 Y라는 미래 예측을 할 수 있는 모델을 만들 수 있다는 것을 전제로 한다. 이 기법을 이용해 얻은 결과의 신뢰성은 Y라는 시계열 예측 모델의 정확도에 따라 달라진다.

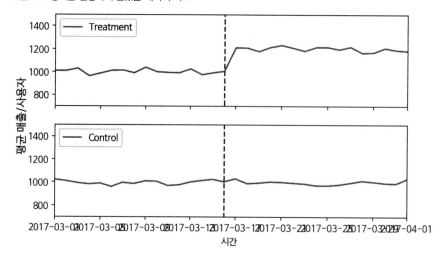

그림 7-6 정책을 실행하지 않았을 때와의 비교

이번 장의 초반의 '새로운 기능 출시로 지난주보다 매출이 20% 향상했다'는 예시는 매출이 20% 증가한 현상과 정책 실행 사이의 인과관계가 명확하지 않아 정책 효과에 관해 어떤 결론도 내릴 수 없다. 10장에서 이보다 한층 발전된 기법인 업리프트 모델링^{Uplift Modeling}을 소개하겠다.

7.3 가설 검정 프레임

무작위 비교 시험에서는 두 그룹을 비교한다. 결과는 어떻게 해석할까? **가설 검정**hypothesis testing은 A/B 테스트에 기반한 표본(샘플)을 사용해 모집단을 판단하는 기법이다. 먼저 기본적인 가설 검정 예부터 살펴본 후 통계 기초인 큰 수의 법칙과 중심 극한 정리, 신뢰 구간 계산 방법을 설명한다. 자세한 내용은 『統計学入門(통계학 입문)』[30]을 참고하자. 온라인에서 수행하는 A/B 테스트는 일반적인 가설 검정 절차와 다른 점이 있어 '7.4 A/B 테스트 설계 및 수행'에서 추가로 알아본다.

7.3.1 가설 검정이 필요한 이유

표본을 이용해 모집단을 판단하는 예로 선거 속보가 있다. 몇 % 정도의 개표율을 기반으로 당선 확실이라는 속보를 내보낸다. 편차가 없는 적은 수의 표본으로 모집단을 판단할 수 있는 특성은 효과 검증과 잘 맞다. 아직 효과가 어떠한지 알 수 없는 신기능을 제품 전체에 적용하는데는 리스크가 따르지만 사전에 적용 대상을 제한해 효과가 있다는 것을 확인한 뒤 전체 적용을 반복하면 리스크를 줄인 출시 사이클을 실현할 수 있다.

7.3.2 동전이 찌그러지진 않았을까

실제 예를 들어 설명하겠다. 동전 던지기 게임에서 직전 20번 중 앞면이 15번, 뒷면이 5번 나왔다고 하자. 직관적으로 생각하면 앞면이 많이 나온 듯한데 어떻게 판단해야 할까? 조작을 했거나 찌그러진 동전이 아니라면 앞면과 뒷면이 나올 확률은 반반이어야 한다. 50% 확률로 앞면이 나오는 동전을 20번 던졌을 때의 결과 분포를 살펴보자. 이항분포 $B_{in}(20, 0.5)$이므로 다음 코드로 확률분포의 형태를 확인할 수 있다. 앞면이 시행 횟수의 절반인 10번 나올 확률이 가장 높다는 것을 알 수 있다(그림 7-7).

```python
import numpy as np
import matplotlib.pyplot as plt
import scipy.stats
plt.rc('font', family='NanumBarunGothic')

x = np.arange(0, 21)
y = scipy.stats.binom.pmf(x, 20, 0.5)
plt.figure(figsize=(8, 2))
plt.bar(x, y)
plt.xlabel('앞면이 나온 횟수')
plt.ylabel('확률')
```

그림 7-7 앞면이 나올 확률이 50%인 동전을 20번 던졌을 때 앞면이 나오는 횟수의 분포

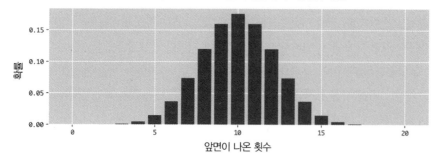

한편 분포의 양끝을 보면 15번 이상 앞면이 나올 확률 p[앞면이 나온 횟수 >= 15]는 2%밖에 되지 않는다는 것을 알 수 있다(그림 7-7).

```python
import pandas as pd
p_value = pd.DataFrame({'앞면이_나온_횟수': x, '확률': y}).query(
    '앞면이_나온_횟수 >= 15'
)['확률'].sum()
print(p_value)
# 0.020694732666
```

동전이 제대로 만들어졌다면 매우 드물게 일어나는 결과이다. 이로 미루어보다 '정상적인 동전이 아니다'라는 결론을 내리는 것이 가설 검정이다.

예로 든 가설 검정에서 '앞면이 나오는 확률이 50%이다'라는 가설을 **귀무가설**null hypothesis, '앞면이 나올 확률이 50%가 아니다'는 가설을 **대립 가설**alternative hypothesis이라고 한다. 귀무가설이 참이라고 했을 때 확률을 **p값**p-value이라고 부른다. p값의 임곗값, 예를 들어 'p값이 5%보다 낮으면 귀무가설을 기각한다'고 판단하는 값을 **유의 수준**significant level이라고 한다. **표본**은 직전의 동전을 던진 행위, **표본 크기**는 20, **모집단**은 동전을 던진 모든 행위에 해당한다. 유의 수준을 0.05로 하면 귀무가설이 기각된다. 유의 수준을 0.01로 하면 귀무가설은 기각되지 않는다.

> **WARNING_** 표본 크기는 **샘플 크기**라고 부르기도 한다. 표본 크기와 표본 수(샘플 수)는 혼동하기 쉽다. 동전 던지기 예에서 표본 수는 1이다.

7.3.3 획득한 사용자의 지속 이용률 비교

온라인 쇼핑몰을 운영하고 있고 고객을 확보하고자 광고를 집행했다고 가정하자. 두 광고 송출 서비스에 동시에 광고를 내보냈고 일주일 후 각 광고 서비스를 통해 유입된 사용자의 행동을 비교했다. 사용자가 지속적으로 이용할 확률이 높은 광고 송출 서비스는 계속 이용하고 낮은 광고 송출 서비스는 중단하기 하기 위해서다(그림 7-8).[8] 결과 데이터는 [표 7-3]과 같다.

그림 7-8 확보한 사용자의 품질에는 차이가 있을까?

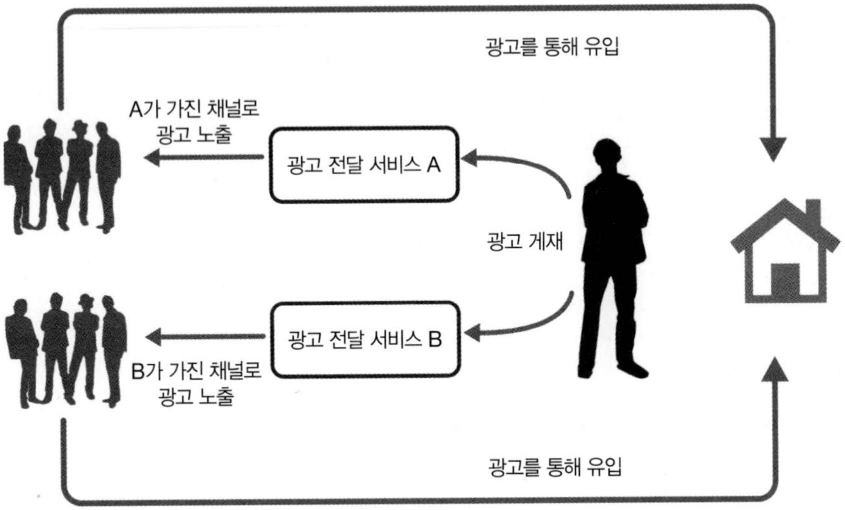

표 7-3 유입 경로에 따른 사용자 지속 이용률 비교

유입 경로	유입 사용자 수	지속 이용 사용자 수	지속 이용률
A	205	40	19.5%
B	290	62	21.4%

지속 이용률 분포를 시각화해보자. 표본 크기를 어느 정도 확보했으니 이항분포로 정규 근사한다.

```
# 테스트 데이터(지속 이용자 수, 이탈 수)
a = {'n_success': 40, 'n_observation': 205, 'p': 40/205}
b = {'n_success': 62, 'n_observation': 290, 'p': 62/290}
```

----
8 사용자 유입 한 명당 비용은 같다고 가정한다.

```
print(f'Sample A: size={a["n_observation"]},
       converted={a["n_success"]}, mean={a["p"]:.3f}')
print(f'Sample B: size={b["n_observation"]},
       converted={b["n_success"]}, mean={b["p"]:.3f}')
# Sample A: size=205, converted=40, mean=0.195
# Sample B: size=290, converted=62, mean=0.214
x = np.linspace(0, 1, 200)

def calc_err(data):
    p = data['p']
    n = data['n_observation']
    return np.sqrt(p*(1-p)/n)

# 유입 경로가 A인 표본
y_a = scipy.stats.norm.pdf(x, a['p'], calc_err(a))

# 유입 경로가 B인 표본
y_b = scipy.stats.norm.pdf(x, b['p'], calc_err(b))

plt.figure(figsize=(7, 2))
plt.plot(x, y_a, label='Sample A')
plt.plot(x, y_b, label='Sample B')
plt.legend(loc='best')
plt.xlabel('신규 사용자의 지속 이용률')
plt.ylabel('가능도')
```

그림 7-9 유입 경로별 사용자의 지속 이용률 추정치

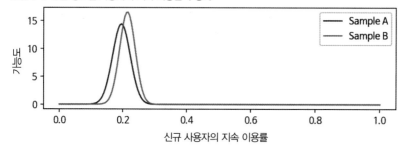

[그림 7–9]를 보면 B가 나은 듯 보이지만 정확한 판단을 내리기는 어렵다.

이제 가설 검정을 적용해보자. 여기서는 **서로 대응하지 않는 두 그룹의 모비율의 차를 이용한 검정을** 한다. '대응하지 않는'이란 표본이 다른 것을 의미한다. 귀무가설은 'A 모집단과 B 모집단에서

의 지속 이용률이 같다', 대립 가설은 'A 모집단과 B 모집단안 지속 이용률이 다르다'이다. 유의수준은 0.05로 한다. 표본은 지금까지 유입된 사용자, 모집단은 미래의 유입을 포함한 전체 사용자 집합이 된다. 앞서 설명한 동전 던지기 예와 달리 카이제곱 검정chi-squared test을 이용해 분할표에 대한 독립성 검정을 한다.

표 7-4 독립성 검정에 사용한 데이터

유입 경로	지속 이용 전환 수	이탈 수
A	40	165
B	62	228

```
# 카이제곱 검정
_, p_value, _, _ = scipy.stats.chi2_contingency([
    [a['n_success'], a['n_observation'] - a['n_success']],
    [b['n_success'], b['n_observation'] - b['n_success']]
])
print(p_value)
# 0.694254736449269
```

p값은 0.69이므로 귀무가설을 기각할 수 없다. 이때는 귀무가설의 옳은지 아닌지 판단할 수 없다. 분포가 거의 중복되어 차이가 없다고 판단하는 것이 자연스럽다. 이번에는 두 그룹의 차이 여부를 검증했지만 실무에서는 '5% 이상 차이가 나는지 검출한다'처럼 검출할 최소 효과량을 지정한다. 검출하고자 하는 최소 효과량을 **최소 검출 효과**minimum detectable effect (MDE)라고 한다. 이때는 '지속 이용률은 베이스라인인 MDE를 더한 값보다 크다'로 대립 가설을 세우고 한쪽 검정을 수행한다.

7.3.4 차이의 신뢰 구간 구하기

효과 검증에서는 차이의 크기, 즉 효과량에 초점을 맞춘다. 두 그룹의 모비율 차이에 대한 신뢰구간을 활용해 차이의 크기를 직접 구해보자. 차이의 신뢰 구간은 이항분포 $B_{in}(n, p)$에서 파라미터 p의 추정량이 정규분포를 따르는 것과 정규분포를 따르는 확률 변수의 합 또한 정규분포를 따른다는 점을 활용한다. 표준 정규분포의 위쪽 확률이 2.5%가 되는 지점은 1.96이므로

95% 신뢰 구간의 식은 다음과 같다.[9]

$$p_a - p_b \pm 1.96\sqrt{\frac{p_a(1 - p_a)}{n_a} + \frac{p_b(1 - p_b)}{n_b}}$$

계속해서 유입 경로별 사용자의 지속 여부 데이터를 사용해 두 그룹의 지속 이용률 차이의 95% 신뢰 구간을 계산한다.

```
def calc_combined_err(a, b, alpha):
    p_a = a['p']
    n_a = a['n_observation']
    p_b = b['p']
    n_b = b['n_observation']
    z = scipy.stats.norm.ppf(1 - alpha/2)
    return z * np.sqrt(p_a*(1-p_a)/n_a + p_b*(1-p_b)/n_b)

def calc_diff_confidence_interval(a, b, alpha):
    err = calc_combined_err(a, b, alpha)
    diff = a['p'] - b['p']
    return (diff - err, diff + err)

calc_diff_confidence_interval(a, b, alpha=0.05)
# (-0.09057004943075483, 0.05322774497322749)
```

지속 이용률 차이의 신뢰 구간에 0이 포함되어 있다. 따라서 차이가 있는 것인지 알 수 없다고 판단할 수 있다. p값만 사용하는 것보다 차이의 신뢰 추정값에서 많은 정보를 얻을 수 있어 보고서에 포함시킬 값으로 적합하다. 이 라이브러리를 이용한다면 statsmodels.stats.weightstats.CompareMeans 등을 이용해 계산할 수 있다.

> **WARNING_** 필자는 가설 검정을 이용한 분석 결과로 유의한 차가 있는 점만을 강조한 보고서를 본 적이 있다. 표본 크기를 늘리면 어떤 작은 차이라도 통계적으로 유의해진다. 효과량을 모르면 비즈니스 영향 여부를 판단할 수 없으므로 차이의 크기에 주목한다.

---

9 신뢰 구간을 계산하는 몇 가지 방법이 있다. p가 0에 가까울 때는 좌우 대칭인 정규분포 근사를 이용하면 신뢰 구간값이 음수가 되는 이상한 결과가 얻어진다. 이때는 Wilson score interval을 사용하면 문제없이 근사할 수 있는 것으로 알려져 있다. statsmodels 같은 라이브러리를 사용하면 신뢰 구간 계산 방법 옵션을 설정할 수 있다.

7.3.5 거짓 양성과 거짓 음성

두 가지 예시를 통해 p값이 사전에 결정된 유의 수준에 미치지 못하면 귀무가설을 기각하는 것이 가설 검정 프레임이라고 설명했다. 하지만 **드물게 발생하는 일이 발생하면 귀무 가설을 기각한다**고 판단하면 귀무가설이 참이라고 해도 유의 수준의 확률에 따라 귀무가설을 잘못 기각할 수 있다. 예를 들어 유의 수준 5%로 검정한다면 실제로 두 그룹 사이에 차이가 없어도 5% 확률로 차이가 있다고 판단하게 된다. 이처럼 잘못된 발견을 **거짓 양성**false positive이라고 한다. 반대로 실제로는 유의한 차이가 있지만 귀무가설을 기각하지 않는 경우를 **거짓 음성**false negative이라고 한다.[10] 질병 검사에서 양성이 나왔지만 정밀 검사에서 이상 없다고 진단받는 경우가 있다. 이것이 거짓 양성이다. 검출되어야 할 병을 놓치는 경우는 거짓 음성이다.

3장에서 분류기의 성능 평가를 설명했는데 관련 개념으로 **검정력**power을 검정 결과 평가에 사용한다. 검정력은 다음과 같이 계산한다.

$$1 - (유의한\ 차가\ 있음에도\ 유의한\ 차이가\ 없다고\ 판단한\ 확률)$$

이는 유의한 차이를 올바르게 검출할 수 있는 능력을 나타낸다. 작은 차이를 검출하는 데는 큰 표본 크기가 필요하다.

7.3.6 p값 조작

가설 검정은 예나 지금이나 끊임없는 비판의 대상이다. 2017년 7월 p값의 임곗값을 0.05에서 0.005로 바꾸어야 한다는 성명도 발표되었다. 이는 p값을 사용한 연구의 재현성이 낮은 데서 기인한다.[31] 가설 검정을 잘못 사용한 경우 중 유명한 것으로 p값 조작이 있다. 몇 번이나 검정을 수행해 유의해진 결과를 선택하는 것이다. 가설 검정에서는 검정 대상의 표본을 고정시켜야 한다. 유의한 차이가 나타나지 않았다고 표본을 바꾸어 재실험을 하면 유의 수준의 의미 자체가 사라진다. 앞서 설명한 동전 던지기 예에서 앞면이 나오는 확률이 50%, 즉 귀무가설이 참인 상황에서 동전을 한 번 던진 때마다 가장 최근 샘플을 대상으로 검정을 수행하면 어떻게 될까?

---

10 거짓 양성을 1형 오차(Type 1 Error) 또는 α 오류, 거짓 음성을 2형 오차(Type II Error) 또는 β 오류라 부르기도 한다.

```
mu = 0.5  # 앞면이 나오는 확률 50%
init_sample = list(scipy.stats.bernoulli.rvs(mu, size=20))
sample = init_sample
p_value_history = []
for i in range(200):
    # 직전 20번 결과를 사용한 검정
    _, p_value = scipy.stats.ttest_1samp(sample[-20:], 0.5)
    p_value_history.append(p_value)
    # 새로 동전을 던져 결과를 저장
    sample.append(scipy.stats.bernoulli.rvs(mu))

plt.figure(figsize=(10, 4))
plt.plot(p_value_history)
plt.xlabel('Test Epoch')
plt.ylabel('p값')
```

그림 7-10 동전을 한 번 던질 때마다 직전 20개 표본에 대한 검정을 했을 때 p값의 추이

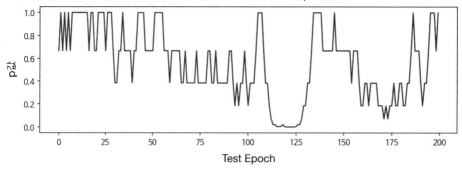

[그림 7-10]을 보면 120번째에서 p값이 0.05 아래로 내려간다. 앞면이 나온 확률은 50%이므로 이는 우연히 일어난 일이다. 검정을 반복하다 보면 유의한 차이가 발생한다. 좋은 결과를 얻고자 하는 시행착오가 거짓 양성 발생 확률을 높일 수 있다는 점에 주의해야 한다. 웹 서비스에서 A/B 테스트를 할 때는 이와 비슷해 p값을 계속 관찰하다가 유의한 결과가 나왔을 때 테스트를 멈추게 될 수도 있다. 새로운 관측 데이터가 계속 나오는 상황에서 판단을 내리는 방법은 7.4절에서 설명한다.

7.4 A/B 테스트 설계 및 수행

앞 절에서 **RCT를 사용한 선택 편향 제거, 두 그룹 사이의 비교를 통한 시간 변화 경향 제거** 방법을 설명했다. **A/B 테스트**는 두 조건을 기반으로 운영 환경에서 수행하는 테스트를 활용해 웹 서비스에서의 정책 효과 검정에 널리 사용되고 있다. A/B 테스트를 진행하는 과정은 다음과 같다.

- 지표 선정
- 두 그룹 선정
- A/A 테스트
- 한 그룹에 개입
- 결과 확인
- 테스트 종료

몇 가지 중요한 부분을 설명한다.

7.4.1 그룹 선정과 표본 크기

가설 검정에서 표본 크기와 p값 사이의 관계를 설명했다. 작은 차이를 검출하고자 한다면 많은 수의 표본이 필요하다. 적절한 표본 크기를 결정하는 방법을 『自然科学の統計学(자연과학 통계학)』[32] 등을 참고하자. A/B 테스트에서는 사전에 표본 크기를 결정해야 하는데 그중 두 가지를 소개한다.

표 7-5 표본 크기에 따른 차이

케이스	검증 방법	표본 크기
A	기존 사용자를 두 그룹으로 나누어 한쪽에만 개입한 뒤 1인당 매출 평균에 차이가 나는지 검증한다.	두 그룹을 처음 만든 시점에서 고정된다.
B	사용자 신규 가입 등록 화면의 새 디자인과 기존 디자인을 비교해 등록 완료율에 차이가 있는지 검증한다. 신규 사용자가 방문하면 일정한 확률로 새 디자인을 보여준다.	신규 사용자가 있는 한 계속 증가한다.

A의 표본 크기가 너무 작으면 테스트를 다시 해야 한다. 미리 표본 크기를 미리 확인하는 것이 중요하다. 표본 크기가 크면 테스트 영향을 받은 사용자 수가 늘어난다. 테스트 정책의 효과가 마이너스가 될 수도 있어 사용자 수가 너무 많아도 문제가 된다.

모든 사용자를 절반으로 나누어 테스트를 하면 다른 테스트를 동시에 실행할 수 없다. 개발 효율 면에서도 일부 사용자를 그룹으로 추출하는 것이 좋다. 실험군과 대조군을 재활용하면 이전 테스트의 영향을 받을 수 있으니 테스트마다 그룹을 추출해야 한다.

7.4.2 지속적인 A/B 테스트 및 종료 판정

가설 검정 절차에 따라 처음에 표본 크기를 고정하는 것과 달리 온라인 테스트에서는 순차적으로 관측되는 데이터 때문에 표본 크기가 점점 커진다. 이때는 임의의 시점에서 판단을 내리므로 기존의 가설 검정과 구별하기 위해 **순차적 A/B 테스트**sequential A/B testing이라고 부르기도 한다. 결과를 확인한 후 '표본 크기가 작으니 테스트를 지속한다'는 의사결정도 내릴 수 있다. 이는 앞서 설명한 p값 조작이 발생하지 않도록 주의해야 하지만 새로운 관측 데이터를 표본으로 추가하면서 테스트 결과를 수렴하게 된다. 따라서 **시간을 투자해 표본 크기를 늘릴수록 판단을 내리기 쉬워진다.** 지속적인 A/B 테스트는 새로운 관측 데이터를 이용해 결과 변수의 사후 분포를 업데이트하는 베이즈 통계의 사고 방식과 일치한다. 사후 분포를 이용한 A/B 테스트는 『머신러닝을 활용한 웹 최적화』(한빛미디어, 2021)[33]를 참고하자.

새로운 관측 데이터를 순차적으로 얻는 테스트에서의 종료 시점은 명확하지 않다. 그러나 결과 변수의 시계열 플롯에 신뢰 구간을 겹쳐 직관적으로 판단할 수 있다. 신뢰 구간이 분리되면 차이가 있는 것으로 간주하고 그렇지 않으면 아무리 유의한 차이가 발생하더라도 효과를 기대할 수 있을 만큼 차이가 크지 않다고 판단해 테스트를 중지할 수 있다.

[그림 7-11]은 가공의 데이터 $Y \in \{0, 1\}$에 대한 A/B 테스트를 시각화한 것이다. 서비스에 최초로 등록할 때 유료 정책을 제시하는 기능의 A/B 테스트라고 가정하자. 50% 확률로 유료 정책을 제시하고 해당 정책에 등록하면 $Y = 1$로 한다. 두 그룹에 대한 각각의 관측 데이터를 얻어 $E(Y)$의 추정값과 95% 신뢰 구간을 계산한다. 표본 크기가 7,000을 넘으면 신뢰 구간이 분리된다. 실제 $E(Y \mid 개입함)$은 0.065지만 표본 크기가 1,000정도일 때 판단하면 과소평가된다.

그림 7-11 지속적인 A/B 테스트 예. 두 그룹 각각의 E(Y) 추정량과 신뢰 구간을 겹쳐서 플롯했다. $E(Y \mid$ 개입함$) = 0.065$, $E(Y \mid$ 개입하지 않음$) = 0.050$으로 표본을 생성했다.[11]

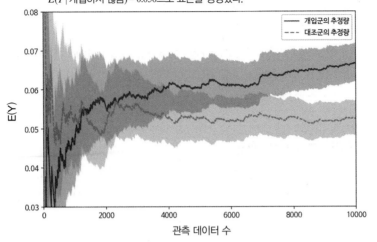

[그림 7-12]를 보면 같은 데이터로 두 그룹의 차이인 ATE 추정량과 신뢰 구간을 플롯했다. 표본 크기가 10,000인 시점에서 차이의 신뢰 구간은 (0.0085, 0.0195)이다. 대조군과 비교해 17~39%의 유료 정책 신청률 향상이 있다고 판단할 수 있다. 만약 '10%의 성능이 향상되면 실제 환경에 적용할 가치가 있다'는 기준이 있다면 테스트를 종료할 수 있다. 혹은 '적어도 20%의 성능 향상이 있어야만 출시할 수 있다'는 기준이라면 테스트를 계속한다. '적어도 50%의 성능 향상이 있어야만 출시할 수 있다'는 기준이라면 테스트를 종료한다.

그림 7-12 두 그룹의 차이의 추정량과 신뢰 구간 플롯(참인 개입 효과는 0.015)

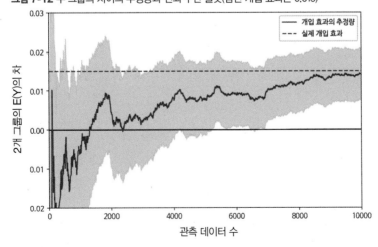

---

11 이 책에서는 설명하지 않았지만 데이터 생성, 신뢰 구간 계산, 플롯 코드는 샘플 코드에 포함되어 있다.

표본 크기가 클수록 판단은 쉽다. 테스트 결과를 빠르게 판단하는 것은 좋은 정책을 빠르게 적용할 수 있어 그만한 가치가 있다. 효과가 좋지 않은 정책은 테스트를 빨리 중단해야 한다. A/B 테스트에서 쉽게 간과하는 점이 종료 시기를 결정하지 않은 채 테스트를 방치하는 점이다. 테스트 실시 기간을 제한하는 것도 좋은 방법이다. A/B 테스트 플랫폼인 옵티마이즐리Optimizely는 p값을 지속적으로 관찰한 후 조기 판정하는 방법을 제안했다.[34]

7.4.3 A/A 테스트를 이용한 균질성 확인

선택 편향을 없애기 위해 무작위 추출로 개입 여부를 결정하는 방법이 RCT다. 웹 서비스에서 사용자 단위로 효과를 제공하는 정책이라면 무작위로 사용자를 추출해 개입 여부를 결정한다. 무작위 추출에 따라 품질이 같은 두 그룹을 얻었는지 확인하는 것이 **A/A 테스트**다. 두 그룹을 추출한 다음 시간을 두고 두 그룹의 차이가 있는지 확인한 후 한쪽에 개입한다. 또는 과거 데이터를 사용해 차이가 없는 것을 확인할 수 있다면 즉시 테스트를 시작할 수 있다.

7.4.4 정책 상호 작용에 주의

두 정책 A와 B 중 어떤 것이 좋은지 동시에 테스트를 실시해서 결과를 비교하면 서로에게 영향을 미치는 경우가 있다. '7.3.3 획득한 사용자의 지속 이용률 비교' 예시에서는 A와 B 광고 송출 서비스의 대상자가 독립되었다고 가정했다. 그러나 실제 인터넷 광고에서는 서로 다른 송출 서비스가 동일한 광고 경매 시장에서 송출 권한을 구입하기도 한다. 이때는 A와 B가 비슷한 사용자를 대상으로 입찰을 하게 되고 경매가가 상승해 두 광고 모두 매입 비용이 증가한다. 따라서 비용을 비교하고자 해도 각 광고를 단독 이용했을 때의 비용을 알 수 없게 된다. 이를 피하기 위해 테스트 대상인 두 그룹 사이에 공유하는 요소는 없는지 테스트 설계 단계에서 확인해야 한다.

7.4.5 A/B 테스트 프레임 구축

A/B 테스트를 실시하기 위해서는 제품이 A/B 테스트에 대응해야 한다. 무작위 추출이나 개입 여부 설정은 어디에나 필요하지만 머신러닝을 사용할 때는 학습 데이터 분리에 주의해야 한다. 특히 실행 중인 머신러닝 모델이 학습 데이터에 영향을 줄 때가 그렇다. 예를 들어 추천 시

스템은 사용자의 행동 로그를 학습 데이터로 사용한다. 추천 시스템에서 제안한 선택지에 대한 행동 로그는 추천에 의한 편향이 있어 로그를 통해 다른 예측기에 영향을 준다. 여러 예측기를 A/B 테스트로 비교할 때 학습 데이터를 경유해 서로 영향을 주면 본래의 동작을 하지 않게 된다. 예측기가 학습 데이터에 영향을 준다면 학습 데이터를 분리해야 한다.

로그를 통해 자신 이외의 대상에 영향을 미치는 것은 머신러닝 특유의 기술 부채의 하나로 꼽힌다(그림 7-13).[35]

그림 7-13 오염된 로그

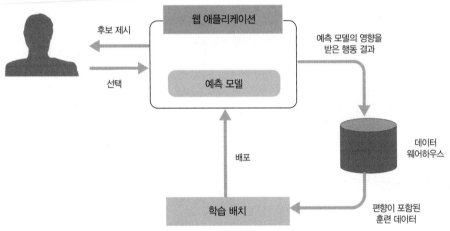

이외에도 마이크로소프트의 A/B 테스트 팀은 다음 기능을 활용한다.[36]

- 효과가 좋지 않은 테스트의 조기 중단을 위한 알림 및 자동 정지
- 테스트 상호 작용의 자동 검출

7.5 오프라인 검증

테스트 대상 제품이 A/B 테스트 구조를 갖추고 있다고 간단히 A/B 테스트를 할 수 있는 것은 아니다. 먼저 테스트를 실시하기 위해서는 제품에 테스트 기능을 통합해야 하고 결과를 확인할 때까지 기다려야 한다. 제품 코드를 작성하기 전 실험으로 할 수 있는 오프라인 평가 실험이 주목받고 있다.

7.5.1 비즈니스 지표를 사용한 예측 모델 평가

예측 모델 정확도가 비즈니스 지표에 미치는 영향을 알기는 어렵지만 예측을 기반으로 행동한 결과를 고려하면 더욱 쉽게 알 수 있다. 자사 제품의 예상 고객을 판단한 후 예상 고객에게 영업이 목적인 화면을 보여준다고 가정하자. 이때 예측을 벗어나도 패턴은 두 가지가 있어 **예상 고객을 예상 고객이 아니라고 잘못 판단**했을 때의 손실과 반대 패턴에서의 손실은 다를 수밖에 없다. 전자는 지출한 매출 금액, 후자는 인건비 낭비액이 해당한다. 항공기 엔진이나 화학 공장 등에서의 고장 검지로 경우를 바꿔 생각해보자. 고장을 발견하지 못한(거짓 음성) 영향은 대단히 크다(그림 7-14). 회귀 모델에서는 위 또는 아래로 벗어난 경우를 들 수 있다.

그림 7-14 예측이 맞았을 때와 맞지 않았을 때 일어나는 일을 표현했다.

언어로 표현하면서 이익이나 손실을 수치로 표현할 수 있다면 예측 모델을 사용했을 때의 기대 수익을 구할 수 있다. 기대 이익을 활용해 모델 평가 실험을 할 수 있다. 예측이 맞는 경우와 맞지 않는 경우에 어떤 일이 일어나는지 언어로 표현해 예측을 크게 벗어났을 경우에 해야 하는 복원 업무도 명확히 할 수 있다.

7.5.2 반사실 다루기

오프라인 실험은 모종의 로그에 기반해 시뮬레이션 실험을 수행하지만 이때도 '7.2.2 루빈의 인과관계 모델'에서 설명한 반사실(사실과 반대임을 가정하는 것)이 무엇인지 알 수 없는 문제에 부딪힌다. 예를 들어 여신 판정 모델의 예측 결과를 기반으로 대출을 실행하는 케이스를 생각해보자. 과거의 행동 결정 정책으로 만들어진 로그에 새로운 정책의 결과를 추가한 데이터는 다음과 같다(표 7-6).

표 7-6 과거의 로그를 사용한 새로운 정책 평가 실험이 예

사용자	과거 정책 대출액	결과	새 정책 대출액	결과
A	100	상환 완료	100	상환 완료
B	150	상환 완료	100	상환 완료
C	0	없음	0	없음
D	1000	상환 불가	1000	상환 불가
E	1000	상환 불가	0	없음
F	100	상환 완료	500	?
G	0	없음	500	?

고객 A, C, D에게는 과거 정책과 동일하게 적용해 결과가 같다. 고객 B는 다른 금액을 대출했으나 150만 원을 모두 상환했으므로 100만 원도 상환을 완료할 것이다. 고객 E는 대출을 하지 않아 아무 결과를 얻지 못한다. 고객 F와 G에게는 지금까지보다 많은 금액을 대출해준다. 이때 결과는 관측하지 못했기에 반사실에 해당하며 결과가 분명하지 않다. 분명하지 않은 결과를 다룰 때 가장 편한 방법은 상환 역량을 예측하고 이를 이용한 결과를 만들어 평가하는 것이다. 단 평가 결과의 신뢰도는 상환 역량 예측의 정확도에 따라 다르다는 점에 유의하자.

7.5.3 Off Policy Evaluation

효과 검증에서 중요한 점은 예측 모델의 출력 자체가 아니라 **예측으로 어떤 행동을 하는 시스템 관점에서의 성능**이다. 과거의 다른 정책에 따라 생성한 로그에 기반해 행동 결정 정책을 평가하는 것을 **Off Policy Evaluation(OPE)**라고 한다. 앞서 설명한 것처럼 과거 정책과 다른 행동을 얻게 되는 경우의 평가가 문제가 되고 있지만 불연속적인 행동[12]에 적용할 수 있는 정책 성능 평가 기법으로 많이 사용하고 있다. 이 책에서는 자세히 설명하지 않지만 구체적인 방법은 참고 문헌[37]을 참고하기 바란다.

---

12 대출액 결정은 연속적이며 온라인 쇼핑에서의 제품 추전은 불연속적이다.

> **비즈니스 설정을 손실 함수에 반영한다**
>
> '7.5.1 비즈니스 지표를 사용한 예측 모델 평가'에서는 비즈니스 설정을 모델 평가에 반영하는 방법을 소개했는데, 모델 훈련에 사용하는 손실 함수에 비즈니스 설정을 반영할 수도 있다.
>
> 거짓 음성과 거짓 양성의 영향이 다르면 정답 레이블에 따라 훈련 데이터의 레코드별 중요도가 다르다. 이때는 훈련 시 손실 함수 및 평가 함수에 레코드별 가중치를 반영할 수 있다. 일반적인 머신러닝 라이브러리에서는 훈련 시 표본 가중치sample weight로 설정한다. 광고 송출에서 이용하는 예측기에서는 특징량으로 광고 ID를 주로 사용하며, 광고별 매출의 영향도를 가중치로 손실 함수에 반영한 가중치 로그 손실weighted logloss을 사용하기도 한다.[38]
>
> 손실 함수 자체를 평균 제곱근 오차나 교차 엔트로피 오차가 아니라 독자적인 것으로 치환한 경우도 있다. 예측값을 이용해 행동했을 때의 기대 이익 계산식에서 손실 함수를 도출해 훈련에 이용한 사례에 관한 문헌[39]도 있다. LightGBM처럼 머신러닝 라이브러리에 따라서 직접 구현한 함수를 손실 함수로 지정할 수 있다. 이러한 방법으로 비즈니스 지표를 직접 향상시키도록 예측 모델을 훈련할 수 있다.

7.6 A/B 테스트를 수행할 수 없을 경우

실제 운영 환경에서 수행하는 A/B 테스트로 높은 증거 수준의 결과를 얻을 수 있다. 하지만 A/B 테스트가 없거나 무작위 개입 분할이 불가능할 수도 있다. 분석 현장에서는 오히려 A/B 테스트를 실행할 수 있는 경우보다 실행한 후 당시 데이터에 기반해 효과 검증을 하는 것이 많을 수도 있다. 무작위로 비교한 실험에서 얻어낸 **실험 데이터**로 자연스럽게 얻어지는 결과를 관찰 데이터라고 한다. 인과 추론이나 계량 경제학 등 분야에서는 **관찰 데이터**를 기반으로 개입 효과를 추정하는 다양한 기법도 제안하고 있다.

7.6.1 관찰 데이터를 사용한 효과 검증

관찰 데이터를 다룰 때는 반사실에 해당하는 대조군을 얻을 수 없어 혼재 인자의 영향이나 선택 편향을 제거하기 어렵다. 관찰 데이터를 다루는 방법은 설명하지 않았지만 마케팅 분야에서 자주 사용되는 **차이의 차이 기법**difference in differences을 소개한다. 실험군과 유사한 경향을 나타내는 그룹의 결과 변수의 시간 변화를 활용해 개입 전후를 비교하는 기법이다. 지역 A에 한정해 지역 광고를 송출했을 때의 제품 매출에 대한 효과 검증 상황을 가정해보자. '지역 광고를 송출하지 않은 다른 지역의 일반적인 매출 변화 경향이 A와 유사한 지역'을 지역 B로 선택한다. 지역 광고 송출 전후에 발생한 지역 B의 매출 변화를 기반으로 지역 A에 광고 송출을 하지 않았을 때의 매출 추정값을 구할 수 있다. 이 추정값과 실적의 차이가 인과 효과가 된다. 가공의 데이터로 만든 [그림 7-15]는 지역 광고 전후로 A, B 모두 매출이 하락했지만 지역 A는 광고를 하지 않았을 때의 추정값보다 변화가 커 광고 효과가 있다고 판단한다.

그림 7-15 차이의 차이 기법을 이용한 검증의 예

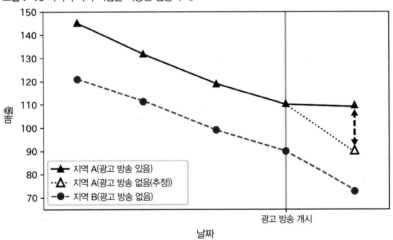

이외에도 설명 모델을 이용한 중회귀 분석 방법, 개입 확률을 이용해 편향을 보정하는 방법, 비교 대조 시계열을 만드는 방법 등이 있다. 이 방법들과 구체적인 구현 코드는『効果検証入門(효과 검증 입문)』[40]을 참고 바란다. 이번 장에서 소개한 내용보다 폭넓은 인과 추론 개념 및 실제 관찰 데이터 분석 사례는『岩波データサイエンス Vol.3(이와나미 데이터사이언스 Vol.3)』[41]에서 확인 가능하다.

7.7 정리

이번 장에서는 정책과 결과의 인과관계를 찾는 방법, 신뢰 구간을 사용한 효과량 확인 방법, A/B 테스트 및 오프라인 검증 방법을 설명했다. 효과 검증에만 국한된 것이 아니라 편향에 주의해 데이터를 다루는 것은 데이터에서 가치를 얻는 업무에서 매우 중요한 자세다. 루빈의 인과관계 모델에 기반한 인과 효과 추정은 올바른 비교에 도움이 된다. 오프라인 검증은 비용이 드는 A/B 테스트를 줄이면서 개발 주기를 빠르게 할 수 있다. 웹 서비스의 온라인 검증은 낮은 비용으로 많은 표본을 얻을 수 있다. 한정된 표본을 사용해 모집단의 성질을 예측하는 통계적 장점은 없다고 생각할 수 있으나 신기능 검증의 리스크를 최소화할 수 있다.

효과 검증 결과는 데이터 과학 팀뿐만 아니라 비즈니스에도 공유해야 한다. 비용이 드는 A/B 테스트 실시가 바람직한 이유 등을 사전에 준비해두면 원만한 커뮤니케이션이 가능하다. 효과 검증을 더 자세히 알고 싶다면 『『原因と結果』の経済学(‘원인과 결과’의 경제학)』[42]을 참고하기 바란다.

7.8 쉬어가기: 무조건 성공하는 A/B 테스트, A/B 테스트 모집단 조작

필자는 한 회사의 사내 비즈니스 콘테스트에서 외부 심사위원을 한 적이 있다. 이때 ‘무조건 성공하는 A/B 테스트’를 경험할 수 있었다. 필자 외에도 여러 전문 외부 심사위원이 있었지만 모두 기술에 주목하느라 A/B 테스트가 가진 문제를 간과했다. ‘최첨단 기술을 사용했고 성과도 좋으니 훌륭하다’고 주장하는 심사위원과 ‘A/B 테스트는 무조건 성공하도록 설계된 것이므로 기술이 훌륭한지 알 수 없다’는 필자의 의견 충돌로 심사가 격렬해졌다.

이 경험으로 ‘기술 전문가에게도 A/B 테스트 설계는 매우 어렵다’는 것을 통감했고 많은 사람에게 알려주고자 이번 절에서 소개한다.

A/B 테스트를 수행하는 목적은 크게 두 가지이다.

- 여러 정책 중 더 나은 정책을 선택한다.
- 새로운 정책을 실시할 때 좋지 않은 결과가 나타나면 즉시 중지한다.

정책 내용을 이해하지 못한 사람이라도 좋고 나쁨을 판단할 수 있다는 장점이 있다. 역으로 이용하면 A/B 테스트의 조건을 통제해서 무조건 성공하는 A/B 테스트를 설계할 수 있다. 즉 A/B 테스트 내용을 이해하지 못하는 상사를 속여 회사의 의사결정을 조작할 수 있다. 비즈니스가 보수적인 분위기라서 실험적인 정책을 도입하지 못하는 환경이라고 해도 A/B 테스트를 조작하면 회사의 의사결정을 좌지우지할 수 있다.

무조건 성공하는 A/B 테스트 설계 기법과 함께 이를 발견하고 대응하는 방법을 알아보자.

7.8.1 모집단 통제를 통한 A/B 테스트 조작

무조건 성공하는 A/B 테스트는 어떻게 만들 수 있을까? 간단하다. **'대부분이 0이고, 음의 값을 갖지 않는 KPI'를 A/B 테스트의 평가 지표로 삼으면 된다.** 다음 예에서는 B 그룹을 대성공이라 판단할 수밖에 없다.

- A 그룹: 전환율 0.0% / 매출 0원
- B 그룹: 전환율 1.0% / 매출 1,000원

대부분 0이고 음의 값을 갖지 않는 지표는 0 이하로 내려가지 않는다. 어떤 실험을 해도 현재 상황과 크게 달라지지 않거나 오히려 좋아진다. 비즈니스 현장에서는 매출이나 전환율처럼 음의 값을 가질 수 없는 지표가 매우 많다. 0이라는 값을 갖는 모집단을 잘 선택하면 무조건 성공하는 A/B 테스트를 구현할 수 있다. 실제로 필자가 본 모집단 통제 사례를 보자.

7.8.2 휴면 고객에게 접근

여러분의 회사에서 구매 이력을 가진 고객에게 메일 매거진을 보내고 있다면 모집단 통제로 재미있는 상황을 만들 수 있다.

구매 이력과 메일 주소를 대조해 '과거 3년간 구매 이력이 없는 고객'의 세그먼트를 만든다. 이 세그먼트는 향후 컨버전을 할 가능성이 극히 낮아 고객 가치가 대부분 0이다. 아무런 매출이 일어나지 않으면 0이라고 생각해도 좋다.

머신러닝으로 과거 구매 정보를 확인한 후 고객 맞춤형 쿠폰 코드를 메일 매거진에 첨부해서 보내는 정책을 수립한다. 그리고 평소의 메일 매거진과 비교하는 A/B 테스트를 수행한다. 다음과 같은 A/B 테스트 결과가 나온다.

- A 그룹: 평소와 같은 메일 그룹 / CVR 0.0%
- B 그룹: 머신러닝을 활용해 추천 할인 쿠폰을 받은 그룹 / CVR 1.2%

결과를 보고 '머신러닝을 활용한 추천 할인 쿠폰의 제공이 좋다'고 결론 내릴 수 있을까? 전환율 상승은 할인 쿠폰 때문이다. 머신러닝으로 메일 매거진을 개인에게 최적화한 것이 이유가 아니다. 다음과 같이 세 그룹을 만들어 실험해야 한다. B 그룹과 C 그룹의 CVR 차이를 보고 머신러닝을 활용한 최적화 효과를 파악한다.

- A 그룹: 평소와 같은 메일 그룹
- B 그룹: 머신러닝을 활용한 추천 할인 쿠폰을 첨부한 메일 그룹
- C 그룹: 고객이 마지막 열람한 상품 카테고리에 대한 쿠폰 코드를 첨부한 메일 그룹

필자는 실제로 A 그룹과 B 그룹을 비교해 '머신러닝을 활용한 추천 할인 쿠폰 제공은 좋다'고 주장한 보고서를 본 적이 있다.

이 예시는 모집단 통제와 여러 가지 정책을 섞은 A/B 테스트 조합 기술이다. 효과가 없는 정책(머신러닝)이라도 효과가 있는 정책(할인 쿠폰)과 조합해 효과가 있는 것처럼 보이게 만들어 준다.

7.8.3 뒤로가기 버튼 조작

웹 페이지를 보다가 뒤로가기 버튼을 눌렀을 때 팝업 메시지가 나타나는 사이트가 있다. 예를 들어 페이스북에서는 글 작성 필드에 메시지를 입력한 상태에서 뒤로가기 버튼을 누르면 다음과 같은 메시지가 표시된다.

그림 7-16 페이스북에서 뒤로가기 버튼을 눌렀을 때

뒤로가기 버튼을 누른 고객은 사이트에서 나가려는 명확한 의도가 있으며 전환율을 0으로 예상할 수 있다. 따라서 뒤로가기 버튼을 누른 고객에게 그대로 나갈 것인지 묻는 경고창으로 붙잡는 확실하게 성공하는 A/B 테스트를 설계할 수 있다. 실제 일부 마케팅 도구에서는 사용하는 기법이며 높은 마케팅 비용을 내는 회사도 많다.

7.8.4 모집단 조작 찾기

모집단 조작을 찾아내기 위해서는 적절한 베이스라인 정책이 설정되었는지 확인하는 것이 중요하다. 예를 들어 휴면 고객에 대한 메일 발송에서는 C 그룹을 설계하는 것이 베이스라인 정책에 해당한다. 머신러닝 도입에 따른 효과를 측정하고자 한다면 매우 간단한 규칙 기반의 알고리즘을 통합해서 비교해야 한다.

뒤로가기 버튼에서는 '뒤로가기 버튼을 눌렀을 때 나타나는 메시지 내용'이 A/B 테스트라면 좋은 베이스라인 설계라고 말할 수 있다.

A/B 테스트의 각 정책을 비교할 때는 다음처럼 조작 여부를 확인하면 좋다.

- 모집단이 항상 0인 세그먼트를 이용하지는 않았는가?
- 여러 정책이 하나의 그룹 안에 섞여 있지는 않은가?
- 베이스라인 정책이 올바르게 설계되어 있는가?

물론 0인 세그먼트를 모집단으로 하여 정책을 실행해 성과를 만드는 것이 반드시 나쁘다고 단정할 수는 없다. 실행을 하면 반드시 성과가 나오니 안 할 이유도 없다. 0인 세그먼트를 대상으로 수행한 A/B 테스트 성공 기반의 정책에 사용한 기술이 좋다는 착오를 일으키는 것이 문제다.

7.8.5 휴면 고객을 활용한 낮은 리스크의 실험을 통해 성공 사례 축적

휴면 고객에 대한 접근 방식은 머신러닝 시스템 도입에서 매우 효과적인 방식이다. 기존의 마케팅이나 비즈니스에서 보면 머신러닝 시스템 도입은 '머신러닝이라는 명확하지 않은 요소가 포함되어 있다', 'A/B 테스트로 실험한다고 하지만 성과가 떨어질 수도 있다'는 불안 요소가 존재한다. 휴면 고객의 예와 같이 베이스라인이 0인 세그먼트를 이용해 실험을 하면 성과가 낮아지지 않아 우려를 줄일 수 있다.

## CHAPTER 8

머신러닝 모델 해석하기

이번 장에서는 머신러닝을 활용해 얻은 모델의 파라미터를 확인해 어떤 특징량이 목적 변수에 얼마나 기여하는지 확인한다.

비즈니스 현장에서는 예측 결과를 상사나 클라이언트, 사용자에게 설명해야 할 때가 있다. 예측 이유는 무엇이며 어떤 특징량이 기여하는지, 어떤 특징량을 조합하면 더 나은 예측이 가능한지 등이다. 예측 이유와 사람의 직감이 일치하는지 판단해 예측 모델의 타당성을 평가한다.

이런 방식은 설명 가능한 AI^{explainable AI}라 불리는 연구 분야이며, 유명한 논문으로 「Grad-CAM」[43]이 있다. 논문에서는 이미지 분류 모델에 기여하는 이미지 영역을 시각화해서 분류 모델이 올바르게 기능하는지 나타내는 것을 제안한다.

논문 사례에서는 편중된 데이터셋을 활용했을 때 여성 의사를 간호사로 오인한 실제 검증 결과를 소개한다. 인터넷에서 의사와 간호사의 이미지를 얻어 분류하는 모델을 만들었다. 82%의 정확도로 분류를 수행했다. 분류에 기여하는 요소를 시각화하니 사람의 얼굴과 헤어스타일에 중점을 둔다는 사실을 알게 되었다. 인터넷의 의사와 간호사 이미지에는 남녀 성비가 반영되어 의사 78%는 남성, 간호사 93%는 여성으로 편중되어 있었다. 즉 분류기는 두 이미지의 성별을 구분하도록 학습이 되었고 남성은 의사이며 여성은 간호사라고 출력했다. 훈련 데이터인 남녀 성비를 올바르게 수정해 학습을 수행했을 때는 청진기, 흰 가운, 소매(의사 가운은 긴 소매, 간호사의 가운은 반 소매) 등에 착안해 올바르게 예측했다.

예측 이유를 살펴보면 미처 사람이 알지 못한 이유를 발견하기도 한다. 직원 만족도 조사 결과를 머신러닝에 전달해 직원 만족도와 연관된 요소를 조사하는 것과 같다. 이처럼 머신러닝은 예측 개입뿐만 아니라 현상 파악을 목적으로 사용할 수도 있다.

여기서는 캐글에 공개된 IBM의 퇴직 예측 문제 데이터셋[1]를 사용했다. 직원 고용 현황 데이터, 직원 만족도 조사, 해당 직원의 퇴직 여부 데이터를 결합해서 만든 데이터셋이다. 이번 장에서는 이직을 목적 변수로 머신러닝을 수행해 얻어낸 모델의 파라미터를 관찰한다. 퇴직에 영향을 미치는 특징량을 파악해 퇴직 원인을 알아보겠다.

단 '상관관계가 있다고 인과관계가 있는 것은 아니'라는 점에 주의한다. 지금 말할 수 있는 것은 상관관계뿐이다. 실제 데이터에는 포함되지 않은 다른 원인도 있을 것이다. 다른 원인들이 퇴직이나 직원 만족도를 포함한 다른 특징량에 영향을 미쳐 퇴직과 어떤 특징량이 상관관계에 있다고 볼 수도 있다.

8.1 구글 콜랩에 설치된 라이브러리 버전 업데이트

구글 콜랩^{Google Colaboratory} 환경을 활용해보자. 구글 콜랩에는 머신러닝에 필요한 라이브러리가 설치되어 있으나 최신 버전이 아닐 경우가 많다. 2022년 1월 기준으로 scikit-learn의 최신 버전은 1.0.2이며, 구글 콜랩에도 해당 버전이 설치되어 있다. 혹 버전이 다르다면 pip install -U 명령어로 최신 버전 라이브러리를 설치할 수 있다. -U 옵션은 --upgrade의 약어다.

```
!pip install -U scikit-learn
```

설치가 완료되면 다음 명령어로 버전을 확인할 수 있다.

```
import sklearn
sklearn.__version__
# 1.0.2
```

---

1 'IBM HR Analytics Employee Attrition & Performance' https://www.kaggle.com/pavansubhasht/ibm-hr-analytics-attrition-dataset

scikit-learn의 최신 버전을 설치했으니 이번 장에서 활용할 shap[2]과 dtreeviz[3] 라이브러리를 설치하자.

```
!pip install shap dtreeviz
```

8.2 학습용 파일 업로드 및 확인

구글 콜랩에서는 노트북에 전용 API로 임의의 파일을 업로드할 수 있다. 대상 데이터인 WA_Fn-UseC_-HR-Employee-Attrition.csv를 업로드한다.

```
from google.colab import files
files.upload()
```

그림 8-1 구글 콜랩의 파일 업로드 폼 호출

업로드한 파일의 구조를 확인해본다(그림 8-2).

```
import numpy as np
import pandas as pd
import matplotlib.pyplot as plt

source_df = pd.read_csv('WA_Fn-UseC_-HR-Employee-Attrition.csv')
source_df.head(10)
```

---

2 https://github.com/slundberg/shap
3 https://github.com/parrt/dtreeviz

그림 8-2 데이터 구조 확인

	Age	Attrition	BusinessTravel	DailyRate	Department	DistanceFromHome	Education	EducationField	EmployeeCount	Employe
0	41	Yes	Travel_Rarely	1102	Sales	1	2	Life Sciences	1	
1	49	No	Travel_Frequently	279	Research & Development	8	1	Life Sciences	1	
2	37	Yes	Travel_Rarely	1373	Research & Development	2	2	Other	1	
3	33	No	Travel_Frequently	1392	Research & Development	3	4	Life Sciences	1	
4	27	No	Travel_Rarely	591	Research & Development	2	1	Medical	1	
5	32	No	Travel_Frequently	1005	Research & Development	2	2	Life Sciences	1	
6	59	No	Travel_Rarely	1324	Research & Development	3	3	Medical	1	
7	30	No	Travel_Rarely	1358	Research & Development	24	1	Life Sciences	1	
8	38	No	Travel_Frequently	216	Research & Development	23	3	Life Sciences	1	
9	36	No	Travel_Rarely	1299	Research & Development	27	3	Medical	1	

판다스의 read_csv 함수를 사용해 데이터 로딩 시 자동으로 판정한 변수 타입을 확인한다.

```
source_df.dtypes
# Age                       int64
# Attrition                 object
# BusinessTravel            object
# DailyRate                 int64
# Department                object
# DistanceFromHome          int64
# Education                 int64
# EducationField            object
# EmployeeCount             int64
# EmployeeNumber            int64
# EnvironmentSatisfaction   int64
# Gender                    object
# HourlyRate                int64
# JobInvolvement            int64
# JobLevel                  int64
# JobRole                   object
# JobSatisfaction           int64
# MaritalStatus             object
# MonthlyIncome             int64
# MonthlyRate               int64
# NumCompaniesWorked        int64
# Over18                    object
```

```
# OverTime                     object
# PercentSalaryHike             int64
# PerformanceRating             int64
# RelationshipSatisfaction      int64
# StandardHours                 int64
# StockOptionLevel              int64
# TotalWorkingYears             int64
# TrainingTimesLastYear         int64
# WorkLifeBalance               int64
# YearsAtCompany                int64
# YearsInCurrentRole            int64
# YearsSinceLastPromotion       int64
# YearsWithCurrManager          int64
# dtype: object
```

숫자 타입은 int64, 문자열로 이루어진 범줏값은 object다. 이 데이터를 기반으로 머신러닝에서 사용할 테이블을 만든다. 먼저 목적 변수를 추출한다. 목적 변수는 Attrition이다. 직원의 희망퇴직, 정년퇴직, 사망 등의 원인으로 자연적으로 감소된 인원을 나타내는 용어다. Attrition은 Yes와 No의 이진값이므로 0과 1로 변환한다. 변환한 attrition_label 값은 1이 이직, 0이 고용 상태를 의미한다.

```
attrition_label = (source_df.Attrition == 'Yes').astype(np.int64)
attrition_label
# 0       1
# 1       0
# 2       1
# 3       0
# 4       0
     ...
# 1465    0
# 1466    0
# 1467    0
# 1468    0
# 1469    0
# Name: Attrition, Length: 1470, dtype: int64
```

계속해서 설명 변수를 만든다. 먼저 한 종류의 값만 갖는 열은 예측에 사용할 수 없으니 버린다.

```
single_value_column = source_df.nunique() == 1
source_df.drop(source_df.columns[single_value_column], axis=1, inplace=True)
```

이제 select_dtypes을 활용해 원래 데이터를 숫자 타입과 범줏값 타입으로 나눈다. select_dtypes 함수는 특정 타입의 칼럼만 추출한다. 먼저 범줏값을 추출한다(그림 8-3).

```
categorical_df = source_df.select_dtypes(include=['object'])
categorical_df.drop(['Attrition'], axis=1, inplace=True)  # 목적 변수 제거
categorical_df
```

그림 8-3 범줏값 추출

	BusinessTravel	Department	EducationField	Gender	JobRole	MaritalStatus	OverTime
0	Travel_Rarely	Sales	Life Sciences	Female	Sales Executive	Single	Yes
1	Travel_Frequently	Research & Development	Life Sciences	Male	Research Scientist	Married	No
2	Travel_Rarely	Research & Development	Other	Male	Laboratory Technician	Single	Yes
3	Travel_Frequently	Research & Development	Life Sciences	Female	Research Scientist	Married	Yes
4	Travel_Rarely	Research & Development	Medical	Male	Laboratory Technician	Married	No
...	...	...	...	...	...	...	...
1465	Travel_Frequently	Research & Development	Medical	Male	Laboratory Technician	Married	No
1466	Travel_Rarely	Research & Development	Medical	Male	Healthcare Representative	Married	No
1467	Travel_Rarely	Research & Development	Life Sciences	Male	Manufacturing Director	Married	Yes
1468	Travel_Frequently	Sales	Medical	Male	Sales Executive	Married	No
1469	Travel_Rarely	Research & Development	Medical	Male	Laboratory Technician	Married	No

1470 rows × 7 columns

다음으로 숫자 타입을 추출한다. 이때 EmployeeNumber(임직원 번호)처럼 개인을 특정할 수 있는 특징량은 과적합의 원인이 되어 제거한다. 물론 임직원 번호가 입사한 순서를 의미하는 것이라면 이후 사용할 수 있을지도 모르나 YearsAtCompany 열과 비교해보면 상관관계가 없다는 것을 알 수 있다. 설문에 응답한 순서라고 예상할 수 있다.

```
numerical_df = source_df.select_dtypes(include=['int64'])
numerical_df.drop(['EmployeeNumber'], axis=1, inplace=True)
numerical_df
```

그림 8-4 숫자 타입의 설명 변수를 확인

	Age	DailyRate	DistanceFromHome	Education	EnvironmentSatisfaction	HourlyRate	JobInvolvement	JobLevel	JobSatisfaction	Montl
0	41	1102	1	2	2	94	3	2	4	
1	49	279	8	1	3	61	2	2	2	
2	37	1373	2	2	4	92	2	1	3	
3	33	1392	3	4	4	56	3	1	3	
4	27	591	2	1	1	40	3	1	2	
...	...	...	...	...	...	...	...	...	...	
1465	36	884	23	2	3	41	4	2	4	
1466	39	613	6	1	4	42	2	3	1	
1467	27	155	4	3	2	87	4	2	2	
1468	49	1023	2	3	4	63	2	2	2	
1469	34	628	8	3	2	82	4	2	3	

1470 rows × 23 columns

범주 타입을 categorical_df, 숫자 타입을 numerical_df로 나누었다. 이제 범주 타입 데이터를 원-핫 인코딩one-hot encoding한 뒤 숫자 타입과 결합해 설명 변수의 데이터프레임을 만든다. 원-핫 인코딩을 할 때는 판다스의 get_dummies 함수를 활용한다.

```
converted_df = pd.concat([numerical_df, pd.get_dummies(categorical_df)], axis=1)
```

데이터를 만들었으니 상관 행렬correlation matrix을 확인해 데이터의 경향을 파악한다(그림 8-5).

```
plt.figure(figsize=(15, 15))
plt.imshow(converted_df.corr(), interpolation='nearest')
plt.colorbar()
plt.xticks(range(len(converted_df.columns)), converted_df.columns,
rotation='vertical')
plt.yticks(range(len(converted_df.columns)), converted_df.columns)
plt.show()
```

그림 8-5 설명 변수의 상관 행렬의 예

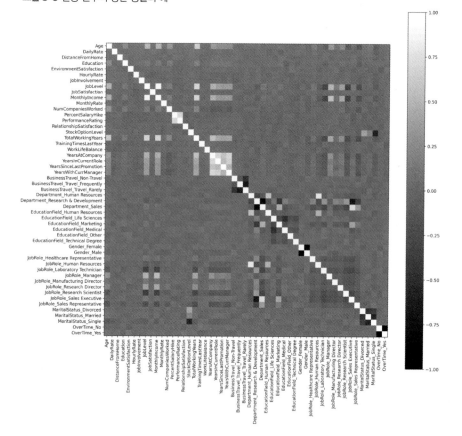

[그림 8-5]의 상관 행렬을 보면 Age, JobLevel, MonthlyIncom, TotalWorkingYears,Years AtCompany, YearsInCurrentRole, YearsAtCompany, YearsInCurrentRole, YearsSinceLast Promotion, YearsWithCurrManager 주위의 상관관계가 강하다는 것을 알 수 있다. 이 항목들 은 연령이 많아지면 승진하는 사람이 많고 특정 시점이 되면 승진하지 않고 같은 직위에 오랜 시간 머무르기 때문인 것으로 추측할 수 있다.

8.3 선형 회귀 계수를 이용한 원인 해석

먼저 선형 회귀로 이직의 원인을 찾아보자. 선형 회귀는 전통적인 알고리즘으로 지금도 많이 사용된다.

데이터 경향에 따라 성능이 매우 강력하기도 하나 해당 알고리즘의 특성을 이해하지 못하면 잘못된 결론을 도출할 가능성이 있다. 선형 회귀를 활용해 피딩feeding[4]해서 회귀 계수와 절편을 확인해보겠다.

```python
import sklearn.linear_model

linear_model = sklearn.linear_model.LinearRegression()
linear_model.fit(converted_df, attrition_label)

linear_model_coef = list(zip(converted_df.columns, linear_model.coef_))
linear_model_coef.append(('intercept', linear_model.intercept_))
linear_model_coef
# [('Age', -0.00349714081621159),
#  ('DailyRate', -2.636998761938835e-05),
#  ('DistanceFromHome', 0.003606848040478202),
#  ('Education', 0.0017222192308999507),
#  ('EnvironmentSatisfaction', -0.04050208861411766),
#   ...
#  ('MaritalStatus_Single', 0.06880806709115139),
#  ('OverTime_No', -0.10533951970056042),
#  ('OverTime_Yes', 0.10533951970056046),
#  ('intercept', 0.8741824765919142)]
```

사이킷런을 활용한 선형 회귀 머신러닝 모델은 coef_라는 멤버 변수에 접속해 학습하며 이렇게 얻은 선형 계수를 참고한다. 절편은 intercept_로 얻을 수 있으며 선형 회수의 관계와 절편을 얻는다. 이를 활용해 유효한 특징량이 무엇인지 확인해보자.

우선 간단한 함수를 만들어 절편을 시각화한다. 열 이름, 계수 목록, 절편값을 인수로 받아서 절댓값이 큰 순서대로 반환하는 함수를 만든다. 이 함수로 상관관계가 있을 수 있는 변수를 확인한다.

```python
def check_coef(column_names, coef_list, intercept=None):
    weights = dict(zip(column_names, coef_list))
    if intercept:
        weights['intercept'] = intercept
    df = pd.DataFrame.from_dict(weights, orient='index')
```

---

4 피딩과 학습은 기본적으로 동일하다. 이번 장에서는 설명 변수와 목적 변수가 비교적 간단하기 때문에 연속 함수를 따른다고 가정해 피딩을 사용한다. 복잡한 머신러닝 모델을 활용한 비연속적 함수를 따른다고 가정할 때는 학습이라고 한다.

```
    df.columns = ['coef']
    df.sort_values(by='coef', key=lambda t:abs(t),
inplace=True, ascending=False)
    print(df.head(10))
```

앞서 실행한 선형 회귀 결과를 표시한다.

```
check_coef(converted_df.columns, linear_model.coef_, linear_model.intercept_)

#                                              coef
# intercept                                 0.874182
# JobRole_Sales Representative              0.164880
# JobRole_Human Resources                   0.124988
# OverTime_Yes                              0.105340
# OverTime_No                              -0.105340
# JobRole_Research Director                -0.092631
# JobRole_Healthcare Representative        -0.090496
# EducationField_Human Resources            0.085261
# BusinessTravel_Travel_Frequently          0.079816
# Department_Human Resources               -0.078630
```

intercept(절편)의 순위가 가장 높다. 이는 다른 계수에 따라 달라져 우선은 무시한다. 다음
으로 JobRole의 순위가 높다. 영업이나 인사 부서의 임직원은 이직을 쉽게 하는 것으로 보인
다. 이외에도 잔업을 하는 부서에서 종사하는 임직원의 이직률이 높은 것도 알 수 있다. 그런데
자세히 보면 원래 범주 변수에 해당했던 항목의 순위가 높은 것으로 나타났다. 이는 무엇을 의
미할까? 선형 회귀는 특징량에 대해 계수를 곱한 것을 선형으로 결합해 목적 변수에 피딩한다.
원래 특징량의 크기가 작았던 것의 계수가 크게 나타나는 경향이 있어 근무 연수, 급여처럼 크
기가 작은 값은 상대적으로 작게 나타난다. 범주형 변수는 0 또는 1의 값을 가지는 변수이다.
급여 등 다른 변수와 비교해 단위가 작아 순위가 높아진다. 즉 차원이 다른 요소를 비교한 것이
다. 따라서 잘못된 분석이라고 할 수 있다.

Min Max Scaler를 활용해서 데이터를 0~1의 영역으로 정규화한 뒤 같은 작업을 반복해보자.

```
import sklearn.preprocessing
scaler = sklearn.preprocessing.MinMaxScaler()
standardization_df = pd.DataFrame(
    scaler.fit_transform(converted_df),
```

```
    index=converted_df.index,
    columns=converted_df.columns)
standardization_df
```

그림 8-6 정규화한 데이터프레임 확인

	Age	DailyRate	DistanceFromHome	Education	EnvironmentSatisfaction	HourlyRate	JobInvolvement	JobLevel	JobSatis
0	0.547619	0.715820	0.000000	0.25	0.333333	0.914286	0.666667	0.25	
1	0.738095	0.126700	0.250000	0.00	0.666667	0.442857	0.333333	0.25	
2	0.452381	0.909807	0.035714	0.25	1.000000	0.885714	0.333333	0.00	
3	0.357143	0.923407	0.071429	0.75	1.000000	0.371429	0.666667	0.00	
4	0.214286	0.350036	0.035714	0.00	0.000000	0.142857	0.666667	0.00	
...	...	...	...	...	...	...	...	...	
1465	0.428571	0.559771	0.785714	0.25	0.666667	0.157143	1.000000	0.25	
1466	0.500000	0.365784	0.178571	0.00	1.000000	0.171429	0.333333	0.50	
1467	0.214286	0.037938	0.107143	0.50	0.333333	0.814286	1.000000	0.25	
1468	0.738095	0.659270	0.035714	0.50	1.000000	0.471429	0.333333	0.25	
1469	0.380952	0.376521	0.250000	0.50	0.333333	0.742857	1.000000	0.25	

1470 rows × 51 columns

```
linear_model = sklearn.linear_model.LinearRegression()
linear_model.fit(standardization_df, attrition_label)
check_coef(converted_df.columns,
        linear_model.coef_, linear_model.intercept_)
#                                        coef
# intercept                             6.031548e+13
# Department_Human Resources            -1.729127e+13
# Department_Sales                      -1.729127e+13
# Department_Research & Development     -1.729127e+13
# JobRole_Healthcare Representative     -1.475151e+13
# JobRole_Research Director             -1.475151e+13
# JobRole_Manufacturing Director        -1.475151e+13
# JobRole_Research Scientist            -1.475151e+13
# JobRole_Manager                       -1.475151e+13
# JobRole_Sales Executive               -1.475151e+13
```

정규화해서 피딩한 결과를 보니 값이 발산했다.[5] 이는 다중공선성multi-colinearity 때문이다. 다중 공선성은 한 특징량이 다른 특징량과 매우 비슷해 예측 가능한 상태에 있음을 의미한다. 다중

----

5 본래라면 Min Max Scaler를 사용하기 전 데이터에서도 동일하게 발산해야 한다. 하지만 여러 사항을 확인한 결과 여기에서 사용한 데 이터셋에서 발산하지 않는 이유를 발견하지 못했다.

공선성이 강한 열이 존재하면 선형 회귀는 과적합이 되어 잘못된 결과를 반환한다.

다중공선성이 발생한 원인은 원-핫 인코딩을 수행했을 때 n개의 범주형 값을 n개의 열로 변환한 것이다. 예를 들어 잔업 유무를 나타내는 OverTime 열을 원-핫 인코딩하면 OvertTime_Yes와 Overtime_No라는 두 변수가 생기지만 이들은 0과 1이 반대로 되었을 뿐이지 실질적으로는 동일한 데이터다.

pd.get_dummies를 실행할 때 drop_first 옵션을 활성화하면 원-핫 인코딩을 할 때 한 종류의 데이터를 버리고 n-1 종류의 데이터로 만들 수 있다. 이를 활용하면 원-핫 인코딩 때문에 발생하는 다중공선성을 피할 수 있다. drop_first 옵션을 활성화하고 다시 한 번 동일한 분석을 수행해보자.

```
converted_dropped_df = pd.concat(
    [numerical_df,
     pd.get_dummies(categorical_df, drop_first=True)],
     axis=1)
scaler = sklearn.preprocessing.MinMaxScaler()
standardization_dropped_df = pd.DataFrame(
    scaler.fit_transform(converted_dropped_df),
    index=converted_dropped_df.index,
    columns=converted_dropped_df.columns)
linear_model = sklearn.linear_model.LinearRegression()
linear_model.fit(standardization_dropped_df, attrition_label)
check_coef(standardization_dropped_df.columns,
        linear_model.coef_, linear_model.intercept_)
#                                coef
# intercept                      0.327084
# JobRole_Sales Representative   0.255376
# YearsAtCompany                 0.219716
# JobRole_Human Resources        0.215485
# OverTime_Yes                   0.210679
# JobInvolvement                -0.173957
# YearsInCurrentRole            -0.165696
# YearsWithCurrManager          -0.162449
# YearsSinceLastPromotion        0.162321
# NumCompaniesWorked             0.154911
```

여기서는 값이 발산하지 않으며 회귀 계수를 얻었다. 계수의 순위가 높은 것부터 영업직(JobRole_Sales Representative), 근무 기간(YearsAtCompany), 인사직(JobRole_Human

Resources), 잔업 실시(OverTime_Yes) 등이 이직에 큰 영향을 주는 것으로 파악할 수 있다. 마지막으로 최종 승진 이후 경과 년도(YearsSinceLastPromotion)와 조합하면 열심히 일하고 있으나 승진하지 못한 임직원이 이직하기 쉽다는 가설을 도출할 수도 있다.

한편 현재 직위에서의 재직 기간(YearsInCurrentRole), 현재 상사 밑에서의 근무 기간(YearsWithCurrManager)은 음의 관계가 있어 이직에 음이 영향을 미치는 것으로 보인다. 즉 안정된 업무를 지속하면 이직하기 어렵다는 것을 알 수 있다. 반대로 생각해보면 업무 이동이나 상사의 교체 등으로 직장 환경이 크게 변한 임직원은 이직하기 쉽다는 가설을 얻을 수 있다.

이 정보를 고려할 때 주의해야 한다. 원-핫 인코딩에서 한 종류의 데이터를 버렸기 때문에 버린 데이터가 결과에 얼마나 영향을 미치는지 알기 어렵다. 본래 두 값을 갖는 열이라면 다른 하나의 값이 역방향으로 작용하는 것을 알 수 있다. 예를 들어 OverTime이 No일 경우의 영향도는 OverTime_Yes를 음으로 한 값, 다시 말해 잔업을 하지 않는 직종은 이직에 음의 영향이 있다(계속해서 근무한다)는 것을 알 수 있다. 하지만 세 종류 이상의 범주형 값의 경우에는 알파벳 순으로 가장 빠른 값이 버려진다. 그 영향은 다른 계수나 intercept에 포함된다. 이러한 이유로 범주형 값을 가지는 변수를 원-핫 인코딩해서 선형 회귀로 보면 잘못된 결과가 도출되기도 한다.

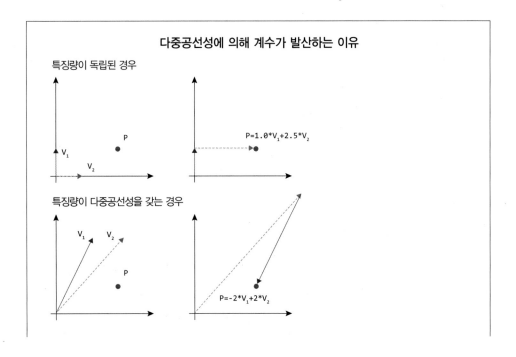

선형 회귀란 '목적 변수를 다른 선형 변수의 선형 결합으로 표현'하는 문제라고도 할 수 있다.

그림의 위쪽 절반은 특징량이 독립된 경우다. 여기에서 점 P를 V_1과 V_2의 선형 결합으로 나타내면 $P = 1.0 \times V_1 + 2.5 \times V_2$가 된다.

그림의 아래쪽 절반은 특징량이 다중공선성을 갖는 열(두 개의 특징량이 강한 상관관계에 있음)이다. 점 P를 V_1과 V_2의 선형 결합으로 나타내면 $P = -2.0 \times V_1 + 2 \times V_2$가 된다. V_1, V_2가 점 P와의 상관관계 여부에 관계없이 다중공선성을 갖는 특징량으로 P를 표현하려면 한쪽은 음의 값을 가져야만 한다.

예를 들어 V_1은 나이, V_2는 직책, P는 급여라고 했을 때 '전통적인 대기업에서는 나이와 직책이 강한 상관관계를 갖지만 선형 회귀를 수행하면 나이는 급여에 대해 음의 영향을 미친다'는 잘못된 결과가 도출된다.

또한 V_1과 V_2 사이의 각도가 작아지면 P를 표현하기 위한 계수의 절댓값은 점점 커진다. 결국 V_1과 V_2의 각도가 일치하면 계수는 무한대로 발산한다. 이는 더미 인코딩dummy encoding에 의해 다중공선성을 갖는 변수가 만들어져 다중회귀에 실패했기 때문이다.

다중공선성이 있는 데이터에서는 회귀 계수가 커지는 과적합이 쉽게 일어나 라쏘 회귀나 릿지 회귀, 일래스틱넷과 같이 정규항을 추가해 회귀 계수가 커지는 것을 억제하는 선형 회귀 알고리즘을 사용한다.

또한 설명 변수가 목적 변수에 대해 음의 영향을 미치지 않는 것을 알고 있다면 매출 계수에 비부 제약을 적용하기도 한다. 예를 들어 각종 미디어의 주당 광고 집행 금액을 설명 변수로 하고 주당 매출을 목적 변수로 해서 미디어별 기여 정도를 조사하는 것이 포함된다. 사이킷런의 회귀 모델에서는 positive 파라미터로 비부 제약을 활성화할 수 있다. 이는 광고 업계에서 마케팅 믹스 모델marketing mix model(MMM)이라 불리며 많이 사용하고 있다.

8.4 로지스틱 회귀 계수로 원인 해석

앞서 선형 회귀를 활용해 이직에 기여하는 변수를 확인했다. 여기서는 선형 분류기의 파라미터를 확인해 이직 원인을 찾아본다. 이번에는 선형 분류기인 로지스틱 회귀를 활용한다. 로지스틱 회귀는 이름과 달리 실제로는 분류기인 점에 주의한다.

기본적으로 앞서 설명한 선형 회귀 과정과 같지만 coef_[0]이나 intercept_[0] 같은 배열값을 얻는다. 이번에는 이직인지 아닌지를 판단하는 이진 클래스 분류이기에 한 개의 분류기만 사용한다. 만약 3 클래스 이상일 때는 클래스 수만큼 분류기가 만들어져 가장 높은 평갓값을 반환한 분류에 따라 소속된 클래스를 결정한다.

```
lr_model = sklearn.linear_model.LogisticRegression(C=0.1)
lr_model.fit(standardization_dropped_df, attrition_label)
check_coef(standardization_dropped_df.columns,
        lr_model.coef_[0], lr_model.intercept_[0])
#                                         coef
# OverTime_Yes                        1.259661
# JobInvolvement                     -0.719254
# EnvironmentSatisfaction            -0.673118
# JobSatisfaction                    -0.660775
# BusinessTravel_Travel_Frequently    0.651580
# MaritalStatus_Single                0.633452
# JobRole_Laboratory Technician       0.566878
# NumCompaniesWorked                  0.564474
# DistanceFromHome                    0.527556
# Age                                -0.524708
```

로지스틱 회귀 결과를 보면 잔업을 하는 사람(Overtime_Yes), 출장이 잦은 사람(Business Travel_Travel_Frequently), 독신(MaterialStatus_Single)은 이직하기 쉽다고 나타났다. 업무 집중도(JobInvolvement), 현장 만족도(EnvironmentStatisfaction), 업무 만족도(JobSatisfaction)가 높은 사람은 이직을 하지 않는 것으로 볼 수 있다.

그러나 이는 정규화의 강도를 결정하는 C 파라미터를 0.1로 설정했을 때의 결과라는 점에 주의해야 한다. 정규화를 능숙하게 사용하면 다중공선성에 의한 계수 발산을 억제할 수 있다. 실제로는 데이터를 학습 데이터(train)와 테스트 데이터(test)로 나누고 C 파라미터를 업데이트하면서 과적합 여부를 확인해야 한다.

8.5 회귀 계수 p값 구하기

지금까지는 간단한 선형 회귀나 로지스틱 회귀를 활용해 이직에 기여하는 변수를 찾았다. 다만 회귀 계수는 알 수 있지만 해당 계수가 특잇값^{outlier}으로 도출된 값인지는 알 수 없다. 선형 회귀는 오차나 특잇값에 취약해 해석하는 것이 어렵다. 실무에서는 사이킷런의 선형 회귀 모델이 아닌 statsmodels[6]의 statsmodels.api.OLS를 많이 사용한다. OLS는 최소 제곱법^{ordinary least squares}의 약어다. OLS는 각 회귀 계수뿐만 아니라 p값 신뢰 구간을 동시에 출력한다. p값이 큰 특징량은 목적 변수에 기여하지 않는다고 판단한다.

OLS를 실무에서 사용해보자. statsmodels 함수는 절편을 자동으로 예측하지 않아 상수항을 추가해야 한다. OLS에서는 summary2 함수로 피딩 결과나 각 특징량의 계수, 표준오차, t값, p값, 95% 신뢰 구간을 구할 수 있다(그림 8-7).

```
import statsmodels.api
ols_df = standardization_dropped_df.copy()
ols_df['const'] = 1
ols_model = statsmodels.api.OLS(attrition_label, ols_df)
fit_results = ols_model.fit()
fit_summary = fit_results.summary2()
print(fit_summary)
```

그림 8-7 OLS로 구한 각 특징량 계수, p값 및 신뢰 구간

```
/usr/local/lib/python3.7/dist-packages/statsmodels/tools/_testing.py:19: FutureWarning: par
    import pandas.util.testing as tm
                        Results: Ordinary least squares
==================================================================================
Model:                  OLS                Adj. R-squared:         0.235
Dependent Variable:     Attrition          AIC:                    882.5729
Date:                   2021-05-29 01:58   BIC:                    1120.7587
No. Observations:       1470               Log-Likelihood:         -396.29
Df Model:               44                 F-statistic:            11.24
Df Residuals:           1425               Prob (F-statistic):     6.55e-65
R-squared:              0.258              Scale:                  0.10356
----------------------------------------------------------------------------------
                          Coef.   Std.Err.    t     P>|t|   [0.025   0.975]
----------------------------------------------------------------------------------
Age                      -0.1469  0.0557  -2.6363  0.0085  -0.2562  -0.0376
DailyRate                -0.0368  0.0296  -1.2457  0.2131  -0.0948   0.0212
DistanceFromHome          0.1010  0.0293   3.4435  0.0006   0.0435   0.1585
Education                 0.0069  0.0341   0.2018  0.8401  -0.0601   0.0738
EnvironmentSatisfaction  -0.1215  0.0234  -5.1953  0.0000  -0.1674  -0.0756
HourlyRate               -0.0123  0.0293  -0.4194  0.6750  -0.0698   0.0452
```

---

6 https://www.statsmodels.org/stable/index.html

JobInvolvement	-0.1740	0.0360	-4.8362	0.0000	-0.2445	-0.1034
JobLevel	-0.0195	0.1141	-0.1712	0.8641	-0.2433	0.2043
JobSatisfaction	-0.1115	0.0231	-4.8210	0.0000	-0.1568	-0.0661
MonthlyIncome	0.0246	0.1442	0.1706	0.8646	-0.2582	0.3074
MonthlyRate	0.0114	0.0297	0.3846	0.7006	-0.0468	0.0697
NumCompaniesWorked	0.1549	0.0343	4.5223	0.0000	0.0877	0.2221
PercentSalaryHike	-0.0305	0.0514	-0.5927	0.5535	-0.1314	0.0704
PerformanceRating	0.0185	0.0372	0.4969	0.6193	-0.0544	0.0914
RelationshipSatisfaction	-0.0691	0.0236	-2.9240	0.0035	-0.1154	-0.0227
StockOptionLevel	-0.0511	0.0409	-1.2487	0.2120	-0.1313	0.0292
TotalWorkingYears	-0.1490	0.0966	-1.5418	0.1233	-0.3386	0.0406
TrainingTimesLastYear	-0.0810	0.0398	-2.0371	0.0418	-0.1591	-0.0030
WorkLifeBalance	-0.0942	0.0362	-2.6030	0.0093	-0.1651	-0.0232
YearsAtCompany	0.2197	0.1195	1.8383	0.0662	-0.0147	0.4542
YearsInCurrentRole	-0.1657	0.0697	-2.3758	0.0176	-0.3025	-0.0289
YearsSinceLastPromotion	0.1623	0.0512	3.1689	0.0016	0.0618	0.2628
YearsWithCurrManager	-0.1624	0.0675	-2.4067	0.0162	-0.2949	-0.0300
BusinessTravel_Travel_Frequently	0.1527	0.0330	4.6235	0.0000	0.0879	0.2175
BusinessTravel_Travel_Rarely	0.0660	0.0285	2.3157	0.0207	0.0101	0.1219
Department_Research & Development	0.1300	0.1171	1.1107	0.2669	-0.0996	0.3597
Department_Sales	0.1058	0.1210	0.8744	0.3820	-0.1316	0.3433
EducationField_Life Sciences	-0.1229	0.0837	-1.4672	0.1425	-0.2871	0.0414
EducationField_Marketing	-0.0819	0.0892	-0.9178	0.3589	-0.2569	0.0931
EducationField_Medical	-0.1348	0.0841	-1.6032	0.1091	-0.2997	0.0301
EducationField_Other	-0.1449	0.0899	-1.6114	0.1073	-0.3213	0.0315
EducationField_Technical Degree	-0.0272	0.0875	-0.3106	0.7561	-0.1987	0.1444
Gender_Male	0.0351	0.0174	2.0142	0.0442	0.0009	0.0692
JobRole_Human Resources	0.2155	0.1224	1.7608	0.0785	-0.0246	0.4556
JobRole_Laboratory Technician	0.1375	0.0400	3.4381	0.0006	0.0590	0.2159
JobRole_Manager	0.0522	0.0678	0.7694	0.4418	-0.0809	0.1853
JobRole_Manufacturing Director	0.0152	0.0392	0.3877	0.6983	-0.0617	0.0921
JobRole_Research Director	-0.0021	0.0605	-0.0353	0.9719	-0.1208	0.1165
JobRole_Research Scientist	0.0391	0.0396	0.9870	0.3238	-0.0386	0.1167
JobRole_Sales Executive	0.1018	0.0775	1.3145	0.1889	-0.0501	0.2538
JobRole_Sales Representative	0.2554	0.0861	2.9673	0.0031	0.0866	0.4242
MaritalStatus_Married	0.0125	0.0229	0.5448	0.5859	-0.0325	0.0575
MaritalStatus_Single	0.1095	0.0314	3.4841	0.0005	0.0478	0.1711
OverTime_Yes	0.2107	0.0190	11.1152	0.0000	0.1735	0.2479
const	0.3271	0.1390	2.3534	0.0187	0.0545	0.5997

Omnibus:	279.704	Durbin-Watson:	1.916
Prob(Omnibus):	0.000	Jarque-Bera (JB):	459.666
Skew:	1.266	Prob(JB):	0.000
Kurtosis:	4.047	Condition No.:	73

각 특징량 계수, p값 그리고 신뢰 구간을 구했으니 이제 유효한 변수를 도출한다. fit_summary.tables에 요약을 나타내는 각 테이블이 있다. 이를 활용해 p값으로 필터를 적용해 유효 변수를 표시한다(그림 8-8).

```
sorted_ols_coef = fit_summary.tables[1].sort_values(
    by='Coef.', key=lambda t:abs(t), ascending=False)
sorted_ols_coef = sorted_ols_coef[sorted_ols_coef['P>|t|'] < 0.05]
sorted_ols_coef[:10]
```

그림 8-8 p값으로 필터를 적용해 유효한 변수 표시

	Coef.	Std.Err.	t	P>|t|	[0.025	0.975]
const	0.327084	0.138981	2.353445	1.873557e-02	0.054455	0.599714
JobRole_Sales Representative	0.255376	0.086063	2.967310	3.054277e-03	0.086552	0.424200
OverTime_Yes	0.210679	0.018954	11.115247	1.387315e-27	0.173498	0.247860
JobInvolvement	-0.173957	0.035970	-4.836179	1.467103e-06	-0.244517	-0.103398
YearsInCurrentRole	-0.165696	0.069743	-2.375807	1.764221e-02	-0.302507	-0.028886
YearsWithCurrManager	-0.162449	0.067498	-2.406732	1.622254e-02	-0.294855	-0.030043
YearsSinceLastPromotion	0.162321	0.051224	3.168860	1.562894e-03	0.061839	0.262803
NumCompaniesWorked	0.154911	0.034255	4.522336	6.623404e-06	0.087716	0.222107
BusinessTravel_Travel_Frequently	0.152732	0.033034	4.623450	4.115873e-06	0.087931	0.217533
Age	-0.146880	0.055715	-2.636271	8.473313e-03	-0.256172	-0.037588

회귀 계수 Coef.는 선형 회귀를 수행했을 때 얻은 결과와 동일하다. 그러나 YearsAtCompany, JobRole_Human Resources, JobInvolvement는 p값이 크기 때문에 나타나지 않는다. 선형 회귀를 수행할 때와 다른 가설을 세울 수 있다. 같은 로지스틱 회귀라고 해도 statsmodels.api. Logit을 활용해 계수와 p값을 구할 수 있다. 함께 사용하면 도움이 된다.

8.6 결정 트리를 시각화해 원인 해석

계속해서 결정 트리를 활용해 시각화해보겠다. 선형 회귀는 원래 데이터가 선형이라고 가정했다. 현실 데이터는 대부분 비선형적이거나 특정한 값 전후로 데이터 품질이 급격하게 바뀐다. 비선형성을 다루는 학습기를 사용해 선형 회귀와 다른 결과를 얻는다. 결정 트리를 시각화해 이직 원인을 탐색해보겠다.

결정 트리와 뒤에서 설명할 랜덤 포레스트에서는 다중공선성을 크게 신경 쓰지 않아도 돼 범주형 값은 그대로 원-핫 인코딩한다. 또한 특징량을 정규화하지 않아도 동작에 문제가 없다. 특징량을 그대로 학습기에 투입해도 된다. 정규화를 하면 값의 범위가 본래 데이터와 달라져 사람의 눈으로 올바르게 판단하기 어렵다.

먼저 사이킷런에서 표준 제공하는 plot_tree로 시각화한다(그림 8-9). 결정 트리의 상세 정보는 샘플 노트북을 참고한다. 결정 트리로 시각화할 때 트리의 깊이는 3 또는 4 정도로 설정한다. 트리 깊이를 n이라고 했을 때 마지막 노드의 숫자는 2^n이 된다. 깊이가 3이면 8개 노드, 깊이가 4이면 16개 노트가 된다. 노드 수가 32개 혹은 64개가 되면 사람이 직접 보고 이해하는 것이 매우 어렵다.

```
import sklearn.tree
dt_model = sklearn.tree.DecisionTreeClassifier(
    max_depth=3, random_state=42)
dt_model.fit(converted_df, attrition_label)

plt.figure(figsize=(50, 10))
sklearn.tree.plot_tree(
    dt_model, feature_names=converted_df.columns ,filled=True)
```

그림 8-9 결정 트리 시각화를 활용한 이직 원인 분석

결정 트리는 위에서 아래로 순서대로 읽는다. 박스의 가장 위쪽 행이 결정 트리 분기 조건이다. 조건이 참일 때는 왼쪽, 거짓일 때는 오른쪽 노드로 움직인다. 이번 예시에서 가장 위 노드는 잔업 없음(OverTime_No)이 0.5 이하, 즉 잔업을 하면 왼쪽, 잔업을 하지 않으면 오른쪽 트리로 이동한다.

결정 트리의 가장 위 노드는 잔업 유무다. 아래는 월수입(왼쪽)과 근로 연수(오른쪽 노드)다. 즉 잔업 유무에 따라 분기한 뒤 수입이나 근로 연수로 분기한다. 이는 근로자의 직종이나 특성으로 분기하는 것이라고 볼 수 있다.

결정 트리의 가장 왼쪽 트리를 해석하면 잔업이 있는 직종이고 월수입이 적으며 이는 일당이 적은 근무자가 쉽게 이직한다는 것을 의미한다. 어떤 이유로 수입이 줄어들었든 본래 수입이 적은 직종의 사람들이 쉽게 이직하는 경향을 보인다고 할 수 있다. 그 외에도 '잔업이 있고 월수입이 높더라도 독신이면 쉽게 이직한다', '잔업은 없지만 이제 막 대학을 졸업해 연구직 외 직종에서 근무한다면 쉽게 이직한다', '잔업 없이 3년 이상 근로하며 일과 업무의 균형이 낮으면 쉽게 이직한다'는 경향을 결정 트리를 보고 파악할 수 있다.

선형 회귀 계수에서는 이직의 원인으로 잔업 여부는 비교적 상위에 나타났지만 월수입이나 일당, 결혼 상황 등은 후보로 나타나지 않았다. 결정 트리를 활용하면 특정 조건을 조합한 원인을 찾아낼 수 있다.

계속해서 dtreeviz를 활용해 세부적으로 시각화해보자(그림 8-10). dtreeviz는 결정 트리 시각화라는 측면에서 사이킷런에서 표준 제공하는 plot_tree와 같으나 데이터 분포를 보면서 단면을 시각화할 수 있다는 특징이 있다.

```
from dtreeviz.trees import dtreeviz

viz = dtreeviz(dt_model,
               converted_df,
               attrition_label,
               target_name='Attrition',
               feature_names=converted_df.columns,
               class_names=['No', 'Yes'])
viz
```

그림 8-10 dtreeviz를 활용한 결정 트리의 시각화

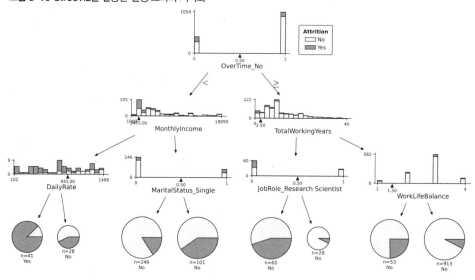

dtreeviz는 특징량 분포를 시각화하고 어떤 절단면에서 결정 트리를 생성했는지 알 수 있다는 특징이 있다. 분석 대상의 중요한 특징량 분포를 보면서 결정 트리를 해석할 수 있어 분석하는 사람의 상상력을 자극해 시사점을 많이 가진 가설을 세울 수 있다.

8.7 랜덤 포레스트의 Feature Importance 시각화

결정 트리를 활용해 분류 기준을 시각화하는 방법은 분류에 기여하는 소수의 특징량만 볼 수 있고 기타 변수의 기여를 조사하지는 못했다. 랜덤 포레스트나 GBDT와 같은 여러 결정 트리를 활용한 학습기에서는 Feature Importance라는 파라미터를 구해 분류나 회귀에 기여하는 특징량을 파악할 수 있다. 랜덤 포레스트에서는 부트스트랩 샘플링처럼 특징량을 무작위로 선택해서 여러 결정 트리를 생성한다. 다음으로 각 결정 트리의 데이터 분류나 회귀에 기여한 변수를 구해 그 합계를 정규화해서 Feature Importance로 한다.

앞선 데이터에서 Feature Importance를 구한 후 결정 트리를 활용한 시각화와의 차이를 살펴보자.

```
import sklearn.ensemble
rf_model = sklearn.ensemble.RandomForestClassifier(
    n_estimators=300,
    min_samples_leaf=100,
    max_depth=5,
    n_jobs=-1,
    random_state=42
    )
rf_model.fit(converted_df, attrition_label)
check_coef(converted_df.columns, rf_model.feature_importances_)
#                       coef
# MonthlyIncome        0.119744
# OverTime_Yes         0.118544
# OverTime_No          0.107013
# JobLevel             0.087204
# TotalWorkingYears    0.086532
# YearsAtCompany       0.077841
# StockOptionLevel     0.072223
# YearsWithCurrManager 0.056186
# Age                  0.050884
# MaritalStatus_Single 0.033496
```

앞서 수행한 결정 트리에서는 잔업 없음(OverTime_No)이 최상위 노드였지만 랜덤 포레스트에서는 Overtime_Yes와 Overtime_No의 두 노드가 최상위에 나타났다. 어떻게 해석해야 할까?

다중공선성이 다시 등장한다. 랜덤 포레스트는 특징량을 무작위로 선택하기 때문에 Overtime_Yes가 포함된 결정 트리와 Overtime_No가 포함된 결정 트리를 만든다. 각각 중요한 변수로서 기여한 결과로 Feature Importance 값이 분산된다. 원래대로라면 같은 변수이므로 OverTime은 Overtime_Yes와 Overtime_No라는 Feature Importance는 두 값의 합이 되어야 한다.

랜덤 포레스트에서는 다중공선성이 있는 특징량이 포함되면 Feature Importance 값이 분산되어 작아지므로 주의해야 한다. 특히 지금처럼 범주형 값을 원-핫 인코딩한 값의 경우에는 눈에 보이는 Feature Importance가 낮아지는 경향을 보인다.

의도적으로 같은 특징량을 포함한 데이터를 준비해 Feature Importance가 어떻게 변화하는지 살펴보자.

```python
duplicated_df = converted_df.copy()
for i in range(10):
    duplicated_df['MonthlyIncome{}'.format(i)] = duplicated_df.MonthlyIncome

rf_model = sklearn.ensemble.RandomForestClassifier(
    n_estimators=300,
    min_samples_leaf=100,
    max_depth=5,
    n_jobs=-1,
    random_state=42
    )
rf_model.fit(duplicated_df, attrition_label)
check_coef(duplicated_df.columns, rf_model.feature_importances_)
#                       coef
# OverTime_Yes        0.068042
# MonthlyIncome8      0.067456
# OverTime_No         0.063503
# MonthlyIncome9      0.052984
# MonthlyIncome6      0.051916
# TotalWorkingYears   0.050806
# MonthlyIncome3      0.048600
# StockOptionLevel    0.048092
# MonthlyIncome2      0.045324
# MonthlyIncome1      0.042143
```

복제된 MonthlyIncome의 경향에 따라 MonthlyIncome의 경향도도 낮아진다. 랜덤 포레스트의 Feature Importance는 다중공선성이 있는 변수가 포함되면 영향도가 분산되는 경향이 있다.

가장 중요한 특징량이 나이인 데이터가 있다고 가정해보자. 나이와 강한 상관관계가 있는 특징량이 포함되었다면 나이의 Feature Importance 값은 낮아진다. 20세 이상인 사람이면 근무 연수와 나이에 강한 상관관계가 있다. 20세 미만인 사람이면 교육 연수와 강한 상관관계가 있다. 특징량 사이의 상관관계를 의미하는 다중공선성은 상관 행렬을 활용해 미리 확인하는 것이 좋다.

실질적으로 랜덤 포레스트가 결정 트리라고 해도 랜덤 포레스트의 내용을 시각화해서 판단하는 것은 위험하다. 랜덤 포레스트 모델에는 estimator_라는 이름의 결정 트리 배열이 존재한다. 이를 앞서 설명한 plot_tree로 시각화해보자(그림 8-11, 그림 8-12).

```
rf_model.fit(converted_df, attrition_label)
plt.figure(figsize=(10, 10))
sklearn.tree.plot_tree(
    rf_model.estimators_[0],
    feature_names=converted_df.columns,
    filled=True)
plt.show()

plt.figure(figsize=(10, 10))
sklearn.tree.plot_tree(
    rf_model.estimators_[1],
    feature_names=converted_df.columns,
    filled=True)
plt.show()
```

그림 8-11 랜덤 포레스트의 결정 트리 1

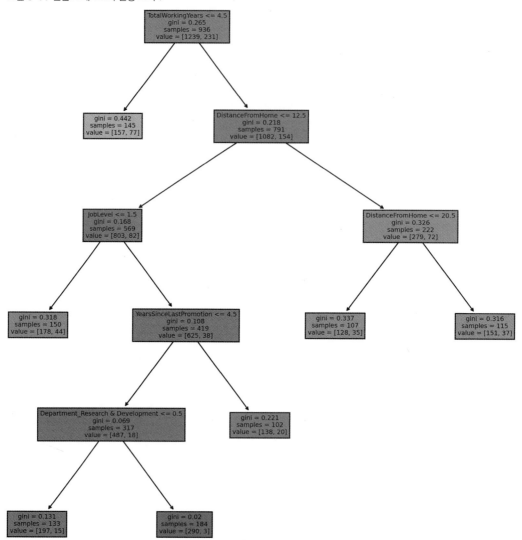

그림 8-12 랜덤 포레스트의 결정 트리 2

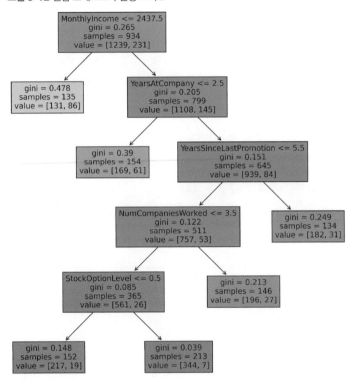

랜덤 포레스트 안의 모든 결정 트리는 구조가 다르다. 모든 결정 트리는 최상위 노드부터 단순한 결정 트리로 시각화되는 결과와 달리 트리 0의 최상위 노드는 **TotalWorkingYears**, 트리 1의 최상위 노드는 **MonthlyIncome**이다.

랜덤 포레스트는 결정 트리를 만들 때 활용하는 특징량을 무작위로 선택하면서 다양성을 가진 결정 트리를 생성한다. 랜덤 포레스트의 결정 트리는 중요한 특징량이 결손되기도 하므로 결과를 그대로 판단해서는 안 된다.

8.8 SHAP을 활용한 기여도 시각화

결정 트리를 활용한 시각화에서는 결정 트리 값의 변화 방향에 따라 분류 결과가 달라지는 양상을 파악하기 쉽다. 그러나 한 번에 많은 변수를 볼 수는 없다. 앙상블 트리 모델ensemble tree model인 Feature Importance에는 특징량의 분류 기여도는 알 수 있어도 특징량이 커지면 분류 결과의 변화 정도를 알기 어렵다.

이러한 문제점을 해결한 시각화 라이브러리로 SHAPSHapley Additive exPlanations이 있다. 여기서는 SHAP 중에서 앙상블 트리 모델(랜덤 포레스트, XGBoost, LightGBM 등)용 시각화 모델을 활용해 랜덤 포레스트 결과를 시각화해보겠다(그림 8-13).

SHAP은 분류 모델은 회귀 모델로 사용할 수도 있지만 목적 변수가 이진값이면 회귀 모델로 입력하는 것이 시각화가 잘 된다.[7] 여기서는 RandomForestRegressor를 활용한다.

```
import shap
rf_model = sklearn.ensemble.RandomForestRegressor(
    n_estimators=300,
    max_depth=5,
    n_jobs=-1,
    random_state=42
    )
rf_model.fit(converted_df, attrition_label)

shap.initjs()
explainer = shap.TreeExplainer(rf_model)
shap_values = explainer.shap_values(converted_df)
shap.summary_plot(shap_values, converted_df)
```

---

7 SHAP은 분류기를 입력하면 클래스별로 기여하는 변수를 시각화한다. 회귀 분류기를 입력하면 변수의 값에 따른 예측 결과를 출력한다. 2 클래스에서도 회귀를 활용할 때 좋은 시각화 결과를 얻을 수 있다.

그림 8-13 SHAP을 활용한 특징량의 기여도 시각화

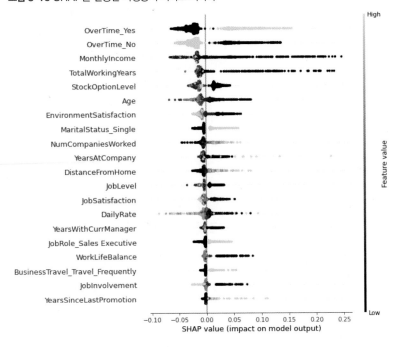

SHAP의 summary_plot이 출력한 [그림 8-13]은 다음과 같이 해석할 수 있다.

- 세로축에 나열된 변수는 위에서부터 순서대로 목적 변수에 기여한 변수다. 랜덤 포레스트의 Feature Importance와 동일하다.
- 가로축은 SHAP Value 0.00을 기준으로 왼쪽일수록 목적 변수에 음의 방향, 오른쪽에 있을 수록 양의 방향으로 기여한다.
- 값의 색은 특징량의 값을 의미한다. 파란색(책에서는 검은색)은 낮은 값, 빨간색(책에서는 흰색)은 높은 값이다.

파란색이 왼쪽, 빨간색이 오른쪽으로 넓게 퍼져 있으면 특징량은 목적 변수와 강한 상관관계가 있는 것이며 반대라면 음의 상관관계가 있는 것이다. 색이 섞여 있거나 좌우로 좁게 퍼져 있다면 해당 변수는 목적 변수에 크게 기여하지 않는다는 의미이다.

이를 바탕으로 그래프를 해석하면 잔업 유무(OverTime)는 목적 변수인 이직에 크게 기여하며 잔업을 하는 직종은 쉽게 이직한다는 사실을 알 수 있다. 다음으로 월수입(MonthlyIncome)과 누적 근무 연수(TotalWorkingYears)의 순위가 높으며 월수입이 낮은 사람과 근무 연수가 짧은수록 쉽게 이직하는 경향이 있다는 것을 짐작할 수 있다.

스톡 옵션 레벨(StockOptionLevel) 순위가 다음으로 높다. 스톡 옵션이란 임직원이 자사 주식을 계약에서 결정한 특정 가격으로 매수할 수 있는 권리다. 유럽, 미국 및 벤처 기업 등에서는 직원을 잡아두기 위해 입사할 때 스톡 옵션 계약을 체결하고 일정한 기간 동안 근무한 뒤 주식을 과거에 계약한 금액으로 매입할 수 있도록 한다. 회사가 성장해 주가가 상승하면 계약 시점의 주가와 현재 주가의 차액을 보너스로 받는다. 스톡 옵션은 퇴사하면 사라지는 혜택이다. 유능한 직원을 붙잡는 효과가 있다고 볼 수 있다. 반대로 스톡 옵션이 없는 직원은 회사를 떠나도 잃을 것이 없어 쉽게 퇴사한다고 생각할 수도 있다.

8.9 SHAP을 활용한 직원 만족도 시각화

SHAP을 활용한 시각화 사례를 하나 더 들어보겠다. 지금까지는 직원의 이직 예측 결과를 시각화해 이직 원인을 찾아냈다. 이번 데이터셋에는 직원의 업무 만족도가 포함되었다. 목적 변수를 직원 업무 만족도로, 설명 변수를 나머지로 해 시각화해보자(그림 8-14).

```
target_label = "JobSatisfaction"
X = converted_df.drop([target_label], axis=1)
Y = converted_df[target_label]

rf_model = sklearn.ensemble.RandomForestRegressor(
    n_estimators=300,
    max_depth=5,
    n_jobs=-1,
    random_state=42
)

rf_model.fit(X, Y)
shap.initjs()
explainer = shap.TreeExplainer(rf_model)
shap_values = explainer.shap_values(X)
shap.summary_plot(shap_values, X)
```

그림 8-14 업무 만족도에 기여하는 변수의 시각화

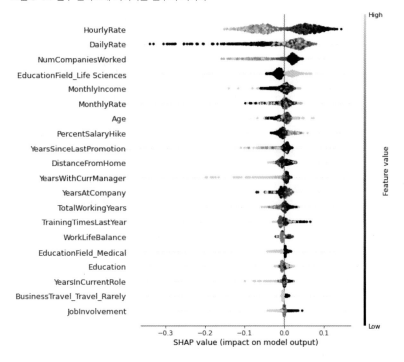

업무 만족도는 시급(HourlyRate)이 높을수록 낮고 일급(DailyRate)이 중간 정도이면 높다. 이는 시급이 높은 일은 높은 성과가 요구되며 업무 강도도 강해 스트레스가 높기 때문이라고 생각해볼 수 있다. 일급이 너무 낮으면 급여에 불만을 갖게 되고 너무 높으면 경쟁으로 인한 스트레스 때문에 불만을 갖는 것으로 예측된다. 시급과 일급의 방향이 반대인 것은 업무 내용이나 종류가 시급과 일급으로 분류되어 있다고 볼 수 있다.

이직 횟수(NumCompaniesWorked)나 나이(Age)에서 대졸 사원은 현장에 불만을 가지기 어렵고 이직 횟수가 많은 사람이 쉽게 불만을 갖는다고 가정할 수 있다. 이는 불만을 쉽게 느끼는 사람이 이직을 여러번 반복한 결과가 원인일 수도 있다. 하급자 수가 적으면 업무 만족도는 향상되며 IBM에서는 출세를 통한 경쟁이 치열하다고 해석할 수 있다.

임금 상승률(PercentSalaryHike)이나 마지막 승진 이후 경과 햇수(YearsSinceLastPromotion)가 적은 사람, 즉 최근에 승진한 사람의 업무 만족도가 높다는 결과도 나타난다. 업무 만족도는 업무 내용뿐만 아니라 급여 상승도 결정하는 매우 자연스러운 결과다.

통근 거리(DistanceFromHome)가 짧을수록 업무 만족도가 높아진다는 점이 매우 흥미롭다. 업무 내용이나 노동 환경이 아니라 개인적인 영역에 속하는 거주 환경이 업무 만족도에 영향을 미치는 것이다. 통근 스트레스 또는 여가 시간 확보 등이 업무 만족도에 긍정적인 역할을 한다.

현재 상사 아래에서 함께 일한 기간(YearsWithCurrManager)의 경우 이직 분석에서는 음의 영향을 미치지만 업무 만족도에서는 음의 영향을 받는 것으로 보인다. 얼핏 상반된 결과로 보이지만 같은 상사 밑에서 계속 일한다는 것은 자신이 승진하지 못한다는 것을 의미해 불만일 수도 있다. 상관 행렬에서는 YearsWithCurrManager와 YearSinceLastPromotion 사이에 약한 상관관계가 있다.

업무 만족도에서의 만족도는 임금 체계(실질적으로 노동 내용)뿐만 아니라 임금 인상이나 승진, 통근 환경에 따라 크게 변한다.

8.10 정리

'머신러닝은 블랙박스'라고 말하곤 하지만 실제로는 프로그램으로 내부가 실행되며 소스 코드 또한 공개되어 있다. 결코 내부를 들여다볼 수 없는 블랙박스가 아니다. 그러나 '사람이 쉽게 이해하지 못한다'는 이유로 블랙박스라고 한다.

머신러닝은 사람이 보고 이해할 수 있다. 간단한 알고리즘이라면 코드를 들여다보고 해석할 수 있다. 알고리즘에 따라서 머신러닝의 내용을 시각화하는 로직을 제공하기도 한다.

머신러닝의 특성을 파악하기 위해 다양한 연구가 이뤄지고 있으며 그중에서도 왕성한 연구가 이루어지는 분야가 SHAP이다. 이번 장에서는 SHAP을 활용해 앙상블 트리 모델을 시각화했다. 이 라이브러리는 딥러닝에서의 이미지 분류용 기능도 제공한다.

머신러닝 모델이 판단을 한 이유를 설명하는 것은 머신러닝 비즈니스를 도입할 때 꼭 필요한 과정이다. 데이터를 읽을 때도 주의가 필요하다. 특히 데이터셋에 다중공선성이 포함되었다면 머신러닝 파리미터가 복잡해져 해석이 잘못될 가능성이 높다. 어디까지나 머신러닝은 '예측'을 위해 파라미터를 최적화하는 것이지 '설명'하기 위한 것이 아니다. 이러한 이유로 사람의 직감에 반하는 결과가 도출되기도 한다. 머신러닝 결과를 해석할 때는 머신러닝의 특성을 이해해야 한다.

머신러닝 실무 프로젝트

9~12장까지는 앞서 설명한 내용을 포함한 실제 사례를 통해 독자 여러분의 실제 상황에 도움이 되도록 내용을 구성했다. 각 장의 내용은 1부에서 소개한 내용을 포함하고 있다. 앞서 설명한 내용을 떠올리면 읽으면 도움이 될 것이다.

Part II

머신러닝 실무 프로젝트

킥스타터 분석하기:
머신러닝을 사용하지 않는 선택지

이번 장에서는 실제 데이터를 분석해보면서 데이터를 분석할 때 생각해야 할 점과 분석 결과로 만들 수 있는 보고서를 알아본다. 킥스타터를 크롤링해서 얻은 데이터를 기반으로 엑셀을 활용한 데이터 분석, 보고서 작성을 해본다.

> **NOTE_** 이 분석은 필자가 부분적으로 참여했던 프로젝트에서 킥스타터를 활용한 자금 조달을 검토할 때 수행한 내용이다. 킥스타터를 통한 자금 조달은 하지 못했지만 분석 과정에서 몇 가지 흥미로운 사실을 발견했기에 공유한다.

이번 장의 코드는 https://github.com/moseskim/ml-at-work/tree/master/chap09에서 다운로드할 수 있다.

9.1 킥스타터 API 확인하기

먼저 킥스타터의 API를 알아보자. 'kickstarter api'로 검색해보면 'Does Kickstarter have a public API? – Stack Overflow'[1]라는 문서가 나온다. 문서에 따르면 킥스타터 검색 페이지 URL에 .json을 붙이면 JSON 형식의 데이터를 반환하는 비공개 API가 있는 듯하다. 이번 장에서는 이 API를 사용한다.

---

1 https://stackoverflow.com/questions/12907133/does-kickstarter-have-a-public-api
  옮긴이_ closed로 확인되지만 API는 여전히 이용할 수 있다.

9장 킥스타터 분석하기: 머신러닝을 사용하지 않는 선택지 **209**

- https://www.kickstarter.com/projects/search?term=3d+printer
- https://www.kickstarter.com/projects/search.json?term=3d+printer

9.2 킥스타터 크롤러 만들기

이 API를 사용해 크롤러를 만들어보자. 이번 분석은 필자가 잘 알고 있는 킥스타터의 기술 technology 범주로 한정한다.

해당 API의 문제점은 요청당 검색 결과를 20건[2]만 반환한다는 점과 200쪽까지만 검색할 수 있어 총 4,000건의 데이터만 얻을 수 있다는 점이다. 따라서 검색을 할 때 기술 범주(category ID=16) 이하의 하위 범주로 검색 범위를 좁히겠다.

크롤러는 result 폴더를 만들어 수집한 프로젝트의 JSON을 저장한다. 크롤러와 분석 코드를 분리하고 실제 분석 과정에서는 로컬 파일을 활용해 빠르게 데이터에 접근할 수 있다.

```
import urllib.request
import json
import os
import time

os.makedirs('result', exist_ok=True)

search_term = ""
ort_key = 'newest'
category_list = [16, 331, 332, 333, 334, 335, 336,
                 337, 52, 362, 338, 51, 339, 340,
                 341, 342] # technology category
query_base = "https://www.kickstarter.com/projects/search.json?" + \
"term=%s&category_id=%d&page=%d&sort=%s"

for category_id in category_list:
    for page_id in range(1, 201):
        try:
            query = query_base % (
                search_term, category_id, page_id, sort_key)
```

---

2 2017년 3월에는 페이지당 20건을 반환했으나 2021년 3월에는 페이지당 12건의 데이터만 반환한다.
옮긴이_현재 제공하는 필드도 훨씬 다양하고 세분화되었으나 다행히 이번 장에서 사용하는 필드도 모두 그대로 제공된다.

```python
        print(query)
        data = urllib.request.urlopen(query).read().decode("utf-8")
        response_json = json.loads(data)
    except:
        break

    # 1페이지당 20건의 결과가 반환되므로 1건씩 저장한다.
    for project in response_json["projects"]:
        filepath = "result/%d.json" % project["id"]
        fp = open(filepath, "w")
        fp.write(json.dumps(project, sort_keys=True, indent=2))
        fp.close()

    # 접속당 1초의 대기 시간을 주어 과도한 접근을 막는다.
    time.sleep(1)
```

크롤러를 실행하면 result 폴더에 JSON 파일이 출력된다. 내용을 확인해보자.[3] 지면상 코드는 꼭 필요한 항목만 기재했다.

```json
{
    "backers_count": 0,
    "country": "GB",
    "created_at": 1452453394,
    "currency": "GBP",
    "deadline": 1457820238,
    "disable_communication": true,
    "goal": 30000.0,
    "id": 1629226758,
    "launched_at": 1452636238,
    "name": "Ordering web page for small fast food businesses.",
    "pledged": 0.0,
    "slug": "ordering-web-page-for-small-fast-food-businesses",
    "state": "suspended",
    "state_changed_at": 1455831674,
    "static_usd_rate": 1.45221346,
    "urls": {
        "web": {
            "project": "https://www.kickstarter.com/projects/189332819/ordering-web-
page-for-small-fast-food-businesses?ref=category_newest",
```

----

3 JSON 파일을 다운로드하는 데 수십 분이 걸린다. 기다리기 지루하다면 깃허브 저장소에 업로드한 chap09/kickstarter_result.zip을 사용해도 좋다.

```
      "rewards": "https://www.kickstarter.com/projects/189332819/ordering-web-
  page-for-small-fast-food-businesses/rewards"
      }
    },
    "usd_pledged": "0.0"
}
```

9.3 JSON 데이터를 CSV로 변환하기

JSON 파일에서 쓸만한 파라미터를 추출해본다. 파일을 로딩할 때는 파이썬 표준 라이브러리인 glob를 사용한다. 와일드카드 문자를 활용해 폴더 안의 파일명을 목록으로 간단히 만들 수 있다.

이후 분석에서는 엑셀을 활용한다. 엑셀에서 쉽게 분석할 수 있는 CSV 형식으로 변환하자. CSV 형식으로 변환할 때는 판다스의 pandas.io.json.json_normalize(json_data)[4] 함수를 활용한다. 엑셀에서 로딩할 때 CP949(Windows에서 사용되는 EUC-KR의 확장자 코드)로 인코딩하는 것과 Unix Timestamp 형태의 칼럼을 DataTime 타입으로 변환하면 훨씬 사람이 읽기 편하게 변환된다.

```
import glob
import json
import pandas
import pandas.io.json

project_list = []

# glob으로 result 폴더에 있는 파일을 하나씩 읽는다.
for filename in glob.glob("result/*.json"):
    project = json.loads(open(filename).read())
    project_list.append(project)

# json_normalize를 이용해 DataFrame으로 변환한다.
df = pandas.io.json.json_normalize(project_list)
```

---

4 https://pandas.pydata.org/pandas-docs/version/0.20.3/generated/pandas.io.json.json_normalize.html

```python
# "_at"으로 끝나는 unixtime 칼럼을 datetime을 변환한다.
datetime_columns = filter(lambda a: a[-3:] == "_at", df.columns)
for column in datetime_columns:
    df[column] = pandas.to_datetime(df[column], unit='s')

# DataFrame에서 CSV 형식의 str 형식으로 변환한다.
csv_data = df.to_csv()

# 윈도우용 엑셀에 로딩하기 위해 CP949로 변환한다.
csv_data = csv_data.encode("cp949", "ignore")

# 결과 로딩
fp = open("kickstarter_result.csv", "wb")
fp.write(csv_data)
fp.close()
```

9.4 엑셀로 데이터 살펴보기

추출한 데이터를 엑셀에서 살펴보자. 산포도 행렬 등을 활용해 그래프의 개괄적인 형태를 파악할 수 있다. 그러나 가공하지 않은 데이터에 분위기를 느끼기 위해서라도 엑셀에서 직접 열어 보는 것을 권한다(일부 데이터를 추출해서 봐도 좋다).

가공하지 않은 데이터를 직접 보는 것은 분석 효율에 큰 영향을 준다. 머신러닝을 이용하더라도 데이터의 전체적인 형태를 파악해두지 않으면 결과에 이상이 있을 때 그 원인을 깨닫기 어렵다. 반드시 가공되지 않은 데이터를 직접 살펴보도록 하자.

그림 9-1 가공하지 않은 데이터 살펴보기

category	pledged	goal	currency	backers_count	state	name	launched_at	deadline	blurb	url	creator_id	cour
technology/hardware	0	50000	CAD	0	failed	Safer Home	2015/6/3 12:52	2015/7/3 12:52	Placing furniture a	https://www.kickst	2116322986	CA
technology/gadgets	2030	87000	USD	15	canceled	Gizbee Unlimited	2016/3/1 4:30	2016/3/26 3:30	Gizbee is the first	https://www.kickst	1697733033	US
technology/web	141	100000	USD	3	failed	Diposta ~ liberal	2016/7/24 20:18	2016/8/23 20:18	The problem of mi	https://www.kickst	105350417	US
technology/gadgets	3	25000	CAD	3	failed	Best Spray Bott	2015/2/6 0:57	2015/3/8 0:57	Ever had a spray b	https://www.kickst	1101368469	CA
technology/apps	11336	50000	CAD	19	canceled	Fishtacular - Th	2015/4/24 3:04	2015/5/26 3:04	Fishtacular is a ne	https://www.kickst	480166899	CA
technology/software	282	4000	EUR	12	failed	Gantish ~ Onlin	2015/8/17 22:37	2015/9/16 22:37	Taking the novelty	https://www.kickst	1511932511	IE
technology/web	25	15000	USD	1	failed	Selegg start up	2016/3/2 10:13	2016/3/2 3:26	a simple and user f	https://www.kickst	967612940	US
technology/hardware	20	6000	USD	2	failed	Musical Light Su	2011/5/19 16:09	2011/6/28 16:08	A Musical Light Su	https://www.kickst	905994053	US
technology/flight	1355	8500	USD	4	failed	Hangar 1 Found	2014/9/4 2:40	2014/10/19 2:40	Seeking funding fo	https://www.kickst	1619263064	US
technology/hardware	268192	250000	USD	561	successful	ODIN: Android T	2014/5/28 20:54	2014/7/8 12:59	First Mobile Devic	https://www.kickst	832648575	US
technology/make:space	11601.5	129000	AUD	32	failed	VoxCube ~ 8x8	2016/3/2 8:15	2016/4/1 7:15	Connect VoxCube	https://www.kickst	2135028730	AU
technology/hardware	656	2000	USD	18	failed	The Forever Re	2013/9/24 6:36	2013/10/24 6:36	This talking flashli	https://www.kickst	172204344	CA
technology/apps	47056.86	40000	GBP	3080	successful	VLC for the nex	2012/11/29 21:54	2012/12/29 21:54	VLC for Windows E	https://www.kickst	1061646925	GB
technology/apps	56680	55000	MXN	24	successful	APP ~ CUSTOM	2016/11/19 12:05	2016/12/21 14:59	Prepuesta de App	https://www.kickst	492830694	MX
technology/fabrication	5000	5000	USD	57	successful	Student Operate	2012/6/11 20:55	2012/7/11 20:55	Completing this La	https://www.kickst	90895326	US
technology/hardware	107	3500	USD	7	failed	A New Omni-Wi	2016/5/25 23:19	2016/6/24 23:19	An omni wheel tha	https://www.kickst	2038625547	US
technology/software	7157	5500	GBP	184	successful	Inclusive Toolki	2015/5/13 20:20	2015/6/13 10:00	The Inclusive Tool	https://www.kickst	2038926420	GB
technology/sound	227673	25000	USD	2278	successful	XPUMP	TURN	2016/9/6 17:00	2016/10/21 17:00	XPUMP unleashes	https://www.kickst	818767230	US
technology/apps	0	8500	USD	0	failed	Virtual Addictio	2015/4/29 23:49	2015/5/29 23:49	Help the addict fro	https://www.kickst	1036763577	US
technology/apps	0	9000	USD	0	failed	College Spring E	2015/2/27 3:35	2015/3/29 2:35	The goal is to crea	https://www.kickst	252769456	US
technology/apps	5650	50000	USD	22	canceled	CLEX ~ 4 in 1 S	2016/5/14 5:56	2016/6/14 5:56	World's first ~ PC	https://www.kickst	1206117568	US
technology/apps	0	500	USD	0	failed	Stamped	2015/11/23 23:36	2016/1/22 23:36	The idea is a new	https://www.kickst	774466193	US
technology/apps	0	1000	USD	0	failed	Croc2Pop ~ Wh	2014/7/22 4:25	2014/8/21 4:25	Croc2Pop is a cro	https://www.kickst	1403764871	US
technology/gadgets	970	1700000	GBP	4	canceled	MKP ~ The Sma	2015/4/23 5:40	2015/6/22 5:40	Master Keys Pro I	https://www.kickst	1028459198	GB
technology	17771	10000	USD	27	successful	LAZER EDGE Se	2016/3/9 7:50	2016/4/23 6:50	Lazer Edge ~ The	https://www.kickst	2112866462	US
technology/hardware	3877	15000	USD	34	failed	Smart Dive Bud	2014/6/26 14:50	2014/7/26 14:50	Smart Dive Buddy	https://www.kickst	1607113047	US
technology/web	410	18000	USD	4	failed	GoalZilla	Let's	2015/3/20 5:01	2015/4/24 5:01	What do you want	https://www.kickst	1653803405	US
technology/software	1	98000	USD	1	failed	FREE SUPERCC	2014/10/4 9:46	2014/11/11 16:44	HELP US BUILD T	https://www.kickst	1390235412	US
technology/diy electric	23447	10000	USD	298	successful	Esquilo: Simple I	2015/5/11 22:52	2015/6/10 22:52	A development pla	https://www.kickst	398910642	US
technology/apps	895	45000	USD	71	failed	LDG Home Teac	2014/9/2 22:36	2014/10/17 22:36	Change the way tc	https://www.kickst	68769911	US
technology	41136.55	25000	USD	236	successful	Fritz: A Robotic	2013/4/1 12:25	2013/5/1 12:25	Fritz is a robotic p	https://www.kickst	1591853389	US
technology/wearables	590	150000	USD	7	failed	Airlock bike helr	2017/1/3 0:55	2017/2/2 0:55	You can control h	https://www.kickst	806337188	US
technology/diy electric	3035	15000	USD	88	successful	Turn your smar	2015/12/11 2:48	2016/2/9 2:48	A clean and profes	https://www.kickst	1807372651	US
technology/apps	0	10000	USD	0	failed	Write my Estima	2015/9/29 7:32	2015/11/29 8:32	This will allow con	https://www.kickst	976313294	US
technology/hardware	31275.6	25000	USD	426	successful	SparkLab the re	2012/2/22 10:22	2012/3/24 13:00	A big red truck fill	https://www.kickst	107975579	US
technology/camera ec	16998	8500	USD	135	successful	Phochon XA Fi	2016/10/19 5:40	2016/11/18 6:40	A quick and accur	https://www.kickst	870664678	US
technology/software	5	7000	USD	1	live	How safe is you	2017/2/11 8:19	2017/3/13 7:19	Ingreenients the	https://www.kickst	1959656903	US
technology/camera ec	5043	20000	USD	10	failed	Seeker Aerial Vi	2014/10/21 22:54	2014/11/20 23:54	Seeker Copters an	https://www.kickst	1264623651	US
technology/apps	50	150000	USD	1	failed	Quikcelpt Paper	2014/8/2 3:55	2014/9/1 3:55	Quikcelpt is the	https://www.kickst	597002994	US
technology/gadgets	6672	5000	CAD	115	canceled	Spycup turns yc	2015/11/20 1:26	2015/12/20 1:26	Spycup gives you	https://www.kickst	1726276143	CA
technology	149905	40000	USD	43	live	Long Range MU	2017/2/15 1:03	2017/3/21 11:00	Serious GPS track	https://www.kickst	1833625517	US
technology/web	0	5000	GBP	0	failed	New Social Net	2014/10/16 7:10	2014/11/15 8:10	The project is sim	https://www.kickst	1848731813	GB
technology/diy electric	0	5000	USD	0	canceled	PS Pi (Cancelec	2017/2/28 14:54	2017/3/30 13:54	A Raspberry Pi in	https://www.kickst	251383632	US
technology/gadgets	396298	30000	USD	2412	successful	RinseKit: The R	2016/5/5 2:27	2016/6/4 2:27	RinseKit convenie	https://www.kickst	639200048	US
technology/apps	0	4860	USD	0	failed	Knot App	2016/3/9 11:36	2016/4/8 10:36	Buy and sell locall	https://www.kickst	395966255	US
technology/apps	21613.47	20000	USD	292	successful	Air Air ™ Portab	2013/9/3 22:26	2013/10/20 22:26	Air Air is a portabl	https://www.kickst	1866143677	US
technology/apps	7	4000	USD	3	failed	Pocket Parking	2015/2/12 1:46	2015/2/27 1:46	Pocket Parking Me	https://www.kickst	122890751	US
technology/camera ec	30126	9000	USD	164	successful	Underwater IP9	2016/10/14 5:24	2016/11/16 4:50	Vyu360 4K VR 36	https://www.kickst	320566680	US

모금액(predged)과 목표액(goal) 정보를 이용해 달성률(=pledged/goal)을, 후원자 수 (bakcers_count)에서 1인당 후원액(=pledged/backers_count)을 계산한 칼럼을 추가한다. 데이터 추출 과정에서 계산할 수도 있으나 필자는 엑셀에서 계산했다.

먼저 달성률을 기준으로 정렬해 그래프를 그려보겠다.

그림 9-2 달성률 기준 내림차순 정렬 후 그래프 그리기

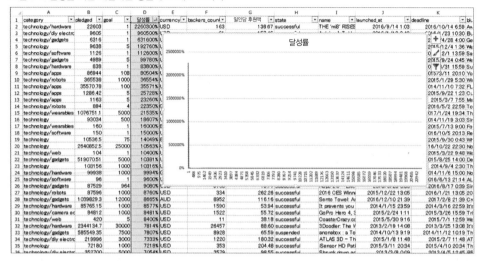

목표액을 1달러로 설정한 프로젝트가 있어 그래프가 왜곡됐다. 즉 달성률 최고치가 너무 높게 나온다. 세로축 범위를 500%로 제한해보자.

그림 9-3 세로축의 상한을 500%로 제한

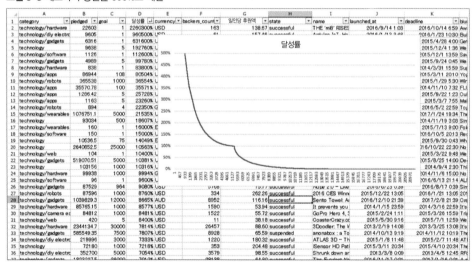

범위를 수정하면 100% 지점에 특이점이 생긴다. 킥스타터의 효과일까? 달성률을 축으로 보면 무언가를 발견할 수 있다.

이번에는 상태(state)를 기준으로 필터링한 뒤 종료된 프로젝트와 그렇지 않은 프로젝트를 비교해보자.

그림 9-4 진행 중인 프로젝트의 모금 달성률 분포

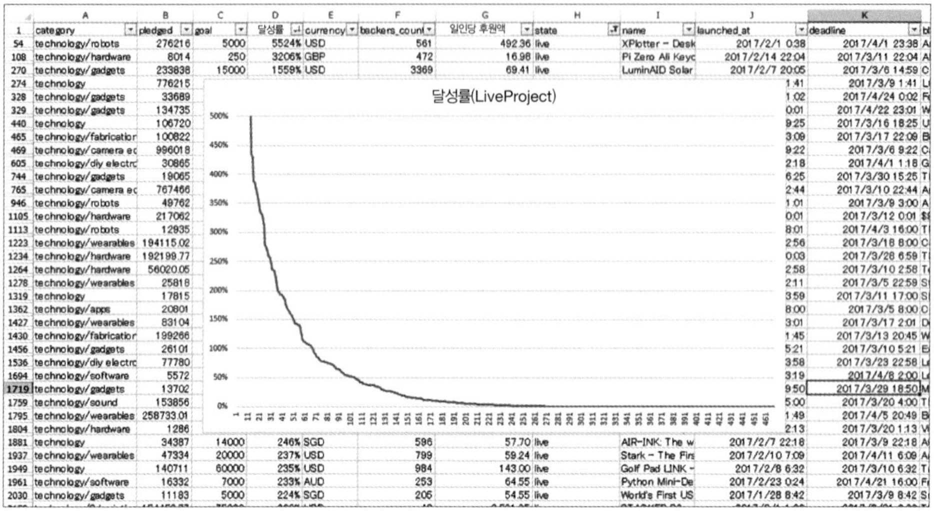

state가 'live'이면서 마감에 도달하지 않은 프로젝트에는 이 특이점이 없는 것 같다. 즉 이 특이점은 프로젝트 종료 직전에 생겨난 것이라는 사실을 알 수 있다. 다음과 같이 그 이유를 생각해볼 수 있다.

- 킥스타터는 종료 시점에 임박한 프로젝트를 최상위 페이지에 소개한다.
- 종료 시점에 후원이 늘어나는 이유는 되지만 100% 근처에 특이점이 생기는 이유는 설명되지 않는다.
- 거의 목표에 달성했을 때 프로젝트 제안자가 더 열심히 홍보한다.
- 제안자의 지인들이 마지막에 후원에 동참한다.
- 달성이 확실한 프로젝트에만 참여하려는 사람이 후원한다.
- 자신의 참여로 프로젝트가 달성되는 쾌감을 즐기는 사람이 있다.

9.5 피벗 테이블로 다양하게 파악하기

달성률을 기준으로 보면 다양한 것이 보인다. 이를 기준으로 피벗 테이블을 활용해 데이터를 파악해보자. state가 live인 데이터는 제외하고 종료된 프로젝트만을 대상으로 한다. 통화 단

위가 다양하면 평균을 구하는 집계가 어려우니 미국 달러(USD)로 모금한 프로젝트로 대상을 좁힌다.

먼저 달성률(세로축)에 따른 건수, 건수 비율, 평균 후원액, 평균 후원 건수를 표시한다.

그림 9-5 달성률 기준 비교

달성률	건수	건수 (비율)	평균 후원액	평균 후원 건수
state	(다중 항목)			
0-0.1	12445	59.4%	49	7
0.1-0.2	1246	6.0%	171	46
0.2-0.3	689	3.3%	217	66
0.3-0.4	435	2.1%	178	100
0.4-0.5	315	1.5%	184	128
0.5-0.6	234	1.1%	236	148
0.6-0.7	138	0.7%	225	157
0.7-0.8	98	0.5%	334	203
0.8-0.9	68	0.3%	294	145
0.9-1	27	0.1%	359	232
1-1.1	1146	5.5%	207	171
1.1-1.2	473	2.3%	189	288
1.2-1.3	325	1.6%	174	317
1.3-1.4	251	1.2%	183	329
1.4-1.5	187	0.9%	123	409
1.5-1.6	179	0.9%	208	546
1.6-1.7	144	0.7%	176	425
1.7-1.8	138	0.7%	209	386
1.8-1.9	104	0.5%	195	412
1.9-2	96	0.5%	168	475
>2	2198	10.5%	194	1406
총합계	20936	100.00%	108	208

평균 후원액이 높으면 아슬아슬하게 실패하는 경우가 많은 듯하다. 평균 후원액이 200달러 전후이면 성공 확률이 올라가는 것 같으니 평균 후원액을 기준으로 비교해보자.

그림 9-6 평균 후원액 기준 비교

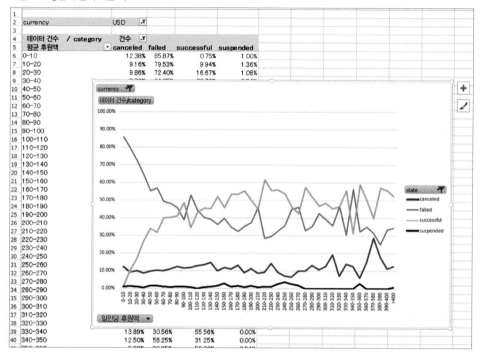

평균 후원액을 기준으로 비교하면 평균 후원액이 낮은 프로젝트는 실패율이 높다. 그러나 평균 후원액 축, 즉 X축에서는 평균 후원액이 높아지면서 프로젝트 성공률이 낮아지는 현상이 없다.

이번에는 달성률과 연도 축을 비교한다. 연도별로 집계해보면 그래프로 시계열 변화를 파악할 수 있으며 연도에 따른 경향의 차이도 알 수 있다. 엑셀의 피벗 테이블에서 연도별 집계를 하려면 날짜 타입 필드를 축으로 설정한 후 그룹화한다. 연도별, 월별, 일별로 그룹을 만들 수 있다. 여기서는 이 기능을 활용해 연도별 그룹을 만들어보겠다.

그림 9-7 달성률과 연도 축을 비교하기

달성률		2010년	2011년	2012년	2013년	2014년	2015년	2016년	2017년
state	(다중 항목)								
currency	USD								
0-0.1	28	99	101	127	315	2167	3296	1884	101
0.1-0.2	5	16	16	38	85	225	254	212	7
0.2-0.3	1	4	13	20	49	134	162	95	4
0.3-0.4		4	6	15	33	96	91	71	2
0.4-0.5	1	3	3	14	24	47	69	37	4
0.5-0.6		1	4	8	15	32	52	39	2
0.6-0.7		2		3	10	26	30	20	1
0.7-0.8		2	1	1	5	18	26	14	1
0.8-0.9			1	1	4	9	11	15	4
0.9-1			1		1	6	4	8	
1-1.1	9	18	22	48	95	186	257	201	13
1.1-1.2	2	11	17	24	39	77	102	78	7
1.2-1.3		4	9	18	36	56	70	45	4
1.3-1.4	1	2	8	11	35	41	48	39	3
1.4-1.5	1	4	5	9	23	24	33	30	4
1.5-1.6	1	3	2	11	19	28	39	30	
1.6-1.7		3	8	9	15	23	28	21	1
1.7-1.8	1	1	3	9	18	24	30	20	
1.8-1.9			1	7	11	23	23	14	3
1.9-2			2	5	15	17	15	15	
>2	1	8	51	136	235	364	466	403	22
총합계	51	185	274	514	1082	3623	5106	3291	183

달성률	2009년	2010년	2011년	2012년	2013년	2014년	2015년	2016년	2017년
state	(다중 항목)								
currency	USD								
0-0.1	55%	54%	37%	25%	29%	60%	65%	57%	55%
0.1-0.2	9.8%	8.6%	5.8%	7.4%	7.9%	6.2%	5.0%	6.4%	3.8%
0.2-0.3	2.0%	2.2%	4.7%	3.9%	4.5%	3.7%	3.2%	2.9%	2.2%
0.3-0.4	0.0%	2.2%	2.2%	2.9%	3.0%	2.6%	1.8%	2.2%	1.1%
0.4-0.5	2.0%	1.6%	1.1%	2.7%	2.2%	1.3%	1.4%	1.1%	2.2%
0.5-0.6	0.0%	0.5%	1.5%	1.6%	1.4%	0.9%	1.0%	1.2%	1.1%
0.6-0.7	0.0%	1.1%	0.0%	0.6%	0.9%	0.7%	0.6%	0.6%	0.5%
0.7-0.8	0.0%	1.1%	0.4%	0.2%	0.5%	0.5%	0.5%	0.4%	0.5%
0.8-0.9	0.0%	0.0%	0.4%	0.2%	0.4%	0.2%	0.2%	0.5%	2.2%
0.9-1	0.0%	0.0%	0.4%	0.0%	0.1%	0.2%	0.1%	0.2%	0.0%
1-1.1	17.6%	9.7%	8.0%	9.3%	8.8%	5.1%	5.0%	6.1%	7.1%
1.1-1.2	3.9%	5.9%	6.2%	4.7%	3.6%	2.1%	2.0%	2.4%	3.8%
1.2-1.3	0.0%	2.2%	3.3%	3.5%	3.3%	1.5%	1.4%	1.4%	2.2%
1.3-1.4	2.0%	1.1%	2.9%	2.1%	3.2%	1.1%	0.9%	1.2%	1.6%
1.4-1.5	2.0%	2.2%	1.8%	1.8%	2.1%	0.7%	0.6%	0.9%	2.2%
1.5-1.6	2.0%	1.6%	0.7%	2.1%	1.8%	0.8%	0.8%	0.9%	0.0%
1.6-1.7	0.0%	1.6%	2.9%	1.8%	1.4%	0.6%	0.5%	0.6%	0.5%
1.7-1.8	2.0%	0.5%	1.1%	1.8%	1.7%	0.7%	0.6%	0.6%	0.0%
1.8-1.9	0.0%	0.0%	0.4%	1.4%	1.0%	0.6%	0.5%	0.4%	1.6%
1.9-2	0.0%	0.0%	0.7%	1.0%	1.4%	1.0%	0.5%	0.3%	0.0%
>2	2.0%	4.3%	18.6%	26.5%	21.7%	10.0%	9.1%	12.2%	12.0%
총합계	100.00%	100.00%	100.00%	100.00%	100.00%	100.00%	100.00%	100.00%	100.00%

2011년 이전, 2011년부터 2013년, 2014년 이후로 경향이 다르다는 것을 알 수 있다. 건수와 성공률이 크게 변화했다. 이는 킥스타터의 영업 전략이 변화했기 때문이라고 추정할 수 있다.

달성률이 50~100%인 프로젝트 수가 매우 적다는 것도 알 수 있다. 2014년 이후의 프로젝트는 아슬아슬하게 달성되거나 200% 이상의 큰 성공을 거두는 경우가 대부분이다.

다음으로 프로젝트 목표액과 달성률을 살펴보자. 프로젝트 목표액 분포는 로그스케일로 집계된 것이다. 엑셀의 피벗 테이블에서 로그 분포에 따른 집계를 할 수 없어 새로운 필드를 추가한다. 엑셀에서 계산한다면 =10^int(log10(c2))와 같은 칼럼을 추가한다. 당연한 이야기지만 목표액이 낮을수록 목표 달성률이 올라간다. 그러나 특별히 눈에 띄는 경향은 나타나지 않았다.

그림 9-8 목표액과 달성률

라인 레이블	1	10	100	1,000	10,000	100,000	1,000,000	총합계
0-0.1	9.09%	32.56%	36.83%	51.46%	57.38%	70.52%	96.15%	56.73%
0.1-0.2	0.00%	4.65%	5.33%	5.91%	6.57%	4.55%	0.00%	6.02%
0.2-0.3	0.00%	6.98%	3.39%	3.89%	3.37%	2.41%	0.00%	3.37%
0.3-0.4	0.00%	2.33%	2.75%	2.20%	2.37%	1.77%	0.96%	2.25%
0.4-0.5	0.00%	0.00%	1.62%	1.51%	1.51%	0.86%	0.96%	1.42%
0.5-0.6	0.00%	0.00%	1.94%	1.00%	1.07%	1.23%	0.00%	1.10%
0.6-0.7	0.00%	0.00%	0.81%	0.56%	0.71%	0.59%	0.00%	0.65%
0.7-0.8	0.00%	0.00%	0.16%	0.59%	0.55%	0.48%	0.00%	0.53%
0.8-0.9	0.00%	0.00%	0.32%	0.46%	0.29%	0.21%	0.00%	0.32%
0.9-1	0.00%	0.00%	0.00%	0.08%	0.20%	0.16%	0.00%	0.15%
1-1.1	0.00%	2.33%	7.75%	8.06%	5.35%	3.37%	0.00%	5.87%
1.1-1.2	0.00%	9.30%	2.75%	2.69%	2.44%	1.98%	0.00%	2.46%
1.2-1.3	0.00%	2.33%	3.07%	1.41%	1.84%	1.12%	0.00%	1.67%
1.3-1.4	0.00%	2.33%	1.29%	1.51%	1.31%	0.80%	0.00%	1.29%
1.4-1.5	0.00%	2.33%	1.62%	1.18%	0.89%	0.54%	0.00%	0.95%
1.5-1.6	0.00%	2.33%	1.29%	0.87%	0.94%	0.86%	0.96%	0.93%
1.6-1.7	0.00%	0.00%	0.81%	1.02%	0.69%	0.54%	0.00%	0.76%
1.7-1.8	0.00%	2.33%	0.97%	0.77%	0.72%	0.59%	0.00%	0.73%
1.8-1.9	0.00%	0.00%	1.29%	0.67%	0.54%	0.37%	0.00%	0.58%
1.9-2	0.00%	0.00%	1.62%	0.84%	0.30%	0.32%	0.00%	0.50%
>2	90.91%	30.23%	24.39%	13.31%	10.96%	6.74%	0.96%	11.73%
총합계	100.00%	100.00%	100.00%	100.00%	100.00%	100.00%	100.00%	100.00%
실패율	9.09%	46.51%	53.15%	67.67%	74.03%	82.77%	98.08%	72.55%
달성률	90.91%	53.49%	46.85%	32.33%	25.97%	17.23%	1.92%	27.45%

목표액과 프로젝트 상태의 관계는 어떨까?

그림 9-9 목표액과 프로젝트 상태

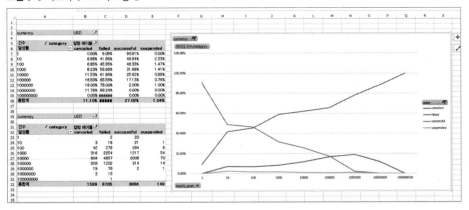

목표액이 증가하면 실패율도 상승한다. [그림 9-9] 그래프는 이러한 관계를 깔끔하게 보여준다. 데이터를 보면 목표액에 도달했지만 취소되는 사례도 꽤 있다. 취소한 데이터가 흥미로우니 좀 더 자세히 살펴보자.

우선 연도와 취소 건수를 시각화한다. 흥미롭게도 2014년 이후로 목표액을 달성했지만 취소된 프로젝트가 증가했다. 실제 취소된 프로젝트만 확인해보겠다.

그림 9-10 취소된 프로젝트

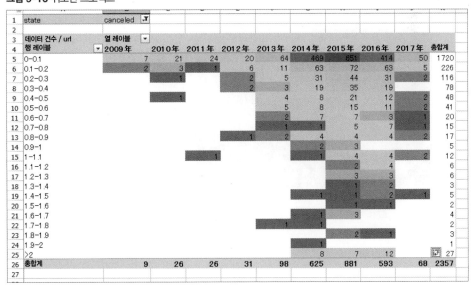

state: canceled

데이터 건수 / url — 열 레이블

행 레이블	2009년	2010년	2011년	2012년	2013년	2014년	2015년	2016년	2017년	총합계
0-0.1	7	21	24	20	64	469	651	414	50	1720
0.1-0.2	2	3	1	6	11	63	72	63	5	226
0.2-0.3			1	2	5	31	44	31	2	116
0.3-0.4				2	3	19	35	19		78
0.4-0.5			1		4	8	21	12	2	48
0.5-0.6					5	8	15	11	2	41
0.6-0.7					2	7	7	3	1	20
0.7-0.8					1	1	5	7	1	15
0.8-0.9				1	2	4	4	2		17
0.9-1						2	3			5
1-1.1			1			1	4	4	2	12
1.1-1.2						2	4			6
1.2-1.3						3	3			6
1.3-1.4						1	2			3
1.4-1.5						1	1	2	1	5
1.5-1.6						1	1			2
1.6-1.7						1	3			4
1.7-1.8					1	1				2
1.8-1.9						2	1			3
1.9-2						1				1
>2							8	7	12	27
총합계	9	26	26	31	98	625	881	593	68	2357

9.6 목표를 달성했지만 취소된 프로젝트 확인하기

AnyTouch Blue[5]는 USB 포트에 꽂으면 블루투스를 통해 스마트폰을 가상 키보드나 가상 마우스로 사용할 수 있는 제품이다. 목표액은 2만 달러로 약 3만 달러를 모금했지만 프로젝트를 취소하고 목표액을 5천 달러로 낮춰 다시 모금을 시작했다(2017년 3월 시점).

다시 시작한 프로젝트[6]에서는 최저 후원액이 18달러에서 16달러로 낮아졌다. 이 책을 집필하는 시점에는 목표액 5천 달러에 2만 달러가 훨씬 넘는 액수를 모금해 프로젝트 성공은 확정되었다.

두 프로젝트를 비교했을 때 가장 알기 쉬운 것이 고객 단가다. 취소된 프로젝트는 29,763(달러)/235(명)=126(달러/명)지만 다시 시작한 프로젝트에서는 21,189(달러)/449(명)=47(달러/명)이다.

그림 9-11 취소된 AnyTouch Blue 프로젝트 페이지

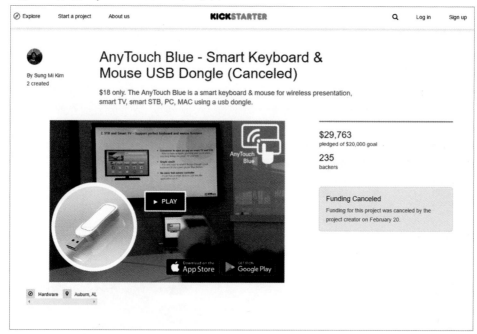

---

5 https://www.kickstarter.com/projects/2094324441/anytouch-blue-smart-keyboard-and-mouse-usb-dongle/
6 https://www.kickstarter.com/projects/2094324441/anytouch-blue-smart-keyboard-and-mouse-usb-dongler

취소된 프로젝트에서는 500개 제품을 받을 수 있는 9천 달러 플랜을 두 명이 신청했다. 다시 시작한 프로젝트에서는 같은 조건의 8천 달러 플랜을 한 명이 신청했다. 이는 킥스타터가 8% 정도의 수수료[7]를 받기 때문에 대량 구매 고객은 수수료를 피하기 위해 직거래로 접촉하는 것으로 추측할 수 있다. 그래서 두 번째 모금에서는 대량 구매 고객이 없어지고 목표액을 5천 달러로 낮췄을 것이다.

킥스타터에는 고액 플랜을 설정해두면 도매업자일 확률이 높은 대량 구매 고객과 접점을 만들수 있다. 도매업자 또한 높은 이익률을 가져가고 싶을 것이니 직거래로 수수료를 물지 않으려고 할 것이라는 짐작을 할 수 있다.

이 프로젝트는 인디고고indiegogo에서도 모금을 성공했고[8] 상품 출하를 마무리한 뒤 더 큰 목표액으로 킥스타터에서 모금을 한 것이다. 인디고고에서는 목표액 500달러에 1,705달러를 모금했다. 킥스타터에서 모금을 할 당시에는 인디고고에서의 성공을 완전히 숨겼으며 클라우드 펀딩을 일종의 상품 유통 창구로 활용했다.

이 프로젝트를 다시 시작한 이유는 대량 구매 고객이었지만 달성률 100% 부근에서의 특이점을 이용하고자 프로젝트의 재시작을 고려할 수도 있다. 예를 들어 첫 번째 모금에서는 낮은 목표액에서 모금을 시작해 후원자가 어느 정도 모이는지 측정한다. '예상보다 많은 후원자가 모였으니 대량 생산으로 가격을 낮춥니다' 같은 이유로 목표액을 높여 다시 시작하면 이 특이점을 이용한 모금 효과를 잘 이용할 수 있어 더 큰 모금을 하는 데 유리할 것이다.

---

7 https://www.kickstarter.com/help/fees?country=US
8 https://www.indiegogo.com/projects/anytouch-blue-3#/

9.7 국가별로 살펴보기

그림 9-12 국가별 프로젝트 상태(건수)

데이터 건수/url 행 레이블	canceled	failed	live	successful	suspended	총합계
US	1589	8705	276	3866	149	14585
GB	255	1324	35	423	26	2063
CA	142	813	33	237	16	1241
AU	88	561	20	124	19	812
DE	44	276	21	96	4	441
NL	39	291	4	79	6	419
FR	51	243	13	83	2	392
IT	36	241	12	31	2	322
ES	15	169	8	21	4	217
DK	16	102	4	22		144
NZ	12	90	4	27	3	136
SE	14	82	1	13		110
CH	12	66	3	22	1	104
IE	8	51	2	18	1	80
NO	11	58		7	1	77
AT	9	51	4	12		76
BE	7	51	2	5	2	67
HK	3	11	7	20	3	44
MX	5	17	14	7		43
SG	1	14	4	6		25
LU		4	1	1		6
총합계	2357	13220	468	5120	239	21404

그림 9-13 국가별 프로젝트 상태(비율)

	데이터 건수/url 행 레이블	canceled	failed	live	successful	suspended	총합계
5	US	10.89%	59.68%	1.89%	26.51%	1.02%	100.00%
6	GB	12.36%	64.18%	1.70%	20.50%	1.26%	100.00%
7	CA	11.44%	65.51%	2.66%	19.10%	1.29%	100.00%
8	AU	10.84%	69.09%	2.46%	15.27%	2.34%	100.00%
9	DE	9.98%	62.59%	4.76%	21.77%	0.91%	100.00%
10	NL	9.31%	69.45%	0.95%	18.85%	1.43%	100.00%
11	FR	13.01%	61.99%	3.32%	21.17%	0.51%	100.00%
12	IT	11.18%	74.84%	3.73%	9.63%	0.62%	100.00%
13	ES	6.91%	77.88%	3.69%	9.68%	1.84%	100.00%
14	DK	11.11%	70.83%	2.78%	15.28%	0.00%	100.00%
15	NZ	8.82%	66.18%	2.94%	19.85%	2.21%	100.00%
16	SE	12.73%	74.55%	0.91%	11.82%	0.00%	100.00%
17	CH	11.54%	63.46%	2.88%	21.15%	0.96%	100.00%
18	IE	10.00%	63.75%	2.50%	22.50%	1.25%	100.00%
19	NO	14.29%	75.32%	0.00%	9.09%	1.30%	100.00%
20	AT	11.84%	67.11%	5.26%	15.79%	0.00%	100.00%
21	BE	10.45%	76.12%	2.99%	7.46%	2.99%	100.00%
22	HK	6.82%	25.00%	15.91%	45.45%	6.82%	100.00%
23	MX	11.63%	39.53%	32.56%	16.28%	0.00%	100.00%
24	SG	4.00%	56.00%	16.00%	24.00%	0.00%	100.00%
25	LU	0.00%	66.67%	16.67%	16.67%	0.00%	100.00%
26	총합계	11.01%	61.76%	2.19%	23.92%	1.12%	100.00%

많은 프로젝트를 등록한 나라일수록, 그리고 영어권 프로젝트일수록 높은 성공률을 보였다. 이는 킥스타터가 영어로 된 웹 사이트이기 때문에 어쩔 수 없는 측면이 있다. 반대로 말하면 언어권별로 크라우드 펀딩 사이트가 있다고 보는 것이 옳을 수도 있다.

다음으로 국가별 프로젝트 건수와 연도를 축으로 살펴보자.

그림 9-14 국가별 프로젝트 건수

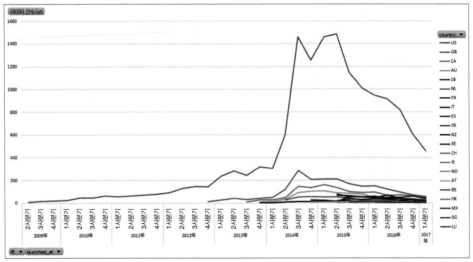

2015년부터 다국어 지원을 시작해 영어권, 유럽 순으로 진출한 것으로 보인다. 2015년 3분기부터 프로젝트 수가 감소하는데 다른 크라우드 펀딩 사이트가 부상했기 때문이라고 추측된다. 킥스타터가 (적어도 기술 범주에 한해서는) 하향세에 있다는 점 또한 흥미롭다.

> **NOTE_** 크라우드 펀딩 서비스 데이터를 실제로 살펴보지 않으면 확실하게 결론을 내릴 수 있는 것은 없다. 다른 크라우드 펀딩 서비스로 고객이 유출되었거나 다른 범주에 프로젝트를 시작하는 사람이 증가한 것과 같은 원인도 생각해볼 수 있다.

9.8 보고서 작성하기

데이터를 얻었으니 이제 보고서를 작성해보자. '상사가 지시한 킥스타터 분석을 수집한 데이터를 기반으로 상사에게 설명한다'는 상황을 가정했다. 일부 도표는 보고서 작성을 위해 추가한 것이다. 머신러닝을 이용한 데이터 마이닝의 추진 여부는 해당 보고서의 분석 결과에 따라 정해질 것이다.

킥스타터 통계분석

홍 길 동

데이터 수집

- 킥스타터 API를 이용한 데이터 수집
  - 기술(Technology) 분야의 프로젝트 21,404건
  - 데이터 수집 일자: 2017/03/04
- 수집 방법
  - 킥스타터 비공개 API를 이용하여 JSON 형태로 수집
    - 일반적인 검색 URL
      - https://www.kickstarter.com/projects/search?term=3d+printer
    - 비공개 API URL
      - https://www.kickstarter.com/projects/search.json?term=3d+printer
  - 수집에 사용한 소스코드
    - https://github.com/oreilly-japan/ml-at-work/tree/master/chap08
    - 참고: API로는 최대 4,000건만 수집할 수 있으므로 하위 분야를 지정하여 최대 건수 이상의 데이터를 수집하되, 최신순으로 수집함
    - 아래 쿼리로 기술 태그 전체를 검색하면 27,000건이 나오므로 누락된 데이터가 있을 수 있음
      - https://www.kickstarter.com/projects/search.json?term=&category_id=16

데이터 누락 가능성

- 연도별 분야 데이터를 볼 때, apps 하위 분야가 누락될 가능성 있음
  - 최신순으로 검색하였으므로 시계열 분석 외에는 문제없을 것으로 판단됨. 시계열 분석 시에는 apps 하위 분야는 제외하고 진행

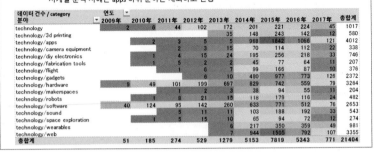

데이터 건수 / category 분야	연도 2009년	2010년	2011년	2012년	2013년	2014년	2015년	2016년	2017년	총합계
technology	2	6	44	102	172	201	221	224	45	1017
technology/3d printing					35	148	243	142	12	580
technology/apps		2	3	5	5	968	1842	1066	121	4012
technology/camera equipment			2	3	15	70	114	112	22	338
technology/diy electronics		1	4	15	24	195	256	218	33	746
technology/fabrication tools		1	5	2	2	45	77	64	11	207
technology/flight			1	6	7	99	166	87	10	376
technology/gadgets				6	10	480	977	773	126	2372
technology/hardware	9	48	101	199	697	829	742	559	79	3264
technology/makerspaces			1	2	3	38	94	55	11	204
technology/robots			8	21	18	118	179	116	24	482
technology/software	40	124	95	142	260	633	771	512	76	2653
technology/sound			5	11	11	103	188	192	33	543
technology/space exploration		1	5	15	10	65	94	72	12	274
technology/wearables					6	217	350	359	49	981
technology/web					7	944	1505	792	107	3355
총합계	51	185	274	529	1279	5153	7819	5343	771	21404

프로젝트 건수 추이

- 프로젝트 건수가 2015년 2사분기를 기점으로 감소
  - 경쟁 크라우드 펀딩 사이트 이용이 늘어났을 가능성
  - 킥스타터 내 다른 분야로 이동했을 가능성
  - 결제 화폐를 USD로 한정해도 같은 결과가 나오는 것으로 보아 지역적 특성은 아닌 듯

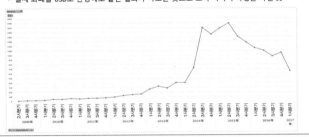

누계 후원금액과 프로젝트 성공 건수 추이

- 프로젝트 성공 건수, 후원 금액(USD 기준)은 보합세
  - 킥스타터가 축소 중이라고 보기는 어려움
  - 프로젝트 성공률이 2014년에 낮았던 것으로 짐작됨

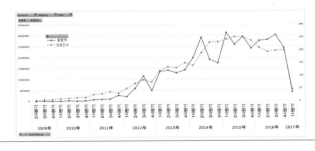

달성률에서 나타나는 특이점

- 달성률 = 달성액 / 목표금액
  - 달성률순으로 정렬하여 시각화(가로축: 달성률)
  - 달성률 100% 언저리에서 특이점이 발견됨

특이점은 종료된 프로젝트에서만 나타남

- 모금이 진행 중인 프로젝트로 범위를 좁혀봄
  - 100% 언저리의 특이점이 나타나지 않음
  - 프로젝트 종료 즈음에 특이점이 생기는 것으로 추측됨

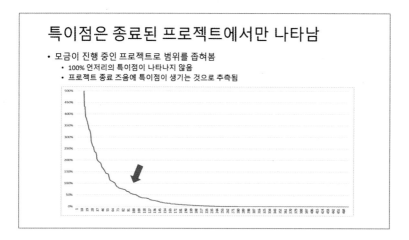

연도별 달성률 분포

- 필터링 조건
  - 진행 중인 프로젝트는 제외
  - 연도별 분석이므로 apps 하위 분야도 제외
- 달성률을 볼 때, 3가지 구간에서 다른 경향 나타남
  - 2010년 이전, 2011~2013년, 2014년 이후

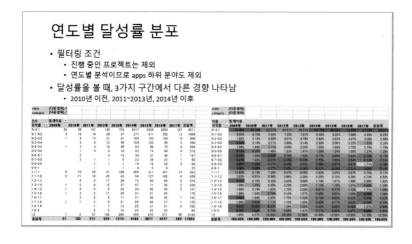

달성률 분포에서 발견한 사실

- 관측된 사실
  - 달성률 10% 미만으로 종료되는 프로젝트가 54%
  - 달성률 50~100%로 종료되는 프로젝트는 3% 정도
  - 달성률 100~110%로 종료되는 프로젝트는 5.7%로 매우 많음
  - 달성률 200%를 넘는 프로젝트도 12% 이상
  - 달성률에서 나타나는 변곡점은 진행 중 프로젝트에서는 나타나지 않음
  - 연도별로 보아도 달성률에 변곡점이 나타남

- 달성률에 따라 프로젝트를 크게 3가지로 분류 가능
  - 달성률 50% 미만　　：　전형적인 실패한 프로젝트
  - 달성률 50~200%　　：　종료 즈음에 후원이 집중된 프로젝트
  - 달성률 200% 초과　　：　크게 성공한 프로젝트

전형적인 실패한 프로젝트

- 달성률 10% 미만인 프로젝트가 54%를 차지
  - 16.2%는 후원자 수가 0명, 52%가 10명 이하
  - 지인의 후원도 기대할 수 없을 만큼 함량 미달인 프로젝트가 많음
- 프로젝트가 성공하려면 후원자 100명을 넘길 방법을 고민해야 함

후원자 수	열 레이블					총합계
	canceled	failed	live	suspended	successful	
0	23.8%	20.7%	23.9%	18.8%	0.0%	16.2%
1	10.1%	14.3%	12.2%	10.0%	0.1%	10.4%
2	6.0%	9.8%	6.8%	4.2%	0.3%	7.0%
3	4.3%	6.5%	3.2%	3.3%	0.3%	4.7%
4	3.7%	4.9%	2.8%	4.6%	0.3%	3.6%
5~10	12.4%	14.7%	7.3%	4.6%	1.5%	11.0%
11~20	8.7%	9.6%	7.7%	10.0%	4.6%	8.3%
21~100	20.9%	14.8%	18.6%	20.9%	25.1%	18.1%
100~	9.9%	4.7%	17.5%	23.4%	67.8%	20.8%
총합계	100.00%	100.00%	100.00%	100.00%	100.00%	100.00%

종료 즈음에 후원이 집중된 프로젝트

- 프로젝트 종료 무렵 집중적인 홍보 활동으로 후원 증가
  - 프로젝트 멤버의 마지막 안간힘
  - 킥스타터가 종료가 임박한 프로젝트를 최상단에 배치함
    - 그러나 이것만으로는 100% 주변에 생기는 변곡점을 설명하지 못함

- 막차 후원으로 프로젝트를 달성시키는 사람이 있을 가능성
  - 프로젝트 멤버가 자비를 들여 달성시키는 경우
  - '자신의 후원으로 달성되는' 즐거움을 원하는 사람
    - 프로젝트 달성에 일체감을 느끼고 싶은 사람
    - 자신의 후원으로 프로젝트가 달성되는 기분을 느낄 수 있음
  - 크라우드 펀딩을 게임처럼 즐기는 사람
    - 크라우드 펀딩을 '성공하느냐 못하느냐'라는 게임으로 본다면
      달성률이 90%에 근접한 프로젝트는 승률이 높고, 이에 참여하는 것이 합리적
    - 직접 참여한 프로젝트가 실패하는 것을 보고 싶지 않으므로 달성률이 낮은
      프로젝트에는 참여하지 않음
    - 이미 달성된 프로젝트는 게임으로 보기 어려우므로 참여하지 않음

아깝게 실패한 프로젝트 분석

- 달성률이 70~100%인 프로젝트는 평균 후원액이 250달러 이상
- 마감이 임박하여 달성된 프로젝트는 평균 후원액이 200달러 미만
- 후원 플랜을 어떻게 설계하느냐가 성패를 가름

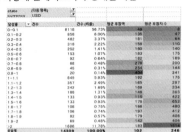

평균 후원액을 맞추기 위해
USD를 받는 프로젝트로 한정

크게 성공한 프로젝트

- 평균 후원액이 비교적 일정함
- 달성률은 평균 후원자 수와 관계가 깊음
- 액수가 큰 후원 플랜에 참여한 사람이 많다고 성공하는 것은 아님

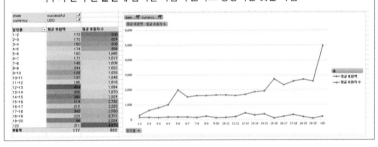

프로젝트 제안 국가와 성공률

- 영어가 프로젝트 성공의 핵심
  - 미국에서 제안된 프로젝트의 성공률이 높음(홍콩은 예외이나 건수가 적음)
  - 영어권 및 로망스어 중 영어와 유사한 프랑스어, 영어가 공용어인 국가에서 성공률이 높음
- 이탈리아, 스페인 등 로망스어권은 실패율이 높음
  - 소개문이 이탈리아어나 스페인어로 된 프로젝트도 일부 존재

목표액과 달성률

- 대체로 목표액이 낮을수록 성공률이 높음

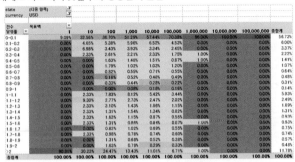

달성률과 프로젝트 취소의 관계

- 달성률이 100%를 넘었음에도 프로젝트를 취소하는 경우가 있음

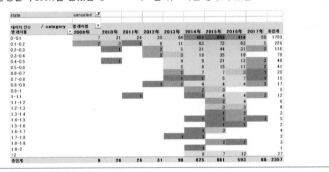

100% 달성 후 취소 사례

- 공장에 발주해보니 예산이 초과되는 경우
  - 로봇이나 드론류의 상품

- 가격을 수정하기 위해 프로젝트를 다시 만드는 경우
  - 예상을 뛰어넘는 주문으로 대량생산 효과로 가격을 내림
    - Weather Point 2.0: 스마트폰 이어폰 잭에 장착하는 날씨 센서
    - AnyTouch Blue: 스마트폰을 가상 키보드/마우스로 사용할 수 있는 USB 동글
      - 9,000달러에 500개를 받는 플랜에 후원자가 감소한 것으로 보아 직거래가 있었을 가능성
      - 인디고고에서 성공한 후에도 다시 킥스타터에 제안한 바 있음
      - 크라우드 펀딩 자체를 일종의 유통망으로 활용하는 매우 흥미로운 사례

- 사고로 인해 프로젝트를 지속하기 어렵게 된 경우
  - Dotlens smartphone microscope: 스마트폰 카메라에 장착하는 렌즈
    - 텍사스주에 홍수가 발생해 제조설비와 재고가 유실됨
    - 그 후 프로젝트를 다시 만들어 무사히 성공시킴

9.9 이후 작업

이번 장에서는 지면 관계상 아주 복잡한 분석은 하지 못했다. 확실하게 분석할 수 있는 시간이 있다면 다음 관계들을 분석해볼 수 있다.

- 프로젝트 소개글의 문장과 성공률

- 프로젝트 소개글의 제목과 성공률(설명문의 구조와 프로젝트 성공의 관계)

- 팀 소개 유무와 성공률
  - 팀 소개는 프로젝트 설명에 포함되므로 자연어 처리 필요

- 팀 구성원 수와 성공률
  - 팀 구성원 수는 팀 소개 내용에 포함되므로 자연어 처리 필요
- 제안자의 타 프로젝트 후원 경험과 성공률
  - 킥스타터를 활용하는 사용자일수록 킥스타터의 문화를 이해하고 있어 어떤 프로젝트의 성공 가능성이 높은지 알 수 있다.
- 프로젝트 모집 기간과 성공률
- 프로젝트 시작일, 종료일의 요일과 성공률

소셜 게임 분석과의 관련

이번 분석은 '달성률'이라는 지표를 도입해 다양한 목표액, 도달 상황에 있는 프로젝트를 횡단적으로 분석했다. 이 기법은 소셜 게임 데이터 분석 기법을 응용한 것이다. 예를 들어 다음과 같은 이벤트가 있다고 하자.

- 이벤트 포인트를 모으면 희귀한 카드를 받는다.
- 이벤트 포인트 적립액이 10위 이내이면 아주 희귀한 카드 4장을 받는다.
- 이벤트 포인트 적립액이 100위 이내이면 아주 희귀한 카드 3장을 받는다.
- 이벤트 포인트 적립액이 1,000위 이내이면 아주 희귀한 카드 2장을 받는다.
- 이벤트 포인트 적립액이 5,000위 이내이면 아주 희귀한 카드 1장을 받는다.

이러한 이벤트에서는 순위에 따라 보상이 비연속적으로 변화해 개수에 대한 이벤트 포인트의 분포가 왜곡된다.

자신이 5,005위에 있다는 것을 아는 사용자는 조금만 더 노력하면 자신이 5,000위 이내에 확실히 들 수 있기에 노력한다. 그 결과 5,000위였던 사용자는 5,001위가 되므로 이 사용자 또한 5,000위 이내에 들어가기 위해 게임을 플레이한다.

따라서 보상받을 수 있는 경계 부근에서 사용자 간 경쟁이 과열되고 이벤트 포인트를 많이 모으기 위해 과금이 발생하게 된다. 순위 시스템을 채용한 소셜 게임의 매출은 보상 경계선을 어떻게 설정하느냐에 따라 크게 달라진다.

이 분석 기법에서는 순위별 과금액을 집계해 희귀 카드의 가치를 산정할 수 있다. 즉 '10위인 사용자의 과금액=아주 희귀한 카드 4장의 가격'이 되고, '5,000위인 사용자의 과금액=아주 희귀한 카드 1장의 가격'이 된다(실제로는 50위 간격으로 과금액의 평균값을 구해 노이즈를 줄인다). 이는 사용자에게 희귀 카드를 경매로 판매하는 것이라고 할 수 있다.

이러한 방법으로 희귀 카드 1장의 가격을 측정할 수 있다. 소셜 게임은 태생적으로 인플레이션 상태에 놓여 카드의 가치는 계속 하락한다. 그러므로 이러한 데이터를 측정해 희귀 카드 한 장당 가격이 일정 수준 이하로 낮아지면 더 희귀하고 강한 카드를 출시하는 방법으로 운영할 수 있다.

9.10 정리

이번 장에서는 달성률이라는 지표를 활용해 킥스타터의 프로젝트를 분석했다.

킥스타터처럼 특정한 위치에 비연속적인 보상이 주어지는 유형의 문제에서는 비연속적인 보상이 생기는 구간에 착안해 분석하는 것이 효과적이다. 현실에는 이러한 왜곡이 가득하다. 왜곡을 발견한다면 비연속이 발생하는 위치와 그 위치 근처에서 어떤 현상이 일어나는지 살펴보면 재미있을 것이다.

킥스타터처럼 비연속적인 보상 체계가 긍정적으로 동작하기도 하지만 소득세율 구간처럼 부정적으로 작용할 때도 있다. 이러한 비연속성이 존재하는 주변을 분석하면 비즈니스에서 강력한 무기가 될 수 있으니 잘 이해해두기 바란다.

## CHAPTER 10

업리프트 모델링을 이용한
마케팅 리소스 효율화

이번 장에서는 업리프트 모델링^{uplift modeling}을 소개하고 직접 구현해본다. 업리프트 모델이란 역학^{epidemiology} 통계나 다이렉트 마케팅에서 활용되는 머신러닝 기법이다. 이 기법은 **무작위 비교 시험** 데이터를 분석해 약이 어떤 환자에게 효과가 있는지, 다이렉트 메일은 어떤 고객에게 보내면 효과가 있는지 등을 예측한다.

> **NOTE_** 업리프트 모델링에서 업리프트^{uplift}란 '들어 올리다'라는 뜻이다.

무작위 비교 시험이란 흔히 말하는 A/B 테스트를 의미한다. 모집단을 무작위로 **실험군**과 **대조군** 그룹으로 나눈 뒤 실험군에는 효과를 검증하려는 개입 행위를 하고 대조군에는 개입하지 않는다. 예를 들어 신약 개발에서는 실험군에 신약을 투여하고 대조군은 위약을 투여한다. 웹 서비스에서는 실험군에 새로운 배너 광고를 표시하고 대조군에는 기존 배너 광고를 표시한다.

일반적인 A/B 테스트가 단순히 반응하는지 여부를 확인하는 것과 달리 업리프트 모델링은 실험군과 대조군에서 어떤 특징량을 가진 표본이 반응하는지 여부를 확인한다. 이를 통해 개입 행위에 대해 특정한 표본이 얼마나 반응할지를 예측하며 효과를 보이는 것으로 예측되는 대상에만 개입 행위를 할 수 있게 된다. 반대로 개입하면 역효과가 예상되는 대상에는 개입하지 않을 수 있다.

신약 개발의 예로 돌아가보자. 환자의 나이, 성별, 유전자, 생활 습관을 특징량으로 학습한다. 그런 다음 약 효과가 있을 것으로 예상되는 환자에게만 약을 투여하고, 부작용이나 자연 치유가 예상되는 환자에게는 약을 투여하지 않을 수 있다. 이를 통해 개인화된 의료를 제공할수 있을뿐만 아니라 의료 자원의 효율적 이용도 기대할 수 있다.

업리프트 모델링의 자세한 설명이나 사례는 『예측 분석이다』(이지스퍼블리싱, 2014)[44]의 7장과 참고문헌을 참고하기 바란다.

10.1 업리프트 모델링의 사분면

업리프트 모델링에서는 개입 유무와 **전환**Conversion(CV)을 기준으로 대상을 네 그룹으로 나눈다. 전환은 전환함과 전환하지 않음으로 나눈다.

표 10-1 업리프트 모델링의 사분면

개입 안 함	개입함	범주	대응 방안
전환하지 않음	전환하지 않음	무관심	비용이 드는 개입은 자제한다.
전환하지 않음	전환함	설득 가능	가능한 개입 대상에 포함시킨다.
전환함	전환하지 않음	청개구리	개입 대상에 절대로 포함시키지 않는다.
전환함	전환함	잡은 물고기	비용이 드는 개입은 자제한다.

무관심do not disturbs / sleeping Dogs은 개입 여부와 관계없이 전환하지 않는 부류다. 예를 들어 과거 3년간 구매 이력이 없는 고객은 다이렉트 메일을 보내도 구매로 이어지지 않을 가능성이 높다. 이러한 고객들은 휴면 고객으로 분류해 광고 대상에서 제외하는 편이 비용을 아낄 수 있다.

설득 가능persuables은 개입을 하면 비로소 전환하기 시작하는 부류다. 업리프트 모델링을 활용해 찾아내고자 하는 부류이기도 하다. 예를 들어 '웹 사이트를 수차례 방문했고 타사 웹 사이트에서도 가격 비교를 하며 결정을 내리지 못하는' 고객이라면 할인 쿠폰 등을 보내 구매 전환으로 유도할 수 있다.

청개구리lost causes는 개입하지 않는다면 전환하지만 개입하면 전환하지 않는 부류다. 예를 들어 매장에서 점원이 접근하면 돌아가버리는 고객이나 대출 상환 현황을 안내하면 조기 상환하는 고객[1]이 해당한다. 이러한 유형은 개입을 시도하면 오히려 매출이 줄어든다.

---

1 은행의 주 수입원은 이자이다. 대출금을 조기 상환하면 수익이 줄어든다.

잡은 물고기sure things는 개입 여부에 관계없이 전환하는 부류다. 예를 들어 수퍼마켓 계산대 앞에 줄을 선 고객에게는 할인 쿠폰을 주지 않아도 구매를 하기 때문에 개입을 한다고 매출 증가로 이어지지 않는다. 오히려 쿠폰이 매출을 감소시킨다. 개입에 대한 반응률이라는 관점에서는 매우 좋은 지표를 얻을 수 있어 KPI를 높이고자 종종 개입 대상에 포함시키기도 한다. 그러나 쿠폰 발급이나 광고 송출처럼 개입에 비용이 든다면 개입을 자제해야 한다.[2]

10.2 A/B 테스트 확장을 통한 업리프트 모델링

배너 광고 A/B 테스트 사례를 기반으로 A/B 테스트를 업리프트 모델링으로 확장하는 방법을 알아보자.

먼저 웹 사이트의 배너 광고 A/B 테스트를 보자. 배너 광고 A와 B에 대한 반응률이 각각 4.0%, 5.0%였다고 가정한다. 일반적인 A/B 테스트였다면 배너 광고 B를 모든 사용자에게 보이는 것이 좋다고 판단했을 것이다.

표 10-2 A/B 테스트 결과

내용	배너 광고 A	배너 광고 B
반응률	4.0%	5.0%

그러나 업리프트 모델링에서는 각 고객의 특징량을 고려한다. 이번 예제에서는 고객 성별을 기준으로 A/B 테스트 결과를 확장한다. 편의상 남녀 성비를 1:1로 가정한다.

표 10-3 성별을 기준으로 한 A/B 테스트 확장

반응률	배너 광고 A	배너 광고 B
남성	6.0%	2.0%
여성	2.0%	8.0%
평균	4.0%	5.0%

---

2 잡은 물고기 부류의 고객에게 광고를 하지 않는 것도 마케팅 업무다. 반응률이 좋다는 이유로 리타기팅 광고를 남발하면 잡은 물고기 부류에 광고를 보내는 것과 다를 바 없다.

성별을 기준으로 나눈 데이터를 보면 남성에게는 A, 여성에게는 B를 내보내는 것이 효과적이라는 사실을 알 수 있다. 남성에게 A, 여성에게 B를 보여주면 평균 7.0%의 반응률이 되므로 A/B 테스트를 사용해 배너 광고 B만 했을 때보다 높은 반응률을 이끌어낼 수 있다.

성별처럼 명확한 분류 기준이 있다면 머신러닝 없이도 간단하게 분석할 수 있다. 그러나 특징량이 많지만 어떤 광고가 효과적이었는지 판단하기 어렵다. 이때 머신러닝을 활용한다.

10.3 업리프트 모델링용 데이터셋 만들기

업리프트 모델링에는 표준 공개 데이터셋이 없다. 이번에는 데이터셋을 만들면서 시작한다. 새로운 알고리즘을 구현할 때는 특성을 모르는 데이터셋을 사용하면 결과가 이상해도 원인이 데이터셋의 오류인지 알고리즘의 오류인지 알 수 없으니 주의한다.

업리프트 모델링에서는 실험군과 대조군 표본이 필요하다. 여기서는 표본 크기와 난수 시드를 이용해 전환 여부(is_cv_list), 실험군 여부(is_treat_list), 8차원 특징량(feature_vector_list)을 반환하는 함수를 만든다.

이 함수는 어떤 특징량이 전환에 얼마나 영향을 미치는 정도를 의미하는 가중치를 가지며 각 특징량 값은 전환에 영향을 준다. base_weight는 대조군이 가진 가중치, lift_weight는 개입에 의해 달라지는 가중치이다.

샘플 코드에서는 lift_weight의 합을 0으로 설정했다. 실험군과 대조군의 전환율이 거의 동일하다. 개입에 따라 한쪽은 전환율이 개선되지만 다른 한쪽은 전환율이 악화되어 전체적으로 보면 개선되지 않은 모습을 보인다.

```
import random

def generate_sample_data(num, seed=1):
    # 변환할 리스트 초기화
    is_cv_list = []
    is_treat_list = []
    feature_vector_list = []
```

```python
# 난수 생성기 초기화
random_instance = random.Random(seed)

# 데이터 설정값
feature_num = 8
base_weight = [0.02, 0.03, 0.05, -0.04, 0.00, 0.00, 0.00, 0.00]
lift_weight = [0.00, 0.00, 0.00, 0.05, -0.05, 0.00, 0.00, 0.00]

for i in range(num):
    # 난수를 이용해 특징량 벡터 생성
    feature_vector = [random_instance.random() for n in range(feature_num)]
    # 실험군 여부를 무작위로 결정
    is_treat = random_instance.choice((True, False))
    # 내부적인 전환율 계산
    cv_rate = \
        sum([feature_vector[n] * base_weight[n]
            for n in range(feature_num)])

    if is_treat:
        # 실험군에 속하면 lift_weight의 영향을 추가
        cv_rate += \
            sum([feature_vector[n] * lift_weight[n]
                for n in range(feature_num)])

    # 실제 전환 여부 결정
    is_cv = cv_rate > random_instance.random()

    # 생성된 값 저장
    is_cv_list.append(is_cv)
    is_treat_list.append(is_treat)
    feature_vector_list.append(feature_vector)

# 생성한 데이터 반환
return is_cv_list, is_treat_list, feature_vector_list
```

이 함수는 먼저 [0, 1]로 구성된 8차원 특징량 벡터(feature_vector)를 만든다. 다음으로 실험군과 대조군을 무작위로 결정하고(is_treat) 내부적인 전환율(cv_rate)을 구한다. 내부적인 전환율은 feature_vector와 base_weight의 내적으로 정의한다. 실험군에는 (is_treat = True), feature_vector와 lift_weight의 내적을 더한다.

과정을 수식으로 나타내면 다음과 같다. 수식에서 가운뎃점(·)은 벡터의 내적을 의미한다.

$$cv\_rate = \begin{cases} feature\_vector \cdot base\_weight & \cdots \text{(대조군)} \\ feature\_vector \cdot (base\_weight + lift\_weight) & \cdots \text{(실험군)} \end{cases}$$

cv_rate 값에 기반해 전환 여부(is_cv)를 결정한다. 예를 들어 cv_rate가 0.3이면 is_cv는 30% 확률로 True가 된다. 이를 통해 feature_vector와 is_cv, is_treat만 관측할 수 있으며 외부에서는 base_weight나 lift_weight 등 잠재적인 변수를 관측할 수 없는 샘플 데이터 생성기를 만들 수 있다.

base_weight에 가중치가 0인 변수를 제공한다. 이는 관측할 수는 있지만 전환에는 기여하지 않는 변수다. 이러한 변수를 준비함으로써 모델의 견고함을 평가할 수 있다.

함수를 호출하면 is_cv_list, is_treat_list, feature_vector_list로 이루어진 튜플을 얻게 된다. 다음 절부터 이 함수를 사용해 업리프트 모델링 알고리즘을 만들어본다.

```
generate_sample_data(2)
# ([False, False],
#  [True, False],
#  [[0.5692038748222122,
#    0.8022650611681835,
#    0.06310682188770933,
#    0.11791870367106105,
#    0.7609624449125756,
#    0.47224524357611664,
#    0.37961522332372777,
#    0.209954806371477712],
#   [0.43276706790505337,
#    0.762280082457942,
#    0.0021060533511106927,
#    0.4453871940548014,
#    0.7215400323407826,
#    0.22876222127045265,
#    0.9452706955539223,
#    0.9014274576114836]])
```

10.4 두 가지 예측 모델을 이용한 업리프트 모델링

원시적인 형태의 업리프트 모델링에서는 실험군과 대조군 각각의 예측 모델을 만든다. 어떤 특징량 벡터를 가진 고객에 대해 각 예측 모델을 이용해 전환율을 예측한다. 대조군 예측 모델에서는 개입을 하지 않았을 때의 전환율을 예측한다. 실험군 예측 모델에서는 개입했을 때의 전환율을 예측한다. 즉 대조군의 예측 모델과 실험군의 예측 모델을 조합해 개입에 따른 전환율의 변화를 예측할 수 있다.

[표 10-4]는 예측 모델의 출력 결과와 업리프트 모델링의 범주를 조합한 것이다.

표 10-4 예측 모델 출력과 업리프트 모델링 범주의 관계

대조군 예측 모델 결과	실험군 예측 모델 결과	대응 범주
낮음	낮음	무관심
낮음	높음	설득 가능
높음	낮음	청개구리
높음	높음	잡은 물고기

먼저 학습에 사용할 샘플 데이터를 만들고 전체 전환율을 확인한다.

```
# train 데이터 생성
sample_num = 100000
train_is_cv_list, train_is_treat_list, train_feature_vector_list = \
    generate_sample_data(sample_num, seed=1)

# 데이터를 실험군(treatment)과 대조군(control)으로 나눈다.
treat_is_cv_list = []
treat_feature_vector_list = []
control_is_cv_list = []
control_feature_vector_list = []

for i in range(sample_num):
    if train_is_treat_list[i]:
        treat_is_cv_list.append(train_is_cv_list[i])
        treat_feature_vector_list.append(
            train_feature_vector_list[i])
    else:
        control_is_cv_list.append(train_is_cv_list[i])
        control_feature_vector_list.append(
            train_feature_vector_list[i])
```

```
# 전환율 표시
print("treatment_cvr",
    treat_is_cv_list.count(True) / len(treat_is_cv_list))
print("control_cvr",
    control_is_cv_list.count(True) / len(control_is_cv_list))
# treatment_cvr 0.0309636212163288
# control_cvr 0.029544629532529343
```

결과는 실험군의 전환율이 약간 높지만 3.10%와 2.95%로 큰 차이는 아니다. 만약 A/B 테스트였다면 유의미한 차이가 아니므로 실패로 판단했을 것이다.

이번 실험은 업리프트 모델링을 이용한 실험이다. 고객의 특징량과 전환 여부 정보에 기반해 어떤 세그먼트가 개입에 반응했는지 확인해 최종적으로 개입을 통해 개선이 기대되는 세그먼트만 대상으로 한다.

이제 학습기를 구현해 훈련 데이터를 학습한다. 전환을 예측해볼 것이며 이러한 문제에서 자주 사용되는 로지스틱 회귀 분류를 이용하겠다.

```
from sklearn.linear_model import LogisticRegression

# 학습기 생성
treat_model = LogisticRegression(C=0.01)
control_model = LogisticRegression(C=0.01)

# 학습기 구현
treat_model.fit(treat_feature_vector_list, treat_is_cv_list)
control_model.fit(control_feature_vector_list, control_is_cv_list)
```

이어서 업리프트 모델링 점수를 계산한다.

두 가지 예측 모델을 이용한 업리프트 모델링에서 대조군의 예측값과 실험군의 예측값을 얻을 수 있다. 이 값 그대로는 직관적이지 않아 1차원 값으로 변환한다. 설득 가능한 고객과 청개구리 고객은 각각 다음과 같다.

- 예측값이 대조군에서 낮고 실험군에서 높으면 설득 가능한 고객이므로 점수가 높아야 한다.
- 예측값이 대조군에서 높고 실험군에서 낮으면 청개구리 고객이므로 점수가 낮아야 한다.

예측값의 비율 또는 차이를 이용해 설득 가능한 고객은 높은 점수, 청개구리 고객은 낮은 점수가 되도록 변환할 수 있다. 이번에는 예측값의 비율을 이용한다.

$$\text{업리프트 모델링 점수} = \frac{\text{실험군 예측값}}{\text{대조군 예측값}}$$

사이킷런에서는 클래스 분류기로 predict_proba 함수를 제공한다. 이 함수를 이용하면 특징 벡터를 인수로 받아 특정 클래스에 소속될 확률을 numpy.ndarray 타입 배열로 얻을 수 있다. 여기서는 True와 False 클래스뿐이므로 배열의 첫 번째 값만 확인한다. model.classes_를 보면 어떤 클래스가 몇 번째에 저장되었는지 확인할 수 있다. model.classes_는 알파벳 순으로 정렬되어 있다.

```python
# seed 값을 바꿔 테스트 데이터를 만든다.
test_is_cv_list, test_is_treat_list, test_feature_vector_list = \
    generate_sample_data(sample_num, seed=42)

# 각 학습기로 전환율 예측
treat_score = treat_model.predict_proba(test_feature_vector_list)
control_score = control_model.predict_proba(test_feature_vector_list)

# 점수 계산(실험군 예측 전환율 / 대조군 예측 전환율)
# predict_proba는 각 클래스에 속할 확률의 리스트를 반환하므로 첫 번째 값만 확인한다.
# 반환값이 numpy.ndarray 타입이므로 그대로 나눠도 요소 단위 나눗셈이 된다.
score_list = treat_score[:,1] / control_score[:,1]
```

이상 어떤 고객이 개입에 따라 전환하는지를 나타내는 지표를 만들었다. 계속해서 이 지표가 올바르게 동작하는지 확인해보자.

계산한 점수가 높은 순서로 정렬해 10 백분위수^{percentile}마다 전환율을 계산해서 비교한다. 업리프트 모델링이 올바르게 동작했다면 점수가 높은 곳에는 대조군의 전환율이 낮고 실험군의 전환율이 높을 것이다. 점수가 낮은 곳에서는 그 반대일 것이다.

```python
import pandas as pd
import matplotlib.pyplot as plt

from operator import itemgetter
plt.style.use('ggplot')
plt.rc('font', family='NanumBarunGothic')
%matplotlib inline
```

```python
# 점수가 높은 순서대로 정렬
result = list(zip(test_is_cv_list, test_is_treat_list, score_list))
result.sort(key=itemgetter(2), reverse=True)

qdf = pd.DataFrame(columns=('treat_cvr', 'control_cvr'))

for n in range(10):
    # 결과를 10% 단위로 나눈다.
    start = int(n * len(result) / 10)
    end = int((n + 1) * len(result) / 10) - 1
    quantiled_result = result[start:end]

    # 실험군과 대조군에서의 결과 집계
    treat_uu = list(map(lambda item:item[1], quantiled_result)).count(True)
    control_uu = list(map(lambda item:item[1], quantiled_result)).count(False)

    # 실험군과 대조군에서 전환 건수 집계
    treat_cv = [item[0] for item in quantiled_result if item[1] == True].count(True)
    control_cv = [item[0] for item in quantiled_result if item[1] == False].count(True)

    # 전환 건수에서 전환율을 계산해 데이터 프레임에 저장
    treat_cvr = treat_cv / treat_uu
    control_cvr = control_cv / control_uu

    label = "{}%~{}%".format(n*10, (n+1)*10)
    qdf.loc[label] = [treat_cvr, control_cvr]

qdf.plot.bar()
plt.xlabel("업리프트 점수 백분위수")
plt.ylabel("전환율")
```

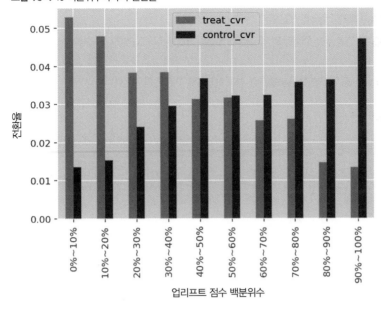

그림 10-1 10 백분위수마다의 전환율

10 백분위수 단위로 전환율을 시각화해보니 점수가 높을수록 실험군의 전환율이 높고 대조군은 낮다는 것을 확인할 수 있다. 이를 통해 업리프트 모델링이 잘 동작한다는 것은 물론 그래프 기준으로 점수 상위 40%에만 개입하면 전체 전환율을 개선할 수 있다는 것도 알 수 있다.

10.5 AUUC로 업리프트 모델링 평가

이제 업리프트 모델링을 평가해보자. 업리프트 모델링을 평가할 때는 AUUC[area under the uplift curve] 지표를 사용한다. AUUC 값이 클수록 업리프트 모델링 성능이 좋은 것이다.

AUUC 계산에는 lift라는 지표를 이용한다. lift는 특정 점수 이상인 고객에게만 개입하고 개입하지 않은 고객 대비 전환 건수가 얼마나 증가했는지 나타내는 지표다. AUUC는 무작위로 개입을 했을 때보다 lift 값이 얼마나 증가했는가를 정규화한 값이다.

AUUC는 다음과 같은 순서로 계산한다.

1 점수가 높은 순서대로 대상을 살펴보면서 그 시점까지의 전환율을 측정한다.

2 전환율의 값 차이에서 개입이 일으킨 전환 증가 건수(lift)를 계산한다.

3 무작위로 개입했을 때 전환 증가 건수인 lift의 원점과 끝점을 연결한 직선을 베이스라인(base_line)으로 가정한다.

4 lift와 base_line이 둘러싼 영역의 넓이를 계산하고 정규화해 AUUC를 구한다.

구현한 코드는 다음과 같다.

```python
# 점수 순으로 집계
treat_uu = 0
control_uu = 0
treat_cv = 0
control_cv = 0
treat_cvr = 0.0
control_cvr = 0.0
lift = 0.0

stat_data = []

for is_cv, is_treat, score in result:
    if is_treat:
        treat_uu += 1
        if is_cv:
            treat_cv += 1
        treat_cvr = treat_cv / treat_uu
    else:
        control_uu += 1
        if is_cv:
            control_cv += 1
        control_cvr = control_cv / control_uu

    # 전환율의 차이와 실험군의 사람 수를 곱해서 lift를 산출
    # 비율(CVR)의 차이이므로 실험군과 대조군의 크기가 달라도 무방하다.
    lift = (treat_cvr - control_cvr) * treat_uu

    stat_data.append([is_cv, is_treat, score, treat_uu, control_uu, treat_cv,
control_cv, treat_cvr, control_cvr, lift])

# 통계 데이터를 데이터 프레임으로 변환
df = pd.DataFrame(stat_data)
df.columns = ["is_cv", "is_treat", "score", "treat_uu", "control_uu", "treat_cv",
"control_cv", "treat_cvr", "control_cvr", "lift"]
```

```
# 베이스라인 추가
df["base_line"] = df.index * df["lift"][len(df.index) - 1] / len(df.index)

# 시각화
df.plot(y=["treat_cv", "control_cv"])
plt.xlabel("업리프트 점수 순위")
plt.ylabel("전환 건수")

df.plot(y=["treat_cvr", "control_cvr"])
plt.xlabel("업리프트 점수 순위")
plt.ylabel("전환율")

df.plot(y=["lift", "base_line"])
plt.xlabel("업리프트 점수 순위")
plt.ylabel("전환 리프트")
```

그림 10-2 실험군과 개입군의 전환 건수 비교

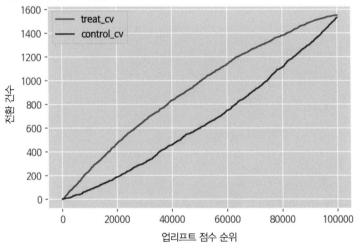

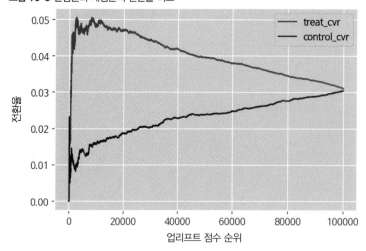

그림 10-3 실험군과 개입군의 전환율 비교

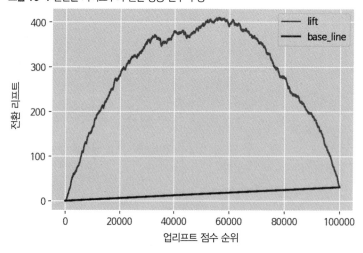

그림 10-4 전환율 차이로부터 전환 상승 건수 추정

이어서 AUUC를 계산한다. AUUC는 lift와 base_line으로 둘러싸인 영역의 넓이를 정규화한 값이며 다음과 같이 계산할 수 있다.

```
auuc = (df["lift"] - df["base_line"]).sum() / len(df["lift"])
print("AUUC:", auuc)
# AUUC: 302.246369848
```

업리프트 모델링의 정확할수록 높은 점수에서는 실험군에서 전환하는 고객, 대조군에서는 전환하지 않는 고객이 모이며 낮은 점수에서는 반대가 된다. 이 때문에 lift 곡선은 처음에는 실험군의 전환이 모여 양의 기울기를 가지며 정확도가 향상되면서 기울기가 커진다. 마지막 부분에는 대조군의 전환이 모여 음의 기울기를 가지며 정확도가 향상되면서 기울기가 커진다. 결과적으로 lift 곡선은 정확도가 높을수록 위쪽으로 볼록해지며 lift와 base_line으로 둘러싸인 넓이와 AUUC 점수가 커진다.

실제 서비스에서는 이 점수를 기반으로 해 개입 여부를 결정해야 한다. 개입 기준점을 정하기 위해 점수를 가로축으로 하는 lift 모델을 그려보겠다.

```python
df.plot(x="score", y=["lift", "base_line"])
plt.xlabel("업리프트 점수")
plt.ylabel("전환 리프트")
```

그림 10-5 점수를 가로축으로 한 lift 그래프

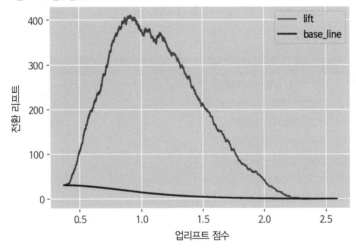

이 그래프에서는 업리프트 모델링 점수 1.2 이상에서 개입하면 lift를 최대가 된다는 것을 알 수 있다. 실제로 적용할 때는 지금 만든 모델을 이용해 예측을 해보고 업리프트 모델링 점수가 1.2 이상이면 개입하는 것으로 결정한다.

지금까지 2개의 학습기로 간단한 업리프트 모델링을 구현했다. 업리프트 모델링에서는 결정

트리 또는 SVM을 확장한 알고리즘 등도 제안한다.[3] 데이터셋이 동일하다면 AUUC를 이용해 파라미터나 알고리즘을 바꿔서 평가할 수도 있다. 실제로 적용할 때는 AUUC의 값에 기반해 여러 알고리즘을 비교하거나 파라미터를 그리드 서치 방식으로 탐색해 최적의 조건을 찾도록 한다.

10.6 실제 문제에 적용

이번 절에서는 업리프트 모델링 알고리즘을 실제 문제에 어떻게 적용하는지 알아본다. 이번에는 'The MineThatData E-Mail Analytics And Data Mining Challenge'[4] 데이터셋[5]을 이용한다. 이 데이터는 최근 1년 이내 구매 이력이 있는 고객에게 무작위로 '남성을 대상으로 메일 발송(Mens E-Mail)', '여성을 대상으로 메일 발송(Womens E-Mail)', '메일을 보내지 않는다(No E-Mail)'는 세 가지 행동을 한 후 사이트 방문으로 이어졌는지, 제품을 구매했는지 등을 조사한 것이다. 데이터의 내용은 다음 표와 같다.

표 10-5 데이터셋 내용

칼럼명	내용
recency	마지막으로 제품을 구입한 뒤 경과한 기간
history_segment	최근 1년 동안의 구매 금액 세그먼트
history	최근 1년 동안의 실제 구매 금액
mens	최근 1년 동안 남성용 제품 구매 여부
womens	최근 1년 동안 여성용 제품 구매 여부
zip_code	우편 번호를 도시(urban), 교외(suburban), 지방(rural)으로 분류
newbie	최근 1년 이내 신규 가입 고객 여부
channel	최근 1년 동안 고객이 구매한 경로
segment	고객에게 보낸 메일 유형
visit	메일 수신 후 2주 이내 사이트 방문 여부
conversion	메일 수신 후 2주 이내 제품 구매 여부
spend	메일 수신 후 2주 이내 구입 금액

....

3 폴란드 과학 아카데미 시몬 야로세비치(Szymon Jarozewicz) 박사의 논문 참고. https://home.ipipan.waw.pl/sj/

4 https://blog.minethatdata.com/2008/03/minethatdata-e-mail-analytics-and-data.html

5 http://www.minethatdata.com/Kevin_Hillstrom_MineThatData_E-MailAnalytics_DataMiningChallenge_2008.03.20.csv

여기서는 어떤 고객에게 남성이나 여성을 타깃으로 메일을 보낼지 결정하는 것을 문제로 하고 사이트 재방문을 전환으로 간주한다. 먼저 데이터를 다운받아 저장한다.

```python
import urllib.request
csv_url = "http://www.minethatdata.com/" + \
        "Kevin_Hillstrom_MineThatData_E-MailAnalytics" + \
        "_DataMiningChallenge_2008.03.20.csv"
csv_filename = "source_data.csv"
with open(csv_filename, "w") as fp:
    data = urllib.request.urlopen(csv_url).read()
    fp.write(data.decode("ascii"))
```

판다스를 이용해 CSV 파일을 읽어 데이터 구조를 확인해본다.

```python
import pandas as pd
source_df = pd.read_csv(csv_filename)
source_df.head(10)
```

그림 10-6 데이터 구조 확인

	recency	history_segment	history	mens	womens	zip_code	newbie	channel	segment	visit	conversion	spend
0	10	2) 100—200	142.44	1	0	Surburban	0	Phone	Womens E-Mail	0	0	0.0
1	6	3) 200—350	329.08	1	1	Rural	1	Web	No E-Mail	0	0	0.0
2	7	2) 100—200	180.65	0	1	Surburban	1	Web	Womens E-Mail	0	0	0.0
3	9	5) 500—750	675.83	1	0	Rural	1	Web	Mens E-Mail	0	0	0.0
4	2	1) 0—100	45.34	1	0	Urban	0	Web	Womens E-Mail	0	0	0.0
5	6	2) 100—200	134.83	0	1	Surburban	0	Phone	Womens E-Mail	1	0	0.0
6	9	3) 200—350	280.20	1	0	Surburban	1	Phone	Womens E-Mail	0	0	0.0
7	9	1) 0—100	46.42	0	1	Urban	0	Phone	Womens E-Mail	0	0	0.0
8	9	5) 500—750	675.07	1	1	Rural	1	Phone	Mens E-Mail	0	0	0.0
9	10	1) 0—100	32.84	1	1	Urban	1	Web	Womens E-Mail	0	0	0.0

'남성을 대상으로 메일 발송', '여성을 대상으로 메일 발송'을 다뤄 '메일을 보내지 않는다'는 실험 데이터에서 제외한다.

```python
mailed_df = source_df[source_df["segment"] != "No E-Mail"]
mailed_df = mailed_df.reset_index(drop=True)
mailed_df.head(10)
```

그림 10-7 '메일을 보내지 않는다'는 실험 데이터에서 제외한다.

	recency	history_segment	history	mens	womens	zip_code	newbie	channel	segment	visit	conversion	spend
0	10	2) 100-200	142.44	1	0	Surburban	0	Phone	Womens E-Mail	0	0	0.0
1	7	2) 100-200	180.65	0	1	Surburban	1	Web	Womens E-Mail	0	0	0.0
2	9	5) 500-750	675.83	1	0	Rural	1	Web	Mens E-Mail	0	0	0.0
3	2	1) 0-100	45.34	1	0	Urban	0	Web	Womens E-Mail	0	0	0.0
4	6	2) 100-200	134.83	0	1	Surburban	0	Phone	Womens E-Mail	1	0	0.0
5	9	3) 200-350	280.20	1	0	Surburban	1	Phone	Womens E-Mail	0	0	0.0
6	9	1) 0-100	46.42	0	1	Urban	0	Phone	Womens E-Mail	0	0	0.0
7	9	5) 500-750	675.07	1	1	Rural	1	Phone	Mens E-Mail	0	0	0.0
8	10	1) 0-100	32.84	0	1	Urban	1	Web	Womens E-Mail	0	0	0.0
9	7	5) 500-750	548.91	0	1	Urban	1	Phone	Womens E-Mail	1	0	0.0

zip_code와 channel은 범주형 변수이므로 더미 변수로 변환해 특징 벡터를 만든다.

```
dummied_df = pd.get_dummies(
    mailed_df[["zip_code", "channel"]], drop_first=True)
feature_vector_df = mailed_df.drop(
    ["history_segment", "zip_code", "channel",
    "segment", "visit", "conversion", "spend"],
    axis=1)
feature_vector_df = feature_vector_df.join(dummied_df)
feature_vector_df.head(10)
```

그림 10-8 범주형 변수를 더미 변수로 변환

	recency	history	mens	womens	newbie	zip_code_Surburban	zip_code_Urban	channel_Phone	channel_Web
0	10	142.44	1	0	0	1	0	1	0
1	7	180.65	0	1	1	1	0	0	1
2	9	675.83	1	0	1	0	0	0	1
3	2	45.34	1	0	0	0	1	0	1
4	6	134.83	0	1	0	1	0	1	0
5	9	280.20	1	0	1	1	0	1	0
6	9	46.42	0	1	0	0	1	1	0
7	9	675.07	1	1	1	0	0	1	0
8	10	32.84	0	1	1	0	1	0	1
9	7	548.91	0	1	1	0	1	1	0

남성 대상 메일을 보낸 쪽에 실험군 플래그(treat), 사이트 방문을 전환 플래그(visit)를 붙인다.

```
is_treat_list = list(mailed_df["segment"] == "Mens E-Mail")
is_cv_list = list(mailed_df["visit"] == 1)
```

사이킷런의 train_test_split을 이용해 학습 데이터와 훈련 데이터를 무작위로 나눈다. train_test_split은 같은 길이의 여러 리스트를 받아 학습 데이터와 훈련 데이터를 반환한다. test_size는 테스트 데이터의 비율을 [0, 1]로 지정한다. random_state를 지정해 분할 방법을 고정할 수 있다.

```
from sklearn.model_selection import train_test_split

train_is_cv_list, test_is_cv_list, train_is_treat_list, test_is_treat_list,
train_feature_vector_df, test_feature_vector_df =
    train_test_split(is_cv_list, is_treat_list,
                     feature_vector_df, test_size=0.5,
                     random_state=42)

# index 리셋
rain_feature_vector_df = \
  train_feature_vector_df.reset_index(drop=True)
test_feature_vector_df = \
  test_feature_vector_df.reset_index(drop=True)
```

실험군과 대조군의 학습기를 만들어 학습을 수행한다.

```
train_sample_num = len(train_is_cv_list)

treat_is_cv_list = []
treat_feature_vector_list = []
control_is_cv_list = []
control_feature_vector_list = []

for i in range(train_sample_num):
    if train_is_treat_list[i]:
        treat_is_cv_list.append(train_is_cv_list[i])
        treat_feature_vector_list.append(
            train_feature_vector_df.loc(i))
    else:
        control_is_cv_list.append(train_is_cv_list[i])
        control_feature_vector_list.append(
```

```
        train_feature_vector_df.loc(i))

    from sklearn.linear_model import LogisticRegression
    treat_model = LogisticRegression(C=0.01)
    control_model = LogisticRegression(C=0.01)

    treat_model.fit(treat_feature_vector_list, treat_is_cv_list)
    control_model.fit(control_feature_vector_list, control_is_cv_list)
```

이후 수행할 집계 및 가시화과 방법은 앞서 설명한 샘플 코드와 같으므로 생략하고 그래프만
보도록 하자.

그림 10-9 10 백분위수 단위로 전환율 시각화

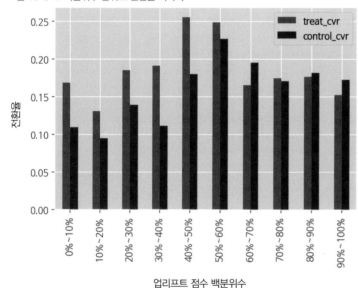

업리프트 점수 백분위수

그림 10-10 전환 건수 비교

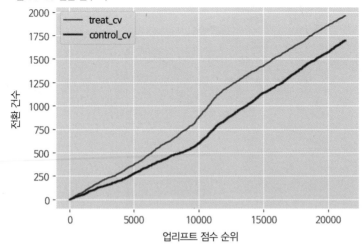

그림 10-11 전환율 비교

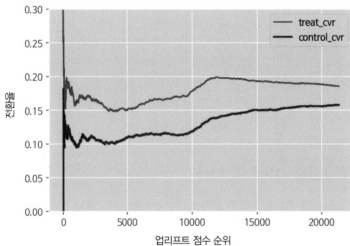

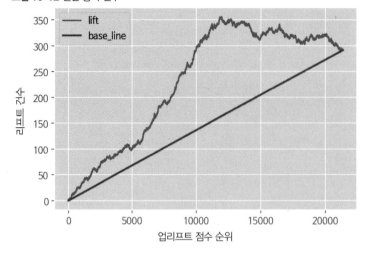

그림 10-12 전환 증가 건수

10 백분위수 단위로 전환율을 보면 점수 상위 60%까지는 남성을 대상으로 메일을 보낸 쪽이 여성을 대상으로 메일을 보낸 쪽보다 반응이 좋다는 것을 알 수 있다. 하위 40%는 여성을 대상으로 메일을 보낸 쪽이 훨씬 반응이 좋은 것으로 보인다.

결과적으로 상위 60%에게는 남성 대상의 메일을 보내고 하위 40%에게는 여성 대상의 메일을 보내면 광고 메일의 효율이 개선될 것이다.

10.7 업리프트 모델링을 서비스에 적용

업리프트 모델링을 실제 서비스에 적용하기 위한 과정은 다음과 같다. 지금까지 설명한 알고리즘 작성 및 확인 과정은 1~5, 실제 서비스에 적용하는 과정은 6~11에 해당한다.

1 실험하려는 개입을 설계하고 실험군과 대조군에 각각 무엇을 할지 결정한다.

2 일부 고객을 대상으로 무작위 비교 시험을 실시한다.

3 무작위 비교 실험 결과를 학습 데이터와 테스트 데이터로 나눈다.

4 학습 데이터를 이용해 업리프트 모델링 예측기를 만든다.

5 테스트 데이터를 이용해 업리프트 모델링 점수 예측 결과를 그래프로 그리고 점수 추이를 확인한다.

6 업리프트 모델링 점수 그래프를 통해 개입할 고객의 범위를 결정한다.

7 전체 고객을 대상으로 업리프트 모델링 점수를 예측한다.

8 예측한 점수를 바탕으로 개입할 대상 고객을 선정한다.

9 선정한 고객 중 일부는 개입하지 않는 대조군, 나머지 고객은 실험군으로 설정한다.

10 실험군에 속하는 고객에게 개입한다.

11 실험군과 대조군의 전환율을 비교해 개입 효과를 측정한다.

그림으로 나타내면 [그림 10-13]과 같다.

그림 10-13 업리프트 모델링을 실제 서비스에 적용하는 과정

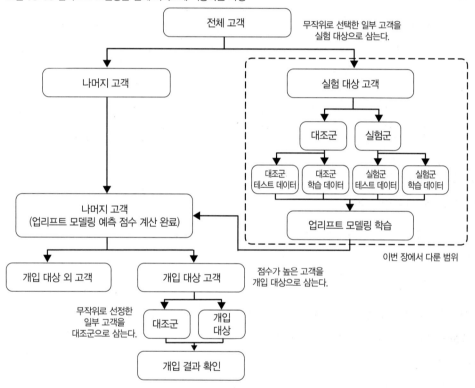

대조군을 설정하지 않고 모든 고객에게 개입할 수도 있다. 이 경우에는 전환율 증가를 테스트 데이터 결과에서 추정할 수밖에 없다.

이러한 과정을 거쳐 업리프트 모델링을 실제 서비스에 적용하면 개입 여부로 전환율이 얼마나 증가했는지 검증할 수 있다. 또한 업리프트 모델링이 매출 증가에 얼마나 기여했는지 명확한 숫자를 근거로 주장할 수 있게 된다.

10.8 정리

이번 장에서는 업리프트 모델링을 소개하고 간단한 알고리즘을 구현해 활용해봤다.

업리프트 모델링은 무작위 비교 시험과 고객의 특징량을 조합해 전환으로 이끌어내기 쉬운 설득 가능한 고객을 예측하는 모델을 구축하는 기법이다. 이를 통해 증가로 이어지는 범주에만 개입을 시행하고 개입이 오히려 전환 감소로 이어지는 범주는 개입 대상에서 제외할 수 있다.

모든 고객에게 개입할 때보다 높은 전환을 얻을 수 있을 뿐만 아니라 개입에 필요한 마케팅 비용을 대폭 줄여줘 리소스를 더 효율적으로 분배할 수 있다.

## CHAPTER 11

슬롯머신 알고리즘을 활용한
강화 학습 입문

이번 장에서는 슬롯머신 알고리즘을 소개하고 간단히 구현해본다.

지금까지는 머신러닝용 데이터가 충분히 있다고 가정했다. 하지만 현실은 다르다. 데이터가 충분하지 않거나 데이터 수집에 상당한 비용[1]이 들기도 한다. 이때는 지도 학습을 하지 않고 훈련 데이터를 수집하는 동시에 학습을 수행하는 강화 학습을 활용해 머신러닝을 한다.

강화 학습reinforcement learning은 어느 환경에 놓인 에이전트agent가 불완전한 정보에 기반해 행동을 선택하면서 정보를 축적한다. 자신의 행동에 따른 보상reward을 받고 최종적으로는 총 보상을 최대로 만든다. 이번 장에서 소개하는 슬롯머신 알고리즘은 강화 학습 중에서도 비교적 간단한 문제에 해당한다. 불완전한 정보를 기반으로 하는 의사결정 방법과 강화 학습의 기본적인 사고 방식을 학습해보겠다.

강화 학습과 슬롯머신 알고리즘은 행동으로 환경이 변화하는 것을 어떻게 다루는지가 다르다. 바둑이나 장기처럼 특정한 순간의 한 수를 읽어내는 것이 슬롯머신 알고리즘이고 미래 상황까지 고려해 3수, 5수, 7수 앞을 내다보는 것이 강화 학습이다.

슬롯머신 알고리즘은 다중 슬롯머신 문제multi-armed bandit problem를 풀기 위한 알고리즘이다. 팔arm이라는 용어는 슬롯머신[2]에서 유래했다. 보상의 기댓값이 다른 슬롯머신이 있을 때 어떤 슬롯머신을 선택해야 가장 많은 보상을 얻을 수 있을지를 다룬다. 시행 횟수가 적으면 슬롯머신에

---

1 여기서의 비용은 '돈', '시간', '기회', '잘못된 선택으로 인한 음의 효과' 등을 의미한다.
2 일본에서 자주 볼 수 있는 동전을 넣은 후 기기 옆에 붙어 있는 팔(레버)을 당기는 고전적인 슬롯머신을 상상하면 된다.

서 얻는 보상이 좋은지 나쁜지 판단하기 어렵다. 보상 기댓값이 낮은 슬롯머신을 계속 이용하면 손해를 보게 된다. 탐색과 활용의 균형을 맞추고 더 좋은 슬롯머신을 선택해 보상을 최대화하는 것이 슬롯머신 알고리즘이다.

웹 사이트의 배너 광고, 개인화된 광고 표시까지 다양한 분야에서 폭넓게 활용한다. 역사가 오래된 이 알고리즘은 이론적으로도 깊은 연구가 이루어졌다. 후회^{regret} (최적의 팔을 선택하지 못한 것에 대한 기회 손실)의 최소화와 이를 위한 복잡한 수식 활용에 대한 증명 등 많은 이론이 소개되었다. 슬롯머신 알고리즘만 구현하고자 한다면 복잡한 증명이나 수식 없이도 간단한 코드로 구현할 수 있다. 이번 장에서는 수식이나 증명, 이론은 다루지 않고 슬롯머신 알고리즘의 기본적인 방식을 소개하며 간단한 구현을 해본다.

이번 장은 필자가 웹 개발자에게 슬롯머신 알고리즘을 설명하고자 만들었던 자료를 바탕으로 했다. 프로그래밍은 어느 정도 자신이 있지만 통계학은 평균이나 분산 정도의 지식만 가진 이를 대상으로 한다. 어려운 통계 지식(수식이나 증명)은 제외하고 확률 밀도 함수$^{probability\ density}$ ^{function}의 개념을 다루며 슬롯머신 알고리즘을 구현하는 형태로 구성했다.

11.1 슬롯머신 알고리즘 용어 정리

슬롯머신 알고리즘에는 고유 용어가 있다. 먼저 해당 용어를 알아보자.

- **팔**
  어떤 시점에서 선택 가능한 선택지를 의미한다.

- **방책**
  미리 정한 알고리즘에 따라 팔을 선택하는 방법을 의미한다. 정책^{policy}이라고도 하며 방책에 따라 슬롯머신 알고리즘의 성능이 좌우된다.

- **시행**
  팔을 선택하면 얻는 보상을 의미한다. '(팔을)당긴다'라는 용어로 사용되기도 한다.

- **보상**
  어떤 팔을 선택했을 때 얻을 수 있는 가치를 의미한다. 리턴^{return}이라 부르기도 한다. 각 팔의 고유한 확률 밀도 분포에 따라 보상을 얻는다고 가정한다. 이번 장에서 확률 밀도 분포를 설명한다.

- **표본**
  시행 결과에 따라 얻는 보상의 집합을 의미한다. 당기는 팔이 같아도 얻는 보상은 매번 다르다는 것에 주의한다.

- **표본평균**

  현재 얻을 수 있는 표본의 평균값을 의미한다. 표본평균은 시행 횟수가 늘어날수록 모평균과 가까워진다. 시행 횟수가 부족하면 모평균에서 크게 벗어난 값을 가지기도 한다. 이를 '큰 수의 법칙'이라 부르기도 한다.

- **모평균**

  모집단의 평균값을 의미한다. 이번 예시에서는 각 팔의 참 기댓값을 모평균이라고 한다. 모평균은 모집단 전체를 모아서 구할 수 있지만 불가능한 일이다. 특히 슬롯머신처럼 특정 확률분포에 따라 보상이 만들어지면 '전체'를 모을 수 없다. 얻어진 표본에서 모평균의 확률분포를 추정해 신뢰 구간을 구해야 한다.

- **탐색**

  적은 시행 횟수로 정보가 많지 않아 모평균이 불확실한 팔을 선택하는 것을 의미한다. 탐색을 통해 선택한 팔의 시행 횟수가 증가하면 그에 따라 정보의 양도 증가해 신뢰 구간이 좁아진다.

- **활용**

  여러 팔 중에서 모평균이 큰 팔을 선택하는 것을 의미한다. 활용을 통해 여러 차례 시행해 누적 보상을 최대화하는 것을 목표로 한다.

11.2 확률분포에 관한 사고

슬롯머신 알고리즘은 팔을 당겼을 때 보상의 기댓값(모평균)의 불확실함을 평가하고 탐색과 활용의 균형을 이루는 방법에 근간을 둔다. 가장 먼저 소개할 방책에서는 모평균 사후 분포의 신뢰 구간을 활용한다. 사후 분포란 표본에서 모집단의 특성을 추론하는 것이다. 모평균의 확률 밀도 함수를 활용해 모평균의 신뢰 구간에 기반해 슬롯머신 알고리즘을 구현한다. 사후 분포를 알아보기 전에 먼저 확률 밀도 함수와 이를 통해 도출할 수 있는 누적 분포 함수가 무엇인지 이해해야 한다.

확률 밀도 함수는 어떤 값이 얼마나 쉽게 표현될 수 있는지 정도를 나타낸다. 이산값[3]을 예로 들겠다. 이산값에서는 **확률 질량 함수** probability mass function라고 한다. 정육면체 주사위 두 개를 던졌을 때 나오는 주사위 눈의 합계(2D6)를 보자. 합곗값 2는 1/36, 7은 6/36의 확률이다.[4] 간단한 코드로 알아보자.

---

3 이산값이란 1, 2, 3처럼 불연속적인 값만 갖는 숫자다. 일반적으로 정수는 이산값이며 실수는 연속값이라고 한다.

4 정n면체 주사위 m개를 던졌을 때의 합곗값은 mDn의 형태로 많이 표현한다. D는 주사위(dice)의 약자다. TRPG나 보드게임 또는 컴퓨터게임 등에서 자주 사용하는 표현이다.

```
import numpy as np
import scipy.stats
import matplotlib.pyplot as plt

n = 100000
dice_total = np.random.randint(1,7, size=n)
dice_total += np.random.randint(1,7, size=n)
x, y = np.unique(dice_total, return_counts=True)
y = y / n  # 카운트값을 출현 확률로 변환
plt.plot(x, y, marker="o", label="2D6 PMF")
plt.legend()
plt.xlabel("주사위 2개의 눈의 합계")
plt.ylabel("출현 확률")
plt.show()
```

그림 11-1 정육면체 주사위 두 개를 10만 번 던졌을 때 나오는 눈의 확률 질량 분포

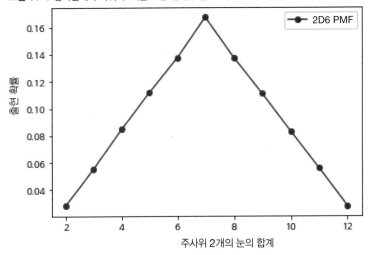

확률 질량 분포는 특정한 값이 나타나기 쉬운 정도를 나타낸다. [그림 11-1]을 보면 정육면체 주사위 두 개를 10만 번 던졌을 때 7이 가장 나오기 쉽고 2와 12가 가장 나오기 어렵다는 것을 알 수 있다.

정육면체 주사위 두 개를 던졌을 때 5 이하의 숫자가 나올 확률은 어떻게 구할까? 확률 질량 함수(연속값에서는 확률 밀도 함수)를 적분한 **누적 분포 함수**cumulative distribution function (cdf)를 사용

한다. 누적 분포 함수는 확률 변수 X(출현 가능성이 있는 값)가 x 이하일 확률로 표현하며 확률 변수 X는 음의 무한대에서 x까지 적분한 값으로 정의한다. 이산값에서는 적분값과 누적합이 같아 누적합으로 계산한다.

지금은 2D6에서 주사위 눈의 합곗값이 5 이하인 확률을 구하는 것이니 2D6의 주사위 눈의 합곗값이 2, 3, 4, 5인 확률을 더해서 구할 수 있다. 넘파이에서 누적합을 구하는 cumsum으로 누적 분포 함수를 구한다.

```
cumsum_y = np.cumsum(y)
print(cumsum_y)
plt.plot(x, cumsum_y, marker="o", label="2D6 CDF")
plt.legend()
plt.xlabel("주사위 2개의 눈의 합계")
plt.ylabel("출현 확률의 누적합")
plt.show()

# [0.02858 0.08391 0.1686  0.2805  0.41799 0.58546 0.72291 0.83373 0.91671 0.97234 1.]
```

그림 11-2 정육면체 주사위 두 개를 10만 번 던졌을 때의 누적 분포 함수

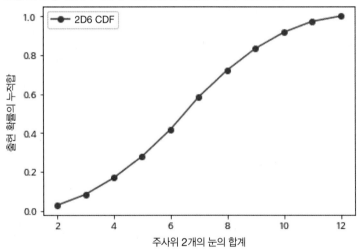

[그림 11-2] 그래프에서 5 이하의 값이 나올 확률은 0.27779다. 이론적으로는 1/36+2/36+3/36+4/36=10/36=0.277…이므로 값이 일치한다. 확률을 모두 더하면 그 값이 1이 되는 것도 확

인할 수 있다. 주사위 눈의 합곗값이 10 이상이 되는 확률은 어떻게 구할까? 1에서 주사위 눈의 합곗값이 9 이하일 확률(0.8343)을 빼면 구할 수 있다.

$$1 - 0.8343 = 0.1657$$

11.3 사후 분포에 관한 사고

어떤 값의 출현 정도를 의미하는 확률 밀도 분포를 알아봤다. 이제 확률 밀도 분포를 활용해 사후 분포의 표현 방법을 살펴보겠다.

동전을 열 번 던져서 앞면이 네 번 나왔다고 해보자. 앞면이 나올 확률 p가 $p=4/10=0.4$라고 할 수 있을까? $p=0.5$인 동전을 열 번 던졌는데 앞면이 네 번 나온 것은 아닐까? $p=0.1$인 동전을 열 번 던져서 앞면이 네 번 나오기는 매우 어렵지만 절대로 일어날 수 없는 일은 아니다.

앞면이 나올 확률 p의 모평균은 특정한 값으로 구할 수 없다. 사후 분포를 이용해서 얻은 관측 값에서 확률 밀도 함수를 활용해 모집단의 특성을 추정한다. 동전 던지기처럼 앞면 또는 뒷면이라는 두 가지 결과만 존재하는 베르누이 시행Bernoulli trial에서는 베타 분포 함수를 이용해 모평균(앞면이 나올 확률 p)의 확률 밀도 함수를 구할 수 있다. 베타 분포는 scipy.stats.beta를 활용하면 쉽게 구할 수 있다.

```
a = 4  # 앞면이 나온 횟수
b = 10 - a  # 뒷면이 나온 횟수

x = np.linspace(0, 1, 10000)  # 0~1 구간을 10,000개로 분할
plt.plot(x, scipy.stats.beta.pdf(x, a + 1, b + 1), label="4/10 PDF")
plt.legend()
plt.xlabel("동전의 앞면이 나올 확률")
plt.ylabel("확률 밀도")
plt.show()
```

그림 11-3 동전을 열 번 던졌을 때 베타 분포를 이용한 확률 밀도 분포의 시각화

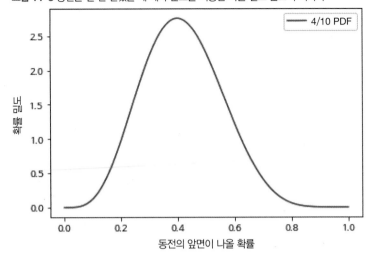

scipy.stats.beta.pdf의 x에 확률 밀도 함수를 구하는 영역의 배열, a에 앞면이 나온 횟수, b에 뒷면이 나온 횟수를 전달하면 베르누이 시행을 따르는 모평균의 확률 밀도 함수를 구할 수 있다. pdf는 확률 밀도 함수probability density function의 약어다. a, b에 각각 1을 더한 이유는 사전 분포가 균일 분포, 즉 사전 정보가 없다고 가정했기 때문이다.

이 확률 밀도 분포를 그래프로 그리면 X축은 모평균이 취할 수 있는 값, Y축은 모평균이 나타날 확률이다. [그림 11-3]을 보면 모평균에서는 $p=0.4$가 가장 유력한 값이다. 그러나 분포가 굉장히 넓어서 $p=0.2$나 $p=0.7$인 동전일 가능성 또한 무시할 수 없다. 동전의 앞면이 나올 확률인 p는 어떤 값이라고 해야 할까? 앞서 설명한 누적 분포 함수를 사용하겠다.

scipy.stats.beta에서는 누적 분포 함수를 구하는 함수도 제공한다. 이 함수를 이용해서 그래프로 나타내 확인해본다.

```
plt.plot(x, scipy.stats.beta.cdf(x, a + 1, b + 1), label="4/10 CDF")
plt.legend()
plt.xlabel("동전의 앞면이 나올 확률")
plt.ylabel("누적 확률 밀도")
plt.show()
```

그림 11-4 동전의 누적 분포 함수의 시각화

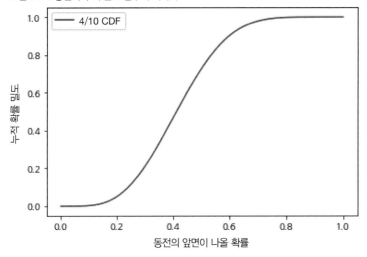

[그림 11-4]를 보면 누적 분포 함수의 하위 5% 값은 0.20, 상위 95%의 값은 0.65 정도이다. 동전을 열 번 던졌을 때 앞면이 네 번 이상 나온다면 그 동전의 앞면이 나올 확률 p는 90% 신뢰 구간에서 0.2~0.65라고 말할 수 있다.

신뢰 구간은 그래프에서 읽을 수 있지만 코드를 이용해 계산하려면 누적 분포 함수의 역함수 (Y축에 값을 넣어 X축의 값을 구한다)를 활용해야 한다. 사이파이에서는 ppf^{percent point function} 함수를 이용한다. 라이브러리에 따라 CDF의 역함수가 되어 inverseCDF 등으로 부르기도 한다.[5] 신뢰 구간의 위아래를 동시에 구하는 interval 함수도 있다.

```
print(" 5%", scipy.stats.beta.ppf(0.05, a + 1, b + 1))
print("95%", scipy.stats.beta.ppf(0.95, a + 1, b + 1))
print("90% 신뢰 구간", scipy.stats.beta.interval(0.90, a + 1, b + 1))

#  5% 0.19957614988383673
# 95% 0.6501884654280826
# 90% 신뢰 구간 (0.1995761498838367, 0.6501884654280826)
```

동전을 열 번 던졌을 때 앞면이 네 번 나왔다면 앞면이 나올 확률 p는 90% 신뢰 구간에서 0.199~0.650라고 할 수 있다.

----

5 예를 들어 엑셀에서는 BETA.INV 함수를 사용한다.

동전을 열 번 던졌을 때 앞면이 네 번 나오는 경우와 100번 던졌을 때 앞면이 40번 나오는 경우, 그리고 1,000번 던졌을 때 앞면이 400번 나오는 경우를 비교해보자.

```python
a1 = 4
b1 = 10 - a1
a2 = 40
b2 = 100 - a2
a3 = 400
b3 = 1000 - a3
x = np.linspace(0, 1, 1000)
plt.plot(x, scipy.stats.beta.pdf(x, a1 + 1, b1 + 1), label="4/10 PDF")
plt.plot(x, scipy.stats.beta.pdf(x, a2 + 1, b2 + 1), label="40/100 PDF")
plt.plot(x, scipy.stats.beta.pdf(x, a3 + 1, b3 + 1), label="400/1000 PDF")
plt.legend()
plt.xlabel("동전의 앞면이 나올 확률")
plt.ylabel("확률 밀도")
plt.show()
```

그림 11-5 같은 확률에서 시행 횟수가 다른 경우의 확률 밀도 분포

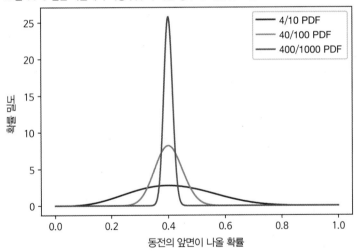

기댓값(표본평균)은 모두 0.4로 같다. 시행 횟수가 늘어나면 모평균의 확률 밀도 분포 폭이 좁아지면서 날카로운 형태가 된다. 즉 모평균의 값이 0.4 근처일 가능성이 높아진다는 의미다. 이제 90% 신뢰 구간을 나타내보자.

```
print(f"90% 신뢰 구간(4/10)\t",
    scipy.stats.beta.interval(0.90, a1 + 1, b1 + 1))
print(f"90% 신뢰 구간(40/100)\t",
    scipy.stats.beta.interval(0.90, a2 + 1, b2 + 1))
print(f"90% 신뢰 구간(400/1000)\t",
    scipy.stats.beta.interval(0.90, a3 + 1, b3 + 1))

# 90% 신뢰 구간(   4/10)    (0.1995761498838367, 0.6501884654280826)
# 90% 신뢰 구간( 40/100)    (0.32355743256469754, 0.48256117185206715)
# 90% 신뢰 구간(400/1000)   (0.37486561630199944, 0.42576020414058036)
```

시행 횟수가 많아지면 모평균의 신뢰 구간이 좁아진다는 것을 알 수 있다. 열 번 던져서 앞면이 네 번 나왔을 때는 $p=0.2$일 가능성도 있었지만 1,000번 던져서 앞면이 400번 나왔다면 $p=0.2$일 가능성은 거의 없다.

모평균의 불확실성(신뢰 구간의 폭)은 시행 횟수가 늘어날수록 점점 감소한다. 슬롯머신 알고리즘에서는 여러 팔의 모평균을 비교해서 모평균이 가장 높은 팔을 선택한다. 하지만 모평균은 확률 밀도 분포로 나타나 어떤 팔이 가장 좋을지 비교하기는 어렵다. 따라서 시행 횟수를 늘려 모평균의 불확실성을 줄인 후 비교한다. 이는 슬롯머신 알고리즘의 기본이다.

이어서 베타 분포를 기준으로 살펴보자. 표본이 연속값일 때는 표본평균, 표준오차, 샘플 크기에서 정규분포나 t 분포를 이용해 모평균의 신뢰 구간을 구한다. 샘플 크기가 충분히 크다면 (30 이상) t 분포를 정규분포로 근사한다. 슬롯머신 알고리즘은 샘플 수가 충분히 확보된 상태에서 활용하는 경우가 많아 정규분포를 활용해도 좋다. 자세한 내용은 통계 서적인『入門統計学(입문통계학)』[45]을 참고하기를 바란다.

```
data = [32, 12, 20, 42, 61] # 표본
n = len(data)  # 샘플 크기
mean = np.mean(data)  # 표본평균
se = np.std(data, ddof=1) / (n ** 0.5) # 표준오차
dof = n - 1 # 자유도

x = np.linspace(0, 100, 10000)
# 샘플 크기가 30 미만이면 t 분포 이용
plt.plot(x, scipy.stats.t.pdf(x, loc=mean, scale=se, df=dof))
# 샘플 크기가 30 이상이면 정규분포 이용
plt.plot(x, scipy.stats.norm.pdf(x, loc=mean, scale=se, df=dof))
```

그림 11-6 정규분포와 t 분포의 확률 밀도 분포

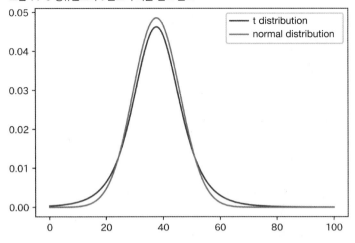

11.4 사후 분포의 신뢰 구간 상한을 이용한 구현 사례

실제 두 개의 동전 중 어느 쪽을 선택할지 모평균의 신뢰 구간을 이용해보자. 동전 A를 100번 던졌을 때 앞면이 45번 나왔다. 동전 B를 200번 던졌을 때 앞면이 92번 나왔다. 이때 동전 A 와 동전 B의 표본평균은 각각 0.45와 0.46이다. 표본평균으로만 보면 동전 B를 선택하는 것이 좋다. 그러나 동전 A는 시행 횟수가 적어 표본평균이 모평균에 수렴하지 않았을 뿐 실제 모평균은 동전 B보다 클 수도 있다. 어떻게 하면 더 좋은 동전을 선택할 수 있을까?

간단한 방법으로는 각 동전 모평균의 신뢰 구간 상한값(95 백분위수 값)을 해당 팔의 평갓값으로 간주한다. 이는 해당 동전의 모평균이 가질 수 있는 범위 안에서 가능한 낙관적으로 평가한 값이다. 먼저 동전 A와 동전 B의 확률 밀도 함수를 확인해보겠다.

```
a1 = 45
b1 = 100 - a1
a2 = 92
b2 = 200 - a2

x = np.linspace(0, 1, 10000)
plt.plot(x, scipy.stats.beta.pdf(x, a1+1, b1+1), label="45/100 PDF")
plt.plot(x, scipy.stats.beta.pdf(x, a2+1, b2+1), label="92/200 PDF")
plt.legend()
```

```
plt.xlabel("동전의 앞면이 나올 확률")
plt.ylabel("확률 밀도")
```

그림 11-7 동전 A와 동전 B의 확률 밀도 함수

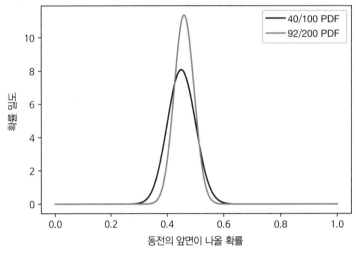

[그림 11-7]을 보면 시행 횟수가 적은 A의 확률 밀도 함수 폭이 큰 것을 알 수 있다. 다음으로 각 동전의 누적 분포 함수의 95 백분위수 값을 확인한다.

```
print("CoinA:", scipy.stats.beta.ppf(0.95, a1 + 1, b1 + 1))
print("CoinB:", scipy.stats.beta.ppf(0.95, a2 + 1, b2 + 1))
# CoinA: 0.5322261940040164
# CoinB: 0.5181806676164464
```

누적 분포 함수의 95 백분위수 값을 비교해보면 동전 A의 값이 큰 것을 알 수 있다. 동전 A의 시행 횟수가 적고 불확실성이 높다. 동전 A의 모평균이 높으니 동전 A를 던지는 것이 좋다고 판단할 수 있다. 동전 A의 던지는 횟수를 늘려 신뢰 구간을 좁힐 수도 있다. 동전 A의 신뢰 구간이 좁아지면 동전 B를 선택한다. 신뢰 구간 상한을 평갓값으로 활용하면 가장 큰 모평균을 가지는 동전을 우선적으로 선택할 수 있다.

사이파이로 구현된 통계 함수의 인수에 배열을 전달하면 많은 결과를 한 번에 계산할 수 있다. 최댓값의 인덱스를 반환하는 np.argmax와 조합하면 한 줄의 코드로 평갓값이 최대인 팔을 찾아내게 된다. 이를 베이즈 UCB[baysian upper confidence bound]라고 한다.

```
np.argmax(scipy.stats.beta.ppf(0.95, [a1 + 1, a2 + 1], [b1 + 1, b2 + 1]))
# 0
```

11.5 UCB1

수학적 성능을 증명하는 UCB1^{upper confidence bound version 1}도 있다. 복잡한 증명은 생략하고 UCB1에서 평갓값의 합계를 구하는 방법을 살펴보자.

$$\text{팔 } i \text{의 평가값} = \mu_i + R\sqrt{\frac{2\ln(\text{모든 팔을 당긴 횟수})}{\text{팔 } i \text{를 당긴 횟수}}}$$

대상 팔이 아닌 팔을 많이 당길수록 대상 팔이 선택되기 쉽고 대상 팔을 많이 당길수록 선택되기 어려워진다. 시행 횟수가 적어 불확실성이 큰 팔이 당겨지기 쉽고 불확실성이 작더라도 기댓값이 작은 팔은 당겨지기 어렵다. 시행을 반복하면 최종적으로 기댓값이 큰 팔을 당기게 된다. 결과적으로 탐색과 활용의 균형을 적절히 맞추게 되는 것이다.

11.4절의 예시를 UCB1로 평가해보자.

```
print("CoinA:",
    a1/(a1+b1) + (2.0 * np.log(a1+b1+a2+b2) / (a1+b1)) ** 0.5)
print("CoinB:",
    a2/(a2+b2) + (2.0 * np.log(a1+b1+a2+b2) / (a2+b2)) ** 0.5)

# CoinA: 0.7877508689746393
# CoinB: 0.6988259298036166
```

UCB1에서 동전 A와 B의 평갓값은 0.78, 0.69이다. 불확실성을 고려해 평갓값이 큰 동전 A를 선택해서 탐색을 하는 것이 좋다.

11.6 확률적 슬롯머신 알고리즘

베이즈 UCB와 UCB1은 모두 즉각적인 보상을 전제로 하는 알고리즘이다. 배치 처리나 병렬화에는 적합하지 않다. 웹 서비스에 두 알고리즘을 사용하면 예상하지 못한 문제가 발생하기도 한다.

슬롯머신 알고리즘을 활용해 스마트폰 애플리케이션에서 푸시 알림으로 보낼 메시지와 이미지를 최적화하는 문제를 생각해보자. 푸시 알림을 보낸 뒤 10분 이내에 해당 메시지를 열어 애플리케이션을 실행하는 행위를 전환으로 정의한다. 순차적으로 수행하려면 푸시 알림 하나를 보내고 10분을 기다린 뒤 푸시 알림을 다시 하나 보내고 또 10분을 기다려야 한다. 모든 사용자에게 푸시 알림을 보내려면 굉장히 많은 시간이 소요된다.

만약 푸시 알림 1만 개를 보낸 뒤 10분을 대기하는 주기는 어떨까? 베이즈 UCB와 UCB1은 모두 표본 상태에 따라 팔을 선택하는 결정적 알고리즘이기에 1만 개 모두 특정한 팔에 편중된다. 효율적인 탐색이 불가능할 뿐만 아니라 최적의 팔을 선택하는 데도 상당한 시간이 필요하다.

여러 서버로 시행을 병렬화하면 다른 서버가 어떤 팔을 선택하는지 즉시 알 수 없다. 서버들이 어떤 팔을 선택했는지 집계한 후 각 서버로 해당 정보를 반환해야 한다.

보상 관측에 시간이 걸리는 환경과 배치 처리, 병렬화된 환경에서 효율적인 탐색을 하려면 탐색과 활용의 균형을 고려하는 알고리즘에 기반해 각 팔의 선택 확률을 조정해야 한다. 예를 들어 팔 A는 30%, 팔 B는 60%, 팔 C는 10%의 확률로 선택하는 조합처럼 말이다.

비즈니스 현장에서는 최적을 팔을 선택하는 것이 반드시 최적의 전략이라고는 할 수 없다. 비슷한 수준의 보상을 제공하는 팔이 여럿이라면 어떤 것을 선택해도 무방하다. 웹 광고 등에서는 늘 같은 광고를 송출하는 것보다는 매번 다른 광고를 송출해 일정 수준으로 균등하게 소진하는 편이 좋다. 따라서 보상 관측에 시간이 필요한 환경이나 배치 처리, 병렬화에 적합한 확률적인 팔 선택 알고리즘이 필요하다.

이번에는 비교적 간단한 소프트맥스softmax 알고리즘과 확률 밀도 함수를 이용한 톰슨 샘플링 알고리즘을 소개한다.

11.6.1 소프트맥스 알고리즘

소프트맥스 알고리즘은 표본평균이 높은 팔을 선택하는 확률을 높이고 표본평균이 낮은 팔을 선택하는 확률을 낮춰 탐색과 활용의 균형을 이루는 방법이다. 표준 밀도 함수에 기반한 불확실성이 높은 팔을 탐색하지 않는다. 사전에 무작위로 팔을 선택해서 표본평균을 일정 수준으로 수집해야 한다. 표본평균이 아닌 모평균의 확률 밀도 분포 상한값을 사용해 시행 횟수가 적은 팔을 탐색할 수도 있다.

소프트맥스 알고리즘은 다음 수식으로 팔을 선택할 확률을 계산한다.

$$어떤\ 팔의\ 선택\ 확률 = \frac{\exp(어떤\ 팔의\ 표본평균/온도)}{\sum \exp(각\ 팔의\ 표본평균/온도)}$$

이 식에는 '온도^{temperature}'라는 생소한 파라미터가 있다. 온도 파라미터는 0 이상의 값을 갖는다. 0에 가까울수록 표본평균이 높은 팔을 우선 선택한다. 온도가 1보다 커지면 무작위에 가깝게 선택한다. 이번 예시에서는 팔이 A, B, C 세 가지 존재하며 각 표본평균을 0.12, 0.11, 0.10이라고 가정한다. 이를 소프트맥스 알고리즘으로 평가해 팔의 선택 확률을 구하면 다음과 같다.

```python
def softmax(x, t):
    return np.exp(x / t)/ np.sum(np.exp(x / t))

conversion_rate = np.array([0.12, 0.11, 0.10])
select_rate = softmax(conversion_rate, 0.01)
print(select_rate)
# [0.66524096 0.24472847 0.09003057]
```

온도 파라미터가 0.01일 경우 팔 A와 팔 B의 표본평균 차이는 0.01이지만 선택 확률은 팔 A가 67%, 팔 B가 24%, 팔 C가 9%이다. 즉 표본평균이 높은 팔을 우선적으로 선택한다. 확률에 따라 선택할 팔을 결정한다. np.random.choice를 활용하면 임의의 가중치를 붙인 난수를 만들 수 있다.

```python
np.random.choice(len(select_rate), size=20, p=select_rate)
# array([0, 0, 0, 2, 0, 0, 0, 1, 1, 0, 0, 1, 0, 0, 0, 0, 0, 0, 0, 0])
```

난수를 만들었으니 온도 파라미터값을 높여서 무작위로 팔을 선택하는지 확인해보자.

```
select_rate = softmax(conversion_rate, 100)
print(select_rate)
# [0.33336667 0.33333333 0.3333 ]
```

소프트맥스 알고리즘은 이러한 성질의 온도 파라미터값을 점차적으로 줄이면서 탐색에서 활용으로 온도 파라미터값을 높인다. 이 방법을 담금질^{annealing} (어닐링)이라고 한다. 예를 들어 다음의 식으로 온도를 점점 낮출 수 있다.

$$온도\ 파라미터 = \frac{초기\ 온도}{\ln(k \times 모든\ 팔을\ 당긴\ 횟수 + 2)}$$

초기 온도를 높이면 처음에는 무작위로 팔을 선택한다. K 값을 통제해 온도가 낮아지는 속도를 조정한다. 2를 더하면 $\ln(0) = -\infty$, $\ln(1) = 0$이므로 온도 파라미터가 음수가 되거나 0으로 나누는 현상을 방지할 수 있다.

담금질을 이용한 소프트맥스 알고리즘은 해결할 문제에 맞춰 적절한 파라미터를 미리 찾아놓아야 한다. 반드시 사전 실험이 필요하다.

11.6.2 톰슨 샘플링 알고리즘

톰슨 샘플링 알고리즘(TS 알고리즘)은 조정해야 할 파라미터가 거의 없지만 비교적 잘 동작하는 알고리즘이다. 매우 오랫동안 경험적으로 좋은 방법이라고 알려졌다. 최근에는 이론적 해석이 가능해져 성능이 증명되었다.[46] TS 알고리즘은 팔의 사후 분포를 활용한다. 생성한 난수로 팔의 평갓값을 결정하고 평갓값이 최대인 팔을 선택한다.

팔의 평갓값 = 팔의 사후 분포에 따라 도출한 난수

사이파이에서 사후 분포에 기반한 난수를 생성할 때는 rvs$^{random\ variates}$를 이용한다. 넘파이에서는 np.random 아래에 있는 beta 또는 normal, binomial 함수를 이용해 임의의 분포를 따르는 난수를 생성한다.

```
a = 40
b = 100 - a
print(scipy.stats.beta.rvs(a + 1, b + 1, size=3))
print(np.random.beta(a + 1, b + 1, size=3))
```

```
# [0.50836229 0.34401915 0.30604359]
# [0.40403092 0.44249647 0.37993696]
```

사후 분포에 기반해 난수를 만든 후 히스토그램을 그린다. 실제로 사후 분포로 생성한 난수인
지 확인해보겠다.

```
from matplotlib import cm
a = 40
b = 100 - a
x = np.linspace(0, 1, 10000)
fig, ax1 = plt.subplots()
ax2 = ax1.twinx()

# beta 분포로 난수를 10,000개 만들고 히스토그램으로 표현
ax1.hist(scipy.stats.beta.rvs(a + 1, b + 1, size=10000),
         bins=20, color="blue")

# beta 분포의 확률 밀도 함수를 화면에 그림
ax2.plot(x, scipy.stats.beta.pdf(x, a + 1, b + 1), color="red")
ax2.set_ylim(0,)
```

그림 11-8 베타 분포로 생성한 난수의 히스토그램

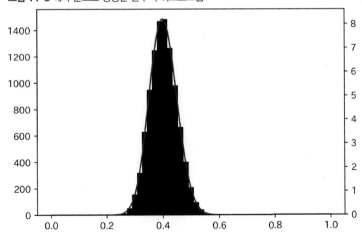

[그림 11-8]을 보면 베타 분포에서 생성한 난수의 히스토그램과 베타 분포의 확률 밀도 함수
는 거의 일치한다. 올바른 사후 분포에서 난수를 생성했다. 실제 TS 알고리즘을 이용해 팔을
선택해보자.

```
a1 = 45
b1 = 100 - a1
a2 = 92
b2 = 200 - a2
coin_a_dist = scipy.stats.beta.rvs(a1 + 1, b1 + 1, size=3)
coin_b_dist = scipy.stats.beta.rvs(a2 + 1, b2 + 1, size=3)
print("CoinA:", coin_a_dist)
print("CoinB:", coin_b_dist)
print("CoinA>CoinB", coin_a_dist > coin_b_dist)
# CoinA: [0.43828811 0.48966257 0.36660745]
# CoinB: [0.44996259 0.47622653 0.47162171]
# CoinA>CoinB [False True False]
```

베이즈 UCB나 UCB1은 동전 A를 선택했지만 TS 알고리즘은 세 번 시행했을 때 동전 A를 두 번, 동전 B를 한 번 선택했다. TS 알고리즘은 난수에 기반해 실행할 때마다 결과가 달라진다. TS 알고리즘을 실행해보고 각 팔을 선택할 확률을 구해보자.

```
n = 10000
thompson_sampling_score = np.random.beta([a1 + 1, a2 + 1],
                                         [b1 + 1, b2 + 1], size=(n, 2))
selected_arm = np.argmax(thompson_sampling_score, axis=1)
arm_choice_rate = np.bincount(selected_arm) / n
arm_choice_rate
# array([0.4374, 0.5626])
```

동전 A를 선택할 확률은 43%, 동전 B를 선택할 확률은 57%가 된다. 이는 해당 시점에서 각 동전의 모평균이 다른 동전의 모평균보다 커질 확률을 나타낸다. 팔이 두 개일 때는 계산으로 확률을 구할 수 있지만 팔이 많아지면 계산만으로는 확률을 구하기 어렵다. 이럴 때 TS 알고리즘을 이용한다. 팔이 많아졌을 때 어떤 팔의 모평균이 가장 높은 확률인지 구할 수 있다. 이를 통해 높은 모평균의 가능성을 가진 팔을 높은 확률로 선택할 수 있어 탐색과 활용의 균형을 맞출 수 있다.

11.7 다양한 슬롯머신 알고리즘 비교

지금까지 설명한 각 방책[6]을 구현하고 동작시켜서 그 특성을 비교해보자.

```python
import numpy as np
import scipy
import scipy.stats
import matplotlib.pyplot as plt

# 다양한 알고리즘 구현
def random_strategy(success_counts, fail_counts):
    return np.random.choice(len(success_counts))

def baysian_ucb_strategy(success_counts, fail_counts, q=0.95):
    score = scipy.stats.beta.ppf(
        q, success_counts + 1, fail_counts + 1)
    return np.argmax(score)

def ucb1_strategy(success_counts, fail_counts):
    mean = (success_counts) / (success_counts + fail_counts)
    ucb = (2.0 * np.log(np.sum(success_counts + fail_counts)) /
        (success_counts + fail_counts)) ** 0.5
    score = mean + ucb
    return np.argmax(score)

def softmax_strategy(success_counts, fail_counts, t=0.05):
    mean = (success_counts) / (success_counts + fail_counts)
    select_rate = np.exp(mean / t)/ np.sum(np.exp(mean / t))
    return np.random.choice(len(select_rate), p=select_rate)

def softmax_annealing_strategy(success_counts,
                    fail_counts, initial_t=0.1, k=100.0):
    mean = (success_counts) / (success_counts + fail_counts)
    t = initial_t / np.log(k * np.sum(success_counts + fail_counts) + 2)
    select_rate = np.exp(mean / t) / np.sum(np.exp(mean / t))
    return np.random.choice(len(select_rate), p=select_rate)

def thompson_sampling_strategy(success_counts, fail_counts):
    score = scipy.stats.beta.rvs(success_counts, fail_counts)
```

----

6 웹 개발자에게 확률 밀도 함수를 알려주고 최대한 빨리 슬롯머신 알고리즘과 뒤에서 설명할 컨텍스트 기반 슬롯머신 알고리즘까지 이해할 수 있도록 돕는 것을 목표로 한다. 그리디(greedy) 알고리즘 설명은 생략했다. 그리디 알고리즘은 확률을 이용해 무작위로 팔을 선택하고 나머지 확률로 표본평균이 높은 팔을 선택한다.

```python
        return np.argmax(score)

actual_cvr = [0.12, 0.11, 0.10]  # 실제 CVR
bandit_round = 10000  # 실험 실행 횟수
random_seed = 1234567  # 난수 시드

strategy_list = [
                ("Random", random_strategy),
                ("Baysian_UCB", baysian_ucb_strategy),
                ("UCB1", ucb1_strategy),
                ("Softmax", softmax_strategy),
                ("Softmax_annealing", softmax_annealing_strategy),
                ("Thompson_sampling", thompson_sampling_strategy)
                ]

scores = []
arm0_select_rates = []

for name, select_arm_method in strategy_list:
    # 무작위로 난수 초기화
    # 사이파이는 넘파이의 난수를 사용하므로 사이파이도 초기화 가능
    np.random.seed(random_seed)

    success_counts = np.array([0.0, 0.0, 0.0])
    fail_counts = np.array([0.0, 0.0, 0.0])

    scores.append([])
    arm0_select_rates.append([])

    for i in range(bandit_round):
        if i < 1000:  # 최초 1000 라운드는 무작위 송출
            selected_arm = random_strategy(success_counts, fail_counts)
        else:
            selected_arm = select_arm_method(success_counts, fail_counts)

        # 선택한 팔이 전환했는지 판정
        if np.random.rand() < actual_cvr[selected_arm]:
            success_counts[selected_arm] += 1
        else:
            fail_counts[selected_arm] += 1

        # 점수 보존
        score = np.sum(success_counts) / np.sum(success_counts + fail_counts)
        scores[-1].append(score)
```

```
# 팔 0의 선택 확률 보존
arm0_select_rate = (success_counts[0] + fail_counts[0]) /
    np.sum(success_counts + fail_counts)
arm0_select_rates[-1].append(arm0_select_rate)
```

위 코드에서는 무작위 알고리즘, 베이즈 UCB, UCB1, 소프트맥스 알고리즘, 어닐링 소프트맥스 알고리즘, TS 알고리즘을 구현했다. 시행 횟수는 10,000회이며 최초 1,000번은 정보 수집을 하고자 무작위로 팔을 선택한다. 팔의 실제 모평균은 [0.12, 0.11, 0.10]이며 팔 0의 모평균이 가장 높도록 설정했다. 따라서 팔 0을 선택할 확률을 확인하면 각 알고리즘의 특성을 이해할 수 있다.

각 시행의 기댓값과 최종 시점의 기댓값을 확인해보자.

```
for i in range(len(strategy_list)):
    algorithm_name = strategy_list[i][0]
    print(algorithm_name, scores[i][-1])
    plt.plot(scores[i], label=algorithm_name)
    plt.ylim(0.0, 0.2)

plt.legend(bbox_to_anchor=(1, 1), loc="upper left")
plt.show()

# Random             0.109
# Baysian_UCB        0.1167
# UCB1               0.1113
# Softmax            0.1119
# Softmax_annealing  0.1154
# Thompson_sampling  0.1168
```

그림 11-9 각 알고리즘의 기댓값(1만 번 시행)

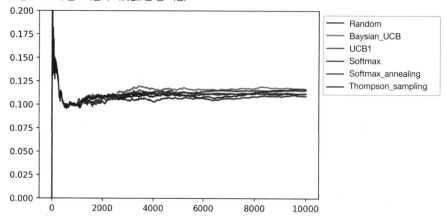

가장 먼저 10,000번 종료 시점에서의 각 알고리즘의 기댓값이다. Baysian_UCB를 이용했을 때가 가장 높고 Tompson_sampling, Sofotmax_annealing, Softmax, UCB1, Random 순으로 높다.

다음으로 각 알고리즘에서 팔 0을 선택할 확률을 보겠다.

```
for i in range(len(strategy_list)):
    algorithm_name = strategy_list[i][0]
    print(algorithm_name, arm0_select_rates[i][-1])
    plt.plot(arm0_select_rates[i], label=algorithm_name)
    plt.ylim(0, 1)

plt.legend(bbox_to_anchor=(1, 1), loc="upper left")
plt.show()

# Random              0.3329
# Baysian_UCB         0.9286
# UCB1                0.5303
# Softmax             0.4373
# Softmax_annealing   0.6697
# Thompson_sampling   0.7549
```

그림 11-10 각 알고리즘에서 팔 0을 선택할 확률

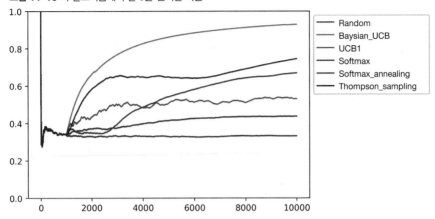

팔 0을 선택할 확률은 Baysian_UCB, Thompson_sampling, Softmax_annealing, UCB1, Softmax, Random 순서로 높다. 이번에는 시행 횟수를 100만 번으로 늘려보자. 실험 결과는 다음과 같다.

그림 11-11 각 알고리즘에서 팔 0을 선택할 확률(100만 번 시행)

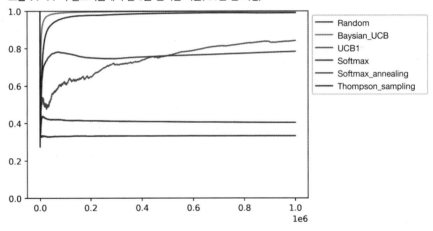

UCB1과 Softmax_annealing의 순서가 바뀌기는 했지만 UCB1이 팔 0을 선택할 확률이 1에 가까워지기에는 한참 시간이 걸릴 것 같다. [그림 11-11]을 보면 Softmax_annealing의 온도가 낮아지는 속도가 느리다. k 파라미터를 더 키우는 편이 좋다는 것을 알 수 있다. 원래 로그를 사용한 식은 온도가 낮아지는 속도가 느려 다른 함수를 이용하는 편이 좋다.

UCB1는 이론적 해석을 연구하고 있으며 수식도 복잡하고 어렵다. 이번에는 UCB1을 선택했지만 상황에 따라서는 Baysean_UCB나 Thompson_sampling이 더 낫다.

> **WARNING_** UCB1은 팔 사이 모평균의 차이가 적다. 최적의 팔을 선택할 때까지 시간이 오래 걸리며 조건에 따라서는 실용적이지 않을 수 있으니 주의한다.

다만 난수 시드[7] 값에 따른 결과이기도 하니 주의한다.

예를 들어 팔 1이나 팔 2 근처의 모평균이 크면 팔 0을 선택할 확률이 크게 떨어지는 경우가 많다. 필자의 환경에서 random_seed = 1234처럼 설정했을 때 결과는 다음과 같았다.

그림 11-12 난수 시드 변경에 따라 각 알고리즘에서 팔 0을 선택할 확률(1만 번 시행)

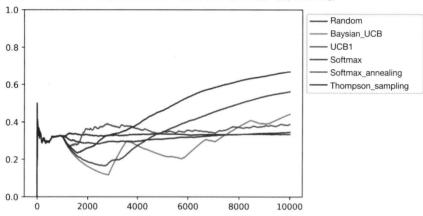

최초의 무작위 시행(1,000번)에서 팔 0의 표본평균이 다른 팔의 표본평균보다 우연히 낮았기 때문에 다른 팔을 우선으로 선택하게 되어 팔 0의 선택 확률이 크게 낮아진 것으로 보인다.

슬롯머신으로 실험할 때는 난수 시드 값을 여러 번 바꾸면서 통계적으로 결과를 분석한다. 동일한 난수 시드 값을 이용해 10만 번 시행한 결과는 다음과 같다.

---

7 여기에서 사용한 난수 시드값(1234567)은 필자의 환경에서 그래프가 깔끔하게 나올 때까지 시행착오를 겪으며 찾아낸 값이다.

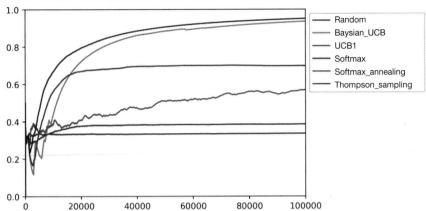

그림 11-13 난수 시드 변경 시 각 알고리즘에서 팔 0를 선택할 확률(10만 번 시행)

베이즈 UCB나 TS 알고리즘은 우연히 잘못된 초기 상태에 빠지더라도 그 기능을 잘 수행한다는 것을 알 수 있다.

11.8 부트스트랩 알고리즘을 이용한 콘텍스트 기반 슬롯머신 구현

지금까지는 어떤 팔의 모평균이 가장 높은지 해결하는 슬롯머신 문제를 다루었다. 실제로는 '특정 행동을 하는 사용자에게 어떤 광고를 보여줘야 하는가?'라는 콘텍스트^{context}에서 최적의 팔을 선택해야 할 때가 많다.

콘텍스트에는 사용자 나이, 성별, 직업, 거주 지역, 열람한 콘텐츠, '좋아요'는 누른 콘텐츠, 광고 유입 경로, 누적 소비 금액, 활동 시간, 활동 장소 등이 있다. 콘텍스트에 기반해 어떤 팔을 선택할지 결정하는 것이 콘텍스트 기반 슬롯머신^{contextual multi-armed bandit}이다.

이번 절에서는 부트스트랩 알고리즘을 활용해 콘텍스트 기반 슬롯머신을 구현한다. 부트스트랩 알고리즘^{bootstrap algorithm}은 표본이 중복되는 것을 허용한다. 여러 번 샘플링하면서 모집단의 특성을 추정하거나 여러 학습기를 만들어 정확도를 높인다.

일반적으로 회귀 예측기에서는 입력 데이터에 대한 예측값을 특정한 포인트로만 반환할 수 있다. 그 예측값의 불확실성이 얼마나 되는지 알 수 없다. 여기서는 부트스트랩 알고리즘으로 여러 가지 예측기를 만들고 다수의 예측값을 구해보겠다.

예측하고자 하는 특정한 값 부근의 표본 수가 적으면 부트스트랩 알고리즘을 사용했을 때 해당 값 부근의 표본 수가 크게 증감하고 각 예측기에서 만들어지는 예측값 분산이 커진다. 표본 수가 충분히 많으면 샘플링을 여러 번 반복해도 원 분포를 충분히 표현할 수 있어 예측값의 분산은 작아진다.

부트스트랩 알고리즘을 이용하면 예측값과 예측값의 불확실성을 동시에 얻을 수 있다. 불확실성을 고려한 의사결정 수행에 도움이 된다. 이번에는 각 예측기에서 구한 예측값의 평균과 정규분포에 기반한 확률 밀도 함수를 분산에서 구한다. TS 알고리즘을 활용한 확률 밀도 함수를 바탕으로 난수를 만들어서 팔의 평갓값도 결정한다.

먼저 부트스트랩을 이용한 콘텍스트 기반 슬롯머신 클래스를 만들자.

```python
import numpy as np
import scipy
import scipy.stats
import matplotlib.pyplot as plt

class BootstrapTSContextualBandit:
    def __init__(self, regression_model_cls, param, arm_num=2,
            model_num=100, seed=None, bagging_rate=1.0):
        self.arm_num = arm_num
        self.model_num = model_num
        self.bagging_rate = bagging_rate
        self.seed = seed
        self.models = [
            [
                regression_model_cls(**param)
                for i in range(model_num)
            ]
            for j in range(self.arm_num)
        ]
        self.is_initialized = False

    def fit(self, x, arm, y):
        np.random.seed(self.seed)

        for arm_id in range(self.arm_num):
            _x = x[arm == arm_id]
            _y = y[arm == arm_id]
            n_samples = len(_y)
```

```python
        for i in range(self.model_num):
            # 이용할 표본을 난수로 결정
            picked_sample = np.random.randint(
                0, n_samples,
                int(n_samples * self.bagging_rate))
            # 이용할 표본을 표본 가중치로 변환
            bootstrap_weight = np.bincount(
                picked_sample, minlength=n_samples)
            # 표본 가중치를 붙여 학습
            self.models[arm_id][i].fit(_x, _y,
                sample_weight=bootstrap_weight)

    self.is_initialized = True

def _predict_mean_sd(self, x, arm_id):
    # 각 예측기의 평균값과 표준편차를 구한다.
    predict_result = np.array([
        estimator.predict(x)
        for estimator in self.models[arm_id]
    ])

    mean = np.mean(predict_result, axis=0)
    sd = np.std(predict_result, axis=0)

    return mean, sd

def _predict_thompson_sampling(self, x, arm_id):
    # 평균값과 표준편차에서 정규분포의 난수를 만들어 평갓값으로 한다.
    mean, sd = self._predict_mean_sd(x, arm_id)
    return np.random.normal(mean, sd)

def choice_arm(self, x):
    if self.is_initialized is False:
        return np.random.choice(self.arm_num, x.shape[0])

    # 팔별로 평갓값 생성
    score_list = np.zeros((x.shape[0], self.arm_num),
                    dtype=np.float64)
    for arm_id in range(self.arm_num):
        score_list[:, arm_id] = \
            self._predict_thompson_sampling(x, arm_id)
    # 평갓값이 최대인 팔을 반환
    return np.argmax(score_list, axis=1)
```

__init__에서는 회귀 예측기 클래스와 초기화 파라미터를 인수로 받아 부트스트랩 알고리즘을 사용하고자 팔별로 학습기를 여러 개 생성한다.

사이킷런의 fit이 특징량과 목적 변수를 인수로 받는 것과 달리 앞 코드의 fit은 콘텍스트 기반 슬롯머신이다. 특징량, 선택한 팔, 목적 변수를 인수로 받아 팔별로 학습을 수행한다. 사이킷런이 제공하는 학습기의 fit 함수는 sample_weight를 통해 표본별로 가중치를 조정할 수 있다. 이를 이용해 의사적으로 부트스트랩 표본을 재현한다. 재표본 추출로 0번 샘플링했다면 해당 샘플의 가중치는 0, 두 번 샘플링했다면 해당 샘플의 가중치는 2가 된다. 이 코드는 사이킷런의 랜덤 포레스트 학습 부분을 참고했다.

_predict_mean_sd는 입력된 특징량을 기반으로 각 특징량의 팔별 예측값 평균과 분산을 반환한다. _predict_thompson_sampling은 _predict_mean_sd에서 생성된 평균과 분산으로 TS 알고리즘을 활용해 평갓값을 생성한다. choice_arm은 특징량을 인수로 받아 선택할 팔을 반환한다.

계속해서 샘플 데이터를 만들어보자.

```python
def generate_sample_data(sample_num=10000):
    weight = np.array([
        [0.05, 0.05, -0.05, 0.0, 0.0, 0.0, 0.0],
        [-0.05, 0.05, 0.05, 0.0, 0.0, 0.0, 0.0],
        [0.05, -0.05, 0.05, 0.0, 0.0, 0.0, 0.0],
    ])

    arm_num, feature_num = weight.shape
    feature_vector = np.random.rand(sample_num, feature_num)

    theta = np.zeros((sample_num, arm_num))
    for i in range(arm_num):
        theta[:,i] = np.sum(feature_vector * weight[i], axis = 1)

    is_cv = (theta > np.random.rand(sample_num, arm_num)).astype(np.int8)

    return feature_vector, is_cv
```

난수로 특징량을 만들고 각 팔의 계수를 난수에 곱해서 해당 팔의 전환율 theta를 만든다. theta의 확률에 따라 0 또는 1의 난수를 생성하고 전환한다. 만들어진 콘텍스트 기반 슬롯머신 알고리즘이 실제 동작하는지 확인해보자.

```python
import sklearn.tree

loop_num = 100
batch_size = 1000

base_model = sklearn.tree.DecisionTreeRegressor
param = {
        'max_depth': 6,
        'min_samples_split': 10,
        'max_features': None,
}

model = BootstrapTSContextualBandit(base_model, param, arm_num = 3)

x_history = np.zeros((0, 7))
y_history = np.zeros(0)
arm_history = np.zeros(0)
scores = []

for i in range(loop_num):
    x, is_cv = generate_sample_data(batch_size)

    choiced_arm = model.choice_arm(x)
    y = is_cv[range(batch_size), choiced_arm]

    x_history = np.vstack((x_history, x))
    y_history = np.append(y_history, y)
    arm_history = np.append(arm_history, choiced_arm)

    model.fit(x_history, arm_history, y_history)

    score = np.sum(y_history) / y_history.shape[0]
    scores.append(score)

plt.plot(scores)
```

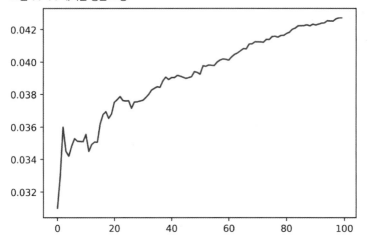

그림 11-14 배치별 평균 보상

이번에는 기반이 되는 학습기로 결정 트리를 활용했다. 결정 트리에서는 공간을 잘라 국소적으로 평균값을 구한다. 표본이 조밀하더라도 해당 위치로 치우치지 않아 이번 문제에 적합하다. 이외에도 다양성을 가진 결정 트리를 만들 수 있는 ExtraTree, 트리 수를 적게 설정하는 GBDT나 XGBoost 같은 균일 부스팅 계열 알고리즘을 사용할 수도 있다.

[그림 11-14]의 그래프에서 평균 보상이 점차 개선되는 것으로 보아 특징량에 따라 선택하는 팔을 바꾸는 구조가 잘 동작한다는 것을 알 수 있다.

11.9 현실 과제

지금까지는 인공 데이터에 슬롯머신 알고리즘을 적용했다. 현실은 시뮬레이션과 다르다. 베이즈 UCB나 UCB1 같은 알고리즘은 결정적이고 순차적이다. 실제 환경에서는 그대로 활용하기 어렵다. 이번 절에서는 현실의 과제나 무엇을 고려해야 하는지 알아본다.

11.9.1 보상 시간의 지연

슬롯머신 알고리즘으로 웹 광고를 표시한다고 가정하자. 몇 초 후 해당 광고를 클릭하게 될까? 페이지를 스크롤하다가 실수로 클릭하거나 페이지를 연 뒤 다른 탭에서 새로운 페이지를 열고 한참 시간이 지나 원래 페이지로 돌아와 광고를 클릭했을 수도 있다. 혹은 업무 마감 시간에 페이지를 열고 그대로 두었다가 다음 날 아침 PC를 켰을 때 광고를 보고 클릭했을 수도 있다. 현실에서는 얼마의 시간이 지나 결과가 반환되는지 알 수 없는 경우가 많다.

그래서 보상 시간이 지연된다는 것을 전제로 알고리즘을 구성해야 한다. 몇 가지 방법이 있다. 먼저 보상 지연 시간을 조사해 그 값의 90 또는 95 백분위수값을 보상 대기 시간으로 정하고 해당 시간 이내의 시행은 보상 대기 상태로 처리한다. 그 후 보상 대기 시간의 처리 방법을 고려한다.

보상 대기 시행을 무시하는 방법도 있다. 팔 평갓값의 업데이트 속도는 늦어지지만 올바른 평갓값을 얻을 수 있다. TS 알고리즘이나 소프트맥스 알고리즘을 사용하면 특정한 팔에 치우친 보상을 전달하지 않고 탐색과 활용을 할 수 있다.

보상이 즉각 돌아오지 않는 시행 방법은 그 보상이 0(시행해서 얻을 수 있는 최소 보상)인 것으로 간주한다. 베이즈 UCB나 UCB1을 사용하는 환경에서는 평갓값이 가장 높은 팔을 연속해서 당겨 탐색을 잘 수행하지 못하는 문제가 있다. 보상 지연 시행의 보상을 0으로 간주하는 구조를 도입하면 가장 최근 당긴 팔의 평갓값이 낮아져 탐색을 할 수 있게 된다.

웹 광고처럼 새로운 팔이 빈번히 추가되는 환경에서는 보상 대기 시행을 최대 기댓값인 팔의 사후 분포가 반환된 것으로 간주하기도 한다. 보상을 받은 시행보다 보상 대기 시행이 많은 팔을 긍정적으로 평가한다. 즉 새로운 팔을 적극적으로 탐색한다. 이러한 환경에서 베이즈 UCB 또는 UCB1을 이용하면 새로운 팔의 평갓값이 생겨나 같은 팔을 계속 당기게 되니 주의해야 한다.

11.9.2 슬롯머신에 따라 편향되는 온라인 실험용 로그 데이터

인공 데이터로 실험을 해보자. 어떤 특징량을 가진 사용자가 특정한 팔을 선택했을 때 일어나는 현상의 조합을 인공 데이터에 모두 시킬 수 있다. 그러나 현실에서는 모든 조합을 사용자에게 제시할 수 없다.[8]

사용자에게 무작위로 광고를 송출한 로그 데이터가 있다면 알고리즘을 바꿨을 때의 회귀 테스

---

8 광고 송출 등에서는 슬롯머신으로 최적화하고자 다수의 광고를 표시하는 영역이 존재해 여러 개의 팔을 선택할 수 있다.

트는 간단하다. 어떤 특징량을 가진 사용자에 대해서 팔을 선택했을 때 로그에 기록된 팔과 일치하면 해당 로그 데이터를 사용한다. 그렇지 않다면 억제하는 형태로 회귀 테스트를 시행한다.

현실의 로그 데이터는 슬롯머신 알고리즘이 만든 결과에 편향되었다. 슬롯머신의 영향을 완화하려면 해당 로그 데이터가 나타날 가능성이 얼마나 되는지 경향 점수의 역수로 수정한다. 자세한 내용은 참고문헌 [47]을 참고 바란다.

11.9.3 유행에 따라 시시각각 달라지는 유효한 팔

현실에서는 유행에 따라 사용자 행동이 달라진다. 지금까지 슬롯머신 알고리즘이나 콘텍스트 기반 슬롯머신 알고리즘에서는 팔의 모평균이 변하지 않는다고 가정했다. 하지만 현실에서는 시간이 지나면 유효한 팔이 달라진다. 예를 들어 사용자는 동일한 웹 광고를 여러 번 보면 싫증을 느끼고 응답률이 저하된다.

팔의 평갓값을 계산할 때 모든 표본을 사용하지 않고 최근 며칠이나 또는 몇 만 건 등으로 표본을 제한하는 것이 좋다. 모평균의 신뢰 구간 추정과 절충 관계에 있으니 주의해서 표본을 설정해야 한다.

11.9.4 최선의 팔이 최적의 팔이 아닐 수 있다

슬롯머신 알고리즘의 목적은 최선의 팔을 선택하는 것이지만 때로는 최선의 팔을 선택하는 것이 부작용이 되기도 한다. 상품 추천이나 온라인 광고에서는 같거나 비슷한 것이 계속 표시되는 것이 바람직하지 않다. 베이즈 UCB나 UCB1, TS 알고리즘은 충분한 샘플 수로 학습하면 특정한 광고(팔)를 치우쳐 송신한다. 이러한 환경에서는 각 팔의 평갓값에 소프트맥스 알고리즘을 적용해 송신 비율을 결정하는 것으로 보완해야 한다.

11.9.5 도중에 추가되는 팔

교과서적으로는 슬롯머신 알고리즘을 모든 팔의 정보가 없는 상태에서 시작해 가장 최적인 팔을 발견하거나 누적 보상을 최대로 한다. 하지만 현실에서는 모두 같은 위치에서 시작하지 않는다. 슬롯머신 알고리즘이 동작하는 상태에서 팔이 늘어나거나 줄어드는 경우가 많다.

예를 들어 웹 광고에서는 예산 소진으로 광고를 종료하거나 새로운 광고를 내보내기도 한다. 추가되는 새로운 팔의 관리가 필요하다. 팔의 선택 횟수가 일정 미만이면 그 시점에서 가장 좋은 팔의 사후 분포와 같은 평갓값을 설정해 보완한다.

11.10 A/B 테스트, 업리프트 모델링, 슬롯머신 알고리즘의 관계

그림 11-15 A/B 테스트, 업리프트 모델링, 슬롯머신 알고리즘의 관계

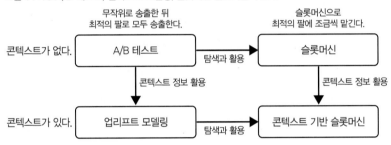

실제로 A/B 테스트와 업리프트 모델링은 슬롯머신 알고리즘과 콘텍스트 기반 슬롯머신 알고리즘의 서브셋이다.

A/B 테스트는 100% 무작위로 송출한 후 사후 분포가 수렴하면 표본평균이 가장 높은 팔을 선택하는 슬롯머신 알고리즘이다. 업리프트 모델링도 처음에는 100% 무작위로 송출한다. 그 후 팔과 특징량, 보상을 학습해서 특정 시점부터는 특징량에 대한 평갓값이 최대인 팔을 선택하는 콘텍스트 기반의 슬롯머신 알고리즘이라고 할 수 있다.

A/B 테스트나 업리프트 모델링에서는 실험 중단 지점을 어디로 해야 할지 정하는 것이 매우 어렵다. 슬롯머신 알고리즘이나 콘텍스트 기반의 슬롯머신 알고리즘은 선택을 한 사람의 의사결정 비용을 낮추는 것과 연결된다. 실험할 때 통계 분석으로 의사결정을 해야 하는 경우 슬롯머신 알고리즘을 시스템화해서 의사결정을 맡겨 개선 주기를 빠르게 하는 경우가 많다.

슬롯머신 알고리즘은 팔을 선택했을 때 즉시 보상이 돌아온다고 가정한다. A/B 테스트의 개입에서 전환 관측까지의 시간이 매우 짧은 것과 같다. A/B 테스트는 슬롯머신 알고리즘과 달리

동적으로 송신 대상을 바꾸지 않아 전환까지 걸리는 시간이 길어도 문제없다. 이러한 이유로 디자인 변경을 포함한 애플리케이션 실행률 변화 같은 중장기적 효과 측정은 A/B 테스트를 활용한다.

11.11 정리

이번 장에서는 복잡한 수식을 제외하고 웹 개발자에게 슬롯머신 알고리즘과 콘텍스트 기반의 슬롯머신 알고리즘을 설명하는 방식을 취했다.

처음부터 슬롯머신 알고리즘을 구현했지만 실제 서비스에 이용할 때는 기존의 라이브러리 코드를 참고하는 것이 좋다. 조조 테크놀로지스^{ZOZO Technologies}에서 공개한 OPEN BANDIT PIPELINE[9]와 각종 콘텍스트 기반 슬롯머신 알고리즘을 비교한 contextualbandits[10] 등이 있다.

슬롯머신 알고리즘은 훈련 데이터가 없거나 사용자에게 추천할 때 효과적으로 동작한다. 먼저 사용자가 선호하지 않는 정보를 표시하는 환경(웹 광고 등)을 정비해야 한다. 이를 위해 비즈니스에서 실패를 허용해도 되는 부분을 파악한다. 이러한 환경을 갖추면 머신러닝으로 문제점을 개선할 수 있을 것이다.

> **NOTE_** 슬롯머신 알고리즘의 배경 수식 등 자세한 내용을 알고 싶다면 『머신러닝을 활용한 웹 최적화』[33] 와 『バンディット問題の理論とアルゴリズム(슬롯머신 문제의 이론과 알고리즘)』[48]을 참고하기 바란다.

---

9 https://techblog.zozo.com/entry/openbanditproject (홈페이지, 일본어), https://github.com/st-tech/zr-obp
10 https://arxiv.org/abs/1811.04383 (홈페이지), https://github.com/david-cortes/contextualbandits

## CHAPTER 12

온라인 광고에서의 머신러닝

이번 장에서는 온라인 광고를 통해 의사결정 시스템에서 예측 모델의 역할과 운영, 의사결정 설계를 살펴본다.

온라인 광고 송출 시스템은 광고 요청을 받은 시점에서 실시간 추론을 하고 결과를 이용해 즉각적으로 최적의 행동을 해야 한다. 예측과 의사결정 사이에 충분한 시간이 없어 사람이 개입할 수 없다. 하루에 수없이 많이 일어난다. 이러한 요구를 만족하려면 의사결정의 근거가 되는 예측, 예측에 기반한 의사결정이라는 두 가지 기능이 필요하다. 자율주행차처럼 상황에 맞춰 스스로 동작하는 시스템을 떠올리면 이해하기 쉬울 것이다.

여기서는 광고주가 운영하는 광고 송출 플랫폼의 송출 로직을 다룬다. 최적의 행동은 무엇이며 이를 수식으로 정리하면서 구현할 수 있는 형태로 만들어보자.

12.1 온라인 광고 비즈니스

온라인 광고는 경제적인 측면에서 인터넷 업계를 지탱해주는 존재 중 하나다. 현대인은 웹 사이트나 모바일 애플리케이션을 이용하면서 많은 시간을 보낸다. 사람들의 주의를 끌어야 하는 이들에게는 매우 중요한 매체다. 웹 사이트나 모바일 애플리케이션 운영자는 광고 표시 영역을 제공하면서 서비스 운영에 필요한 수익을 얻는다. 페이스북의 2018년 매출은 550억 달러였으며 연례 보고서에 따르면 "마케터들에게 광고 영역을 판매하면서 모든 실질적 수익을 얻는다."[1] 우리가 늘상 보고 있는 웹페이지의 뒤에서는 항상 광고 영역에 대한 거래가 이루어지고 있다. 이는 머신러닝을 적용한 사례라고 할 수 있다. 온라인 광고 이해관계자는 다음과 같다.

- **미디어(매체)**: 사람의 눈에 보이는 웹 사이트나 모바일 애플리케이션
- **광고 영역**: 미디어에서 광고를 표시하는 영역
- **광고주**: 제품이나 서비스를 판매하고자 사용자의 주의를 끌고 싶어하는 주체(마케터 등)
- **오디언스**: 광고를 보는 사용자

이번 장에서는 광고주용 서비스를 제공하는 광고 송출 사업자^{demand side platform}(DSP)를 예로 들어 설명한다.

12.1.1 광고 영역 거래

DSP는 광고주를 위한 서비스다. 광고주는 어떤 광고를 송출하고자 할까? 오디언스의 흥미와 관심을 이끌어내는 광고를 생각할 것이다. 이를 광고 송출의 추천 요소라고 한다. 광고주의 예산은 한정되었다. 한정된 예산 안에서 최대 광고 효과를 얻어야 한다. 같은 예산으로 더 많은 고객을 확보할 수 있다면 광고 효과가 높은 것이다. 미디어는 광고로 수익을 얻는다. 현대 온라인 광고는 오디언스에게 광고가 표시되는 시점에도 광고 영역 거래가 실시간으로 이루어진다. 따라서 광고를 내보낼 수 있는 기회가 있을 때마다 **광고 영역을 얼마에 판매하고 어떤 광고를 표시할지 결정**해야 한다. 광고 영역은 매우 다양하다. 실제 오디언스에게는 보이지 않는 저품질의 광고 영역도 존재해 가격 책정이 매우 중요하다. 광고 영역 매매 거래는 광고 거래소^{adExchange}를 통해 이루어진다. 거래 방식은 경매, 즉 최고가 입찰자가 승자가 되고 해당 입찰액을 그대로 지불하는 1위 가격 경매^{first price auctions} 또는 봉인 입찰 1위 가격 경매^{first-price sealed-bid auction}로 실시하는 경우가 많다.[2]

거래 과정을 그림으로 나타내면 [그림 12-1]과 같다. 오디언스가 웹페이지 등을 보는 시점에도 광고 요청이 광고 거래소로 보내진다. 이후 경매가 실시되고 경매에서 이긴 사람의 DSP에서 광고를 송출한다. DSP는 50밀리초 이내에 입찰해야 한다. 최종적으로 오디언스가 광고에

---

1 https://www.annualreports.com/HostedData/AnnualReportArchive/f/NASDAQ_FB_2018.pdf

2 과거에는 최고가 입찰자가 이기고 차순위 최고가 입찰 금액을 지불하는 2위 가격 경매(second price auction) 또는 봉인 입찰 2위 가격 경매(second-price sealed-bid auction(SPSBA))가 주류였다. SPSBA는 여러 단계로 진행되어 효율이 좋지 않다. 경매 진행자가 2위 입찰 금액을 거짓으로 높여 입찰자에게 과한 금액을 청구하는 등의 부작용이 있어 현재 FPSBA가 주류 방식이 되고 있다.

클릭 등으로 응답하면 DSP는 알림을 받는다. 광고 거래소에서 DSP로 전달하는 입찰 요청 x의 구체적인 예를 [표 12-1]에 나타냈으니 확인해보자.

그림 12-1 광고 실시간 경매. 매체 열람부터 광고 표시까지 100밀리초 정도 소요

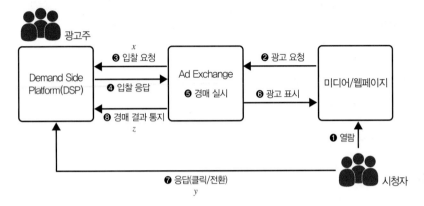

표 12-1 입찰 요청(일부) 예[3]

키	값
request time	2021-01-28 03:11:01
auction type	First Price
floor price	2.1
site name	oreilly
site domain	www.oreilly.com
publisher id	123456
site page	https://www.oerilly.com/indel.shtml
banner width	320
banner height	50
banner position	Header
device ip	203.0.113.209
device os	Android
device os version	9
device model	Pixel 5
device language	en
devide geo country	US
device carrier	AT&T

---

3 OpenRTB 입찰 요청 사양. https://www.iab.com/guidelines/openrtb/

12.1.2 DSP의 행동 정책

광고주용 서비스인 DSP는 광고 영역을 구매하기 위해 어떻게 행동해야 할까? 가장 먼저 고객인 광고주가 얻을 수 있는 가치, 즉 최대 광고 효과를 얻는 정책을 생각해야 한다. 그렇다면 한정된 예산으로 최대 광고 효과를 얻을 수 있도록 무엇을 어떻게 해야 할까? 일반적으로 세 가지를 들 수 있다.[39]

- 광고를 표시할 때 오디언스의 응답 예측
- 광고 영역의 시장가격 예측
- 예산 안에서의 입찰 금액 최적화

DSP 비즈니스에서는 광고 영역을 구매하는 시점에 비용이 발생한다. 구매 시점에는 광고 효과를 확신할 수 없다. 구매 비용이 적절한지 판단하고자 예측을 해야 한다. 오디언스의 응답 예측은 광고가 클릭될 확률 또는 광고 시청 후 전환[4]될 확률을 예측한다. 시장가격 예측은 다른 DSP의 입찰 가격을 예측한다. 이를 바탕으로 입찰 금액과 예산 분배라는 의사결정을 하는 것이 최적화, 즉 예측과 행동을 연결하는 요소다. DSP가 구매할 수 있는 광고 영역은 매우 많다. 사람이 직접 하나하나 파라미터를 조절할 수 없다. 이러한 이유로 광고 영역 구매는 머신러닝 사용이 당연한 비즈니스가 되었다.

원하는 정책에 따라 필요한 예산을 결정하는 것이 중요하다. 머신러닝 관련 수많은 논문을 찾아보고 싶겠지만 먼저 예측을 하는 목적이 무엇인지 생각해야 한다. 이번 장에서는 주어진 예산 안에서 최대 광고 효과를 얻는 것을 DSP 정책으로 한다.[5]

---

4 광고를 시청한 뒤 제품을 구입하거나 서비스를 이용하는 등 광고주가 지정한 행동을 하는 것이다.
5 DSP가 최대 이익(마진)을 얻는 것을 정책으로 정의할 수도 있다.

12.1.3 1위 가격 경매의 특징

광고 영역 실시간 매매 프로토콜의 주류인 1위 가격 경매는 한 가지 특징이 있다. **다른 입찰자가 제시한 최고 입찰 가격에 따라 최적 입찰 가격이 결정된다**는 점이다. 경매로 얻은 물품의 가치와 지불 금액의 차이를 **잉여**라고 하며 잉여를 최대로 하는 가격이 **최적 입찰 가격**이다. [표 12-2]를 보면 다른 입찰자보다 아주 조금 높은 가격으로 입찰했을 때의 잉여가 가장 크다. 경매 물품의 가치를 정확하게 파악했다고 경매 평가 금액 그대로 입찰하면 경매에서 입찰되더라도 잉여는 0이 된다. 따라서 평가 금액에서 얼마나 낮춰 입찰하는지도 중요한 의사결정이 된다.

표 12-2 1위 가격 경매에서의 입찰 결과

케이스	물품 가치	입찰 금액	다른 입찰자의 최고 입찰 가격	승패	잉여
A	100	110	80	승리	-10
B	100	100	80	승리	0
C	100	81	80	승리	19
D	100	79	80	패배	0

입찰자마다 물품 평가 금액이 다르므로 입찰 금액도 다르다. 예를 들어 모바일 게임 사용자를 얻고자 하는 입찰자와 산업 기기 고객을 얻고자 하는 입찰자는 광고를 게시하고자 하는 시점이나 영역이 다르다. 이러한 전제를 **사적 가치**private value라고 한다.

12.1.4 경매 입찰 과정

지금까지 소개한 요소 사이의 관계를 [그림 12-2]로 나타냈다. DSP는 여러 광고주와 계약을 해 여러 광고를 송출할 수 있다. 경매에서 낙찰되어 얻은 '광고 표시 기회' 가치는 광고마다 다르므로 광고별로 평가 금액을 계산한다. 최종적으로 입찰한 광고를 하나 선택하는 과정을 내부 경매라고 하며 일반적으로 입찰 금액이 가장 높은 광고를 선택한다.

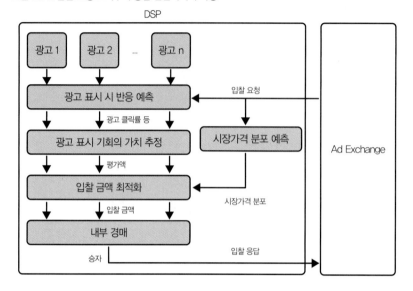

그림 12-2 입찰 요청 도착부터 응답 반환까지의 과정

12.2 문제 정식화

한정된 예산으로 최대 광고 효과를 얻는다는 것은 무엇일까? DSP 시스템이 목표로 삼는 상태를 수식으로 정의해보겠다. 간단한 설명을 위해 광고는 한 개, DSP 마진(이익)은 0으로 가정한다.

12.2.1 시장가격과 승률

'12.1.3 1위 가격 경매의 특징'에서 최적 입찰 금액은 다른 입찰자의 입찰 금액에 의존한다고 설명했다. 여기에서 광고 경매는 하루에 수억 건 이상 진행되므로 다른 입찰자의 최고 입찰 금액 $z > 0$에 대한 확률분포 $p_z(z)$를 보자. 이 분포는 '얼마를 지불해야 할 수 있는가?'에 해당해 시장가격 분포로 간주할 수 있다. 입찰 금액 $b(>0)$을 결정했을 때의 승률 $w(b)$는 최고 입찰 금액 분포의 누적 분포 함수에 해당한다. [그림 12-3]을 보면 승부 예측과 최고 입찰 금액 분포 예측은 동전의 앞뒷면과 같다는 것을 알 수 있다. 끊임없이 반복해서 일어난 사건은 확률분포로 다루는 것이 좋다.

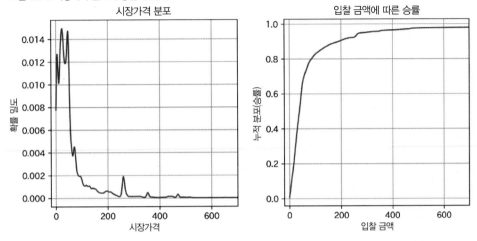

그림 12-3 시장가격 분포와 승률의 관계[6]

실제로 시장가격은 광고 영역 종류나 오디언스 속성에 따라 달라져 입찰 요청 x에 의존한다. 승률 함수는 $w(x, b)$로 정의한다.

12.2.2 효용

지금부터는 광고주가 얻는 잉여를 경제학 용어인 효용^{utility}이라 바꾸어 부르겠다. 오디언스의 응답을 이진값 $y \in \{0, 1\}$로 하자. 이때 효용은 오디언스에서 얻은 긍정적인 응답을 금액으로 환산한 값인 $v(> 0)$과의 곱 vy에서 경매에 지불한 약정 금액[7]과의 차이가 된다. v는 온라인 쇼핑몰 운영자가 광고주라고 가정했을 때 사이트에 회원 등록이 한 건 발생하면 1만 원만큼 기쁜 일이라고 할 수 있다. 1회 경매의 효과는 다음과 같다.

$$효용 = \begin{cases} vy - b & (경매에 승리했을 때) \\ 0 & (기타) \end{cases}$$

경매는 반복해서 수행된다. 기댓값을 보자. 입찰 요청이 x일 때 광고를 표시해 긍정적인 응답을 얻을 확률 $P(y = 1 | x)$를 반환하는 함수 $f(x)$와 앞서 정의한 확률 함수 $w(x, b)$를 이용하면 N번의 경매에 대한 기대 효용은 다음과 같다.

---

6 YOYI DSP Dataset[39] 데이터를 이용했다.

7 1위 가격 경매이므로 입찰 금액 b는 특정한 금액이 된다.

$$기대\ 효용 = \sum_{i=1}^{N} \left[vf(\boldsymbol{x}_i) - b_i \right] w(\boldsymbol{x}_i, b_i)$$

이때 경매에서 지불하는 총액이 광고주의 예산 $B(>0)$ 이내여야 한다. 예산 안에서 기대 효용을 최대로 만들어야 한다. 다음 제약이 있는 최적화 문제로 정식화해서 이상적인 입찰 금액을 구할 수 있다.

$$\underset{b_1 \ldots b_N}{\text{maximize}} \quad \sum_{i=1}^{N} \left[vf(\boldsymbol{x}_i) - b_i \right] w(\boldsymbol{x}_i, b_i)$$

$$\text{subject to} \quad \sum_{i=1}^{N} b_i w(\boldsymbol{x}_i, b_i) \leqq B$$

이처럼 최적화 문제를 통한 정식화를 이용해 얻을 수 있는 장점은 수학적 최적화를 할 수 있다는 점이다. 이번 장에서는 수학적 최적화를 자세히 다루지는 않지만 $w(\boldsymbol{x}, b)$로 2차 미분이 가능한 함수를 선택하면 뉴턴법을 이용해 1밀리초 이내에 해결할 수 있다. 따라서 실시간 경매의 지연 제약을 만족한다. 평갓값 $vf(\boldsymbol{x})$가 400일 때 경매 1회의 기대 효용을 [그림 12-4]로 나타냈다. 기대 효용이 최대가 되는 입찰 금액은 80 부근이라는 것을 알 수 있다.

그림 12-4 승률 함수가 좌측과 같을 때 평가액이 400인 경우의 기대 효용을 우측 그래프에 나타냈다. 입찰 금액을 계속 올리면 특정 위치부터는 기대 효용이 낮아지고 평가 금액보다 높아지면 기대 효용은 음수가 된다.

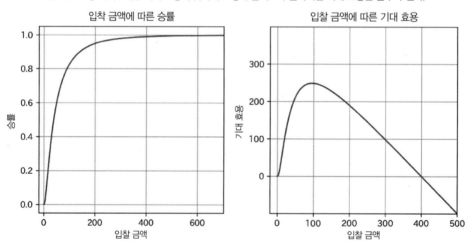

12.3 예측의 역할 및 구현

지금까지 오디언스의 응답 예측 $f(x)$와 승률 예측 $w(x, b)$를 수행했다. 이제 시스템에서 각 예측의 작용을 확인해보자.

12.3.1 오디언스의 응답 예측

대표적인 오디언스 응답 예측으로 광고 클릭률 예측click through rate prediction(CTR 예측)과 전환율 예측conversion rate prediction(CVR 예측)이 있다. 기대 동작과 작용으로 다음 두 가지 항목을 들 수 있다.

- 가치 있는 광고 영역과 오디언스를 높게 평가할 수 있다.
  - 평가는 입찰 금액에 반영되므로 가치 있는 광고 영역을 많이 구매할수록 획득 효용도 늘어난다.
- 가치 없는 광고 영역을 낮게 평가할 수 있다.
  - 효용을 얻을 수 없을 때는 입찰을 억제해 불필요한 비용을 줄인다.

이진 분류기인 로지스틱 회귀, GBDT, Factorization Machine 등을 모델 구현에 많이 사용한다. 앞서 문제 정식화에서 살펴본 것처럼 예측 결과는 0 또는 1이 아니라 확률이다. 모델 출력 결과의 확률이 타당한지 주의해서 사용해야 한다.

입찰 요청을 받은 시점에 추론을 수행한다. 경매 입찰에는 시간 제한이 있으며 추론 시간 또한 한정되었다. 표시할 수 있는 광고가 100개일 때 각 광고의 응답 예측을 해야 한다. 광고당 대기 시간은 100 마이크로초 정도가 된다. 시간이 소요되는 전처리도 수행할 수 없으니 특징량을 인코딩한 결과를 키-값 저장소key-value store에 두는 구조도 필요하다. 실제로는 광고 클릭률과 클릭 후 제품을 구입하는 확률로 나누어 예측하는 경우가 많아 예측기의 대기 시간은 그 절반이 된다.

경매 시간 내에 입찰할 수 있다고 추론 속도가 충분한 것은 아니다. 추론 속도가 느려져 서버 응답 시간이 배로 늘어나는 상황을 생각해보자. 이 상황에서는 각 서버의 처리량throughput이 절반이 된다. 기존의 요청량을 처리하려면 서버 수를 두 배로 늘려야 한다. 즉 추론 속도는 서버 비용에 직접적인 영향을 미쳐 빠를수록 비용을 절약할 수 있다. 추론 속도에 영향을 주는 하이퍼파라미터, 예를 들어 GBDT에서의 결정 트리 수 같은 파라미터는 예측 정확도와 추론 속도의 균형을 고려해 결정한다.

12.3.2 승률(시장가격) 예측

시장가격 예측은 1위 가격 경매에서 매우 중요하다. 예를 들어 500원으로 100% 이길 수 있지만 2천 원으로 입찰한다면 손해가 분명하다. 이 예측에 기대하는 작용은 다음 두 가지와 같다.

- 불필요하게 높은 입찰을 억제할 수 있다.
  - 입찰에서 지불하는 비용이 줄어들어 예산 효율이 높아져 획득 효용이 늘어난다.
  - 시장가격과 비슷한 가격으로 광고 영역을 구매할 수 있어 적절한 비용으로 지불할 수 있다.
- 승률을 통제할 수 있다.
  - 빠르게 효용을 얻고 싶다면 입찰 금액을 높일 수 있다.
  - 시간이 충분한 경우에는 입찰 금액을 낮출 수 있다.

파라미터를 활용해 시장가격 분포를 확률분포로 근사할 수 있다면 적은 계산 비용으로도 임의의 입찰 금액에 따른 승률을 구할 수 있다. [그림 12–5]는 로그 정규분포로 분포를 근사한 예다. 모든 x를 하나의 분포에 맞출 수는 없다. 여러 분포를 만들어야 한다. 결정 트리를 이용해 조건에 따라 어떤 분포를 만들면 좋을지 학습할 수 있다.[49]

그림 12-5 시장가격 분포와 승률 추정[8]

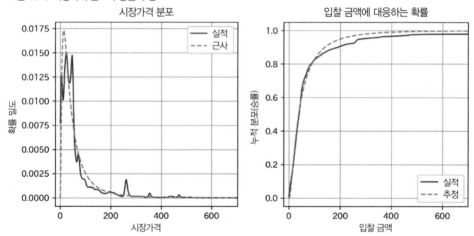

---

8 YOYI DSP Dataset[39]데이터를 이용했다.

12.4 광고 송출 로그의 특징

오디언스 응답 예측용 학습 데이터를 이용한 광고 송출 로그는 다루기 어려운 몇 가지 특징을 갖는다. 각 특징을 확인해보자.

12.4.1 피드백 루프

온라인 광고는 송출 후에 관측된 오디언스 응답 실적을 목적 변수로 해 애너테이션이 필요하지 않다. 추천 시스템과 같은 시스템 행동에 대한 응답을 관측할 수 있는 시스템은 학습 데이터를 자연스럽게 얻을 수 있어 머신러닝을 적용하기 쉽다. 단 얻어진 학습 데이터는 시스템이 취한 행동에 대한 응답에 한정된다.[9] 선택한 횟수가 많은 행동(광고) 데이터일수록 많고 그렇지 않으면 작아진다. 경매의 승패 난이도에 따라 편차가 발생한다. 이러한 편차에 따라 학습 데이터에 출현하는 횟수가 적으면 올바르게 평가할 수 없다. 이 영향을 보정할 때는 학습 시 출현 빈도를 경향 점수로 해 편차 보정을 하거나 선택한 횟수가 너무 적을 때는 학습이 되지 않으니 의도적으로 평가가 미지의 행동을 선택하는 정책을 사용할 수 있다.

12.4.2 불균형 데이터

배너 광고가 클릭되는 경우는 실제로 매우 적다. 클릭률 예측 학습 데이터값은 대부분 음수이고 양수는 1%도 안 된다. 이러한 **불균형 데이터**를 학습에 그대로 사용하면 모델의 성능도 나빠진다. 이에 대처하고자 온라인 광고에서는 음수를 줄이는 **네거티브 다운 샘플링**Negative Down Sampling을 사용한다. 예를 들어 양의 데이터 수와 음의 데이터 수가 같아질 때까지 샘플링을 해 음의 데이터를 줄인다.[50] 네거티브 다운 샘플링의 큰 장점은 전처리와 훈련 계산 비용의 감소다. 광고 송출 로그는 최근 며칠 간의 데이터만 하더라도 레코드 수가 수억 개에 이른다. 이 데이터를 100만 건으로 줄인다면 예측기를 머신 한 대로도 훈련시킬 수 있다.

예측 모델의 출력 확률 p는 네거티브 다운 샘플링 후의 훈련 데이터 분포를 바탕으로 한다. 다운 샘플링 이전의 확률을 복원하려면 다운 샘플링률의 역수를 r^{-1}로 하여 다음의 식으로 보정한다.

---

9 이 설정에 따라 생성된 데이터를 Logged Bandit Feedback이라고 부른다.

$$p_{\text{carib}} = \frac{p}{p + (1-p)r^{-1}}$$

12.4.3 카디널리티가 큰 범주형 변수

[표 12-1]을 보면 대부분의 학습 데이터가 범주형 변수이면서 site domain, device model 같이 카디널리티^{cardinality}(표현하는 값의 패턴)가 수천수만에 이르는 것도 있다. 이를 다루는 간단한 방법으로 원-핫 인코딩 상태에서 L1 정규화를 해 특징량을 선택하는 방법이 있다. 단 원-핫 인코딩은 출현 횟수가 적은 범주형값의 추정 파라미터 분산이 커지거나 전처리 후의 차원 수가 카디널리티만큼 늘어난다는 문제가 있다. 최근에는 범주형 변수를 압축한 표현을 신경 망에 학습시켜 이용하는 방법을 많이 사용한다. **엔티티 임베딩**$^{\text{entity embeddings}}$은 최종적인 예측 마스터, 여기에는 응답 예측을 수행한 네트워크의 압축된 표현을 학습한다. 압축한 학습 표현은 신경망뿐만 아니라 다른 머신러닝 알고리즘에서도 이용할 수 있다. 추론 API 제약으로 신경망을 이용할 수 없을 때도 도움이 된다.[51]

12.4.4 잘린 데이터

광고 표시 후 즉시 결과를 얻을 수 있는 클릭뿐만 아니라 며칠 후에 결과가 나오는 것까지 예측할 오디언스의 응답은 종류는 다양하다. 신용카드 광고라면 신용카드 신청 후 심사가 완료되는 지점이 전환 시점[10]이 될 수 있다. 이때는 전환 알림이 며칠이나 몇 주 후 도착한다. 즉 결과가 관측되지 않았는지 또는 음의 값인지 구별할 수 없는 잘린 데이터가 된다. 이를 고려하지 않고 전처리를 하면 전환 알림 대기 상태의 레코드를 모두 음의 값으로 취급해 예측이 빗나간다. 잘 려진 데이터를 분석할 때는 관측 지연 시간 분포에서 경향 점수를 구한 후 레코드별로 샘플 가중치를 보정하는 등 다양한 방법을 사용할 수 있다.[52]

---

10 광고의 실제 효과를 얻는 지점이다. 개별 광고마다 전환의 정의가 다르며 대부분 게임 광고에서는 설치한 후 첫 번째 실행을 전환 시점으로 간주한다.

예측 모델 개발 착수

광고 송출에서는 다양한 응답 예측을 사용한다. 예측이 가능하다면 좋지만 예측 가능 여부조차 알 수 없는 시점에서는 어떻게 해야 할까?

먼저 현재 데이터로 예측할 수 있는지 확인한다. 이때는 추론 API의 제약에 관계없이 특징량이나 학습 알고리즘을 선택할 수 있다. 학습 알고리즘은 GBDT 등 트리 계열 알고리즘이 적합하다. 다음과 같은 이유가 있다.

- 예측 가능한 이유를 알 수 있다(Feature Importance).
- 필요한 전처리가 적어 실험 결과를 얻을 때까지의 리드 타임이 짧다.
- 정확도가 꽤 높은 편이다.

어떤 특징량이 예측에 효과가 있는지는 도메인 지식에 비추어 설명할 수 있는 것이 바람직하다. 각 특징량을 이용했을 때의 추론 API를 구현하는 데 드는 공수(비용)를 고려한다. 예를 들어 '직전 60초 이내의 오디언스 행동'은 오디언스별 상태를 빠르게 로딩할 수 있는 저장소에 저장해야 한다. 이러한 구조가 없다면 이용할 수 없다. 특징량을 사용할 때 정밀도 향상 정도와 공수를 대조해 현실적인 모델을 검토한다.

12.5 머신러닝 예측 모델 운영

이번 절에서는 온라인 광고 송출 시스템에만 해당되는 것이 아닌 일반적인 내용을 소개한다. 머신러닝 시스템을 운용할 때 고려해야 할 점을 소개한다.

12.5.1 예측 실패 시 처리

예측 모델 운영의 우선적인 문제는 **예측이 벗어났을 때 어떻게 해결할 것인지**이다. '12.3 예측의 역할 및 구현'에서 모델의 작용을 설명했지만 예측이 벗어났을 때는 반대의 일이 일어난다. 머신러닝 시스템을 운용하려면 **예측이 벗어났을 때 어떤 일이 일어나는지** 파악해야 한다. 복원할 수 있는 일이라면 간단한 제어 기능과 조합해 해결할 수 있고 리스크에 맞춰 스토퍼^{stopper}를 적용해 장애를 줄일 수 있다.

DSP에서는 경매 입찰 금액을 계산할 때 예측값을 이용한다. 그래서 응답 예측이 크게 벗어나면 바로 경제적 손실로 이어진다. 이때는 예측기를 이용할 때 로그를 얻어 금액 계산 과정을 추적할 수 있도록 하는 것이 좋다. 사용한 예측 모델 버전, 모델의 입출력값 등을 남겨둬야 사고가 발생했을 때 원활하게 조사할 수 있다.

12.5.2 지속적인 모델 훈련

온라인 광고는 끊임없이 새로운 광고 영역과 광고주가 나타나기 때문에 지속적으로 모델을 재학습시켜야 한다. 가장 대표적인 문제점은 개발 당시의 훈련 데이터와 현실 데이터의 특성이 바뀌어 모델의 성능이 노화된다는 점이다. 대책은 6장을 살펴보길 바라며 6장의 칼럼 '광고 송출 서비스의 지표 모니터링 예'는 온라인 광고에서 이용하는 예측 모델의 성능을 감시하는 데 참고하면 좋다.

12.6 정리

온라인 광고를 예시로 예측 모델 사용 방법, 예측을 이용한 의사결정 방법을 소개했다. 예측 결과를 얻는 데서 끝나지 않고 예측을 기반으로 최적의 행동을 선택하는 것은 머신러닝의 다양한 유스 케이스use case에 적용할 수 있다. 특히 예측을 바탕으로 재무적 계산을 하는 애플리케이션이라면 예측 설명에 대한 책임이 있다. 모델 설계부터 운영의 전 과정을 설명해야 한다는 점을 미리 고려하면 예기치 못한 사태에 대응할 수 있다.

여러 예측기 개발과 우선순위

DSP의 입찰 시스템처럼 여러 종류의 예측을 해야 할 때는 한정된 개발 리소스를 어떤 예측기에 사용하는 것이 좋을까?

예측 모델 개발은 머신러닝을 사용하지 않는 방법과 비교해 개발해야 하는지 여부를 판단할 수 있다. 머신러닝을 사용하지 않는 방법은 전체 평균값을 예측값으로 하는 모델[null model]과 도메인 지식에서 가장 적절한 특징량을 하나만 선택해 평균값을 계산하는 모델이 있다. 두 방법 모두 SQL을 이용하면 groupby 명령만으로 쉽게 제품에 구현할 수 있다. 시뮬레이션을 할 수 있다면 베이스라인과 효용에 관한 영향을 비교한다. 효용에 관한 영향이 큰 예측기의 개발 우선순위가 높다. 특별한 차이가 없다면 베이스라인으로도 충분하다.

제품 개발에서는 시스템의 일부를 베이스라인으로, 즉 그대로 운용하는 담력도 필요하다. 특히 제품 개발 초기에는 충분한 개발 리소스는 물론 데이터도 부족할 것이다. 특히 일반 소비자용 서비스라면 '동작하지 않는 시스템'보다 '적당한 성능의 시스템'이 훨씬 낫다.[11]

---

11 기업용 서비스라고 해도 뛰어난 영업이 있으면 개발자가 걱정하는 시스템 완성도에 상관없이 고객을 끌어오기 때문에 베이스라인 상태로 시스템을 운영하기도 한다.

참고문헌

[1] 사이토 고키 『밑바닥부터 시작하는 딥러닝』, 개앞맵시 역, 한빛미디어, 2017년

[2] 세라 라이도, 안드레아스 뮐러 『파이썬 라이브러리를 활용한 머신러닝』, 박해선 역, 한빛미디어, 2019년

[3] 세바스티안 라슈카 『파이썬 머신러닝』, 이혜연 역, 지앤선, 2017년

[4] 池内孝啓、片柳薫子、@driller 『改訂版Pythonユーザのための Jupyter[実践] 入門』、技術評論社、2020 年

[5] 애시 모리아 『린 스타트업』, 위선주 역, 한빛미디어, 2012년

[6] 엘리스테어 크롤, 벤저민 요스코비츠 『린 분석』, 위선주 역, 한빛미디어, 2014년

[7] 本橋洋介 『業界別！AI 活用地図』、翔泳社、2019 年

[8] Sculley, D., Todd Phillips, Dietmar Ebner, Vinay Chaudhary, and Michael Young "Machine learning: The high-interest credit card of technical debt." 2014

[9] 에릭 리스 『린 스타트업』, 이창수, 송우일 역, 인사이트, 2012년

[10] 모토하시 도모미쓰 『데이터 전처리 대전』, 윤준 역, 한빛미디어, 2019년

[11] 가도와키 다이스케, 사카타 류지, 호사카 게이스케, 히라마쓰 유지 『데이터가 뛰어노는 AI 놀이터, 캐글』, 대니얼WJ 역, 한빛미디어, 2021년

[12] 가사키 나가토, 다미야 나오토 『데이터 분석을 위한 SQL 레시피』, 윤인성 역, 한빛미디어, 2018년

[13] Zinkevich, Martin "Rules of Machine Learning: Best Practices for ML Engineering", http://martin.zinkevich.org/rules_of_ml/rules_of_ml.pdf

[14] Friedman, Jerome H. "Stochastic gradient boosting." Computational Statistics & Data Analysis 38.4 2002, p367-378

[15] 小林淳一、高本和明「確率勾配ブースティングを用いたテレコムの契約者行動予測モデルの紹介（KDD Cup 2009 での分析より）」、データマイニングと統計数理研究会（第12回）, 2010

[16] Chen, Tianqi, and Carlos Guestrin "XGBoost: A Scalable Tree Boosting System" arXiv preprint arXiv:1603.02754, 2016

[17] 아키바 신야, 스기야마 아세이, 테라다 마나부『머신러닝 도감』, 이중민 역, 제이펍, 2019년

[18] van der Maaten, L.J.P.; Hinton, G.E. "Visualizing High-Dimensional Data Using t-SNE." Journal of Machine Learning Research 9:2579-2605, 2008

[19] 井手剛『入門機械学習による異常検知』、コロナ社、2015 年

[20] 井手剛、杉山将『異常検知と変化検知』、講談社、2015 年

[21] 牧野貴樹、澁谷長史、白川真一ら『これからの強化学習』、森北出版、2016 年

[22] 神嶌敏弘「転移学習」人工知能学会誌25.4、2010 年、p572-580

[23] Bernardi, Lucas, Themistoklis Mavridis, and Pablo Estevez. "150 successful machine learning models: 6 lessons learned at booking. com." Proceedings of the 25th ACM SIGKDD International Conference on Knowledge Discovery & Data Mining, ACM, 2019

[24] Baylor, Denis, et al. "Tfx: A tensorflow-based production-scale machine learning platform." Proceedings of the 23rd ACM SIGKDD International Conference on Knowledge Discovery and Data Mining, 2017

[25] Polyzotis, Neoklis, et al. "Data validation for machine learning." Proceedings of Machine Learning and Systems 1, 2019, p334-347

[26] Schelter, Sebastian, et al. "Automating large-scale data quality verification". Proc. VLDB Endow. Vol.11, No.12, 2018, p1781-1794

[27] Gomez-Uribe, Carlos A., and Neil Hunt. "The Netflix recommender system: Algorithms, business value, and innovation." ACM Transactions on Management Information Systems (TMIS) 6.4, 2016, p13

[28] Gibson Biddle. "How to Define Your Product Strategy #4 Proxy Metrics" https://gibsonbiddle.medium.com/4-proxy-metrics-a82dd30ca810, 2019

[29] Brodersen, Kay H., et al. "Inferring causal impact using Bayesian structural time-series models." The Annals of Applied Statistics 9.1, 2015, p247-274

[30] 東京大学教養学部統計学教室　編『統計学入門』東京大学出版会、1991 年

[31] Benjamin, Daniel J., et al. "Redefine statistical significance." Nature Human Behaviour, 2017

[32] 東京大学教養学部統計学教室　編『自然科学の統計学』東京大学出版会、1992 年

[33] 이쓰카 슈헤이『머신러닝을 활용한 웹 최적화』, 김연수 역, 한빛미디어, 2021년

[34] David Walsh, Ramesh Johari, Leonid Pekelis "Peeking at A/B Tests: Why it matters, and what to do about it" KDD2017, 2017

[35] Sculley, D., et al. "Hidden technical debt in machine learning systems." Advances in Neural Information Processing Systems, 2015

[36] Pavel Dmitriev, Somit Gupta, Ron Kohavi, Alex Deng, Paul Raff, Lukas Vermeer "A/B Testing at Scale Tutorial" http://exp-platform.com/2017abtestingtutorial/SIGIR 2017 and KDD 2017, 2017

[37] Saito, Yuta, et al. "A Large-scale Open Dataset for Bandit Algorithms." arXiv preprint arXiv:2008.07146, 2020

[38] Vasile, Flavian, Damien Lefortier, and Olivier Chapelle. "Cost-sensitive learning for utility optimization in online advertising auctions." Proceedings of the ADKDD17, 2017, p1-6

[39] Ren, Kan, et al. "Bidding machine: Learning to bid for directly optimizing profits in display advertising." IEEE Transactions on Knowledge and Data Engineering 30.4, 2017, p645-659

[40] 安井翔太、株式会社ホクソエム『効果検証入門』、技術評論社、2020 年

[41] 岩波データサイエンス刊行委員会『岩波データサイエンスVol.3』、岩波書店、2016 年

[42] 中室牧子、津川友介『「原因と結果」の経済学』、ダイヤモンド社、2017年

[43] Selvaraju, Ramprasaath R., Cogswell, Michael, Das, Abhishek, Vedantam, Ramakrishna, Parikh, Devi,Batra, Dhruv "Grad-CAM: Visual Explanations from Deep Networks via Gradient-based Localization" https://arxiv.org/abs/1610.02391, 2019

[44] 에릭 시겔『예측 분석이다』, 고학석 역, 이지스퍼블리싱, 2014년

[45] 栗原慎一『入門統計学』、オーム社、2011 年

[46] Shipra Agrawal, Navin Goyal, "Further Optimal Regret Bounds for Thompson Sampling", 2013

[47] Narita, Yusuke, Yasui, Shota, Yata, Kohei "Efficient Counterfactual Learning from Bandit Feedback", CoRR, abs/1809.03084, 2018

[48] 本多淳也、中村篤祥『バンディット問題の理論とアルゴリズム』、講談社、2016 年

[49] Wang, Yuchen, et al. "Functional bid landscape forecasting for display advertising." Joint European Conference on Machine Learning and Knowledge Discovery in Databases. Springer, Cham, 2016

[50] He, Xinran, et al. "Practical lessons from predicting clicks on ads at facebook." Proceedings of the Eighth International Workshop on Data Mining for Online Advertising, 2014

[51] Guo, Cheng, and Felix Berkhahn. "Entity embeddings of categorical variables." arXiv preprint arXiv:1604.06737, 2016

[52] Yasui, Shota, et al. "A Feedback Shift Correction in Predicting Conversion Rates under Delayed Feedback." Proceedings of The Web Conference 2020, 2020

INDEX

INDEX

INDEX

INDEX